U0085930

# 法學緒論

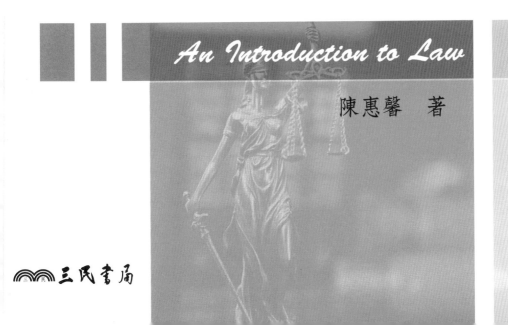

An Introduction to Law

陳惠馨　著

三民書局

# 序　言

　　本書主要說明臺灣法學與法律的狀態。整本書的架構以考選部所公布的法學緒論考試命題大綱為基礎。這樣的架構設計在於期使讀者具有國家基層公務人員的法律與法學的知識。本書分兩編，第一編說明臺灣現行有效的法律與法學的重要基本概念，例如有關法的概念、淵源與種類，法律的繼受與臺灣法律的發展，法律的效力與制定、修正、廢止，法律之適用與法律解釋，法律責任，當前臺灣各種法院的組織法及訴訟法以及如何透過法律案例瞭解法律與生活等等議題。第二編則選取當前跟生活有關的重要法律，例如憲法、行政法（以行政程序法為主）、民法、刑法總則與分則（以公務員執行職務有關的規定為主）、著作權法、公司法、消費者保護法、勞動基準法、勞工保險條例、全民健康保險法、性別工作平等法及家庭暴力防治法等。

　　大學專科學校教師如果以本書做為法學緒論或法學導論課程的教材時，可以鼓勵學生參考本書所提供立法院、司法院及行政部門的網頁，查詢各種法律及行政命令。另外，在每授課一或數章之後，鼓勵學生在司法院或行政部門的網頁尋找各該法律或命令實際運用的案例。而個別讀者透過本書瞭解臺灣法學與法律的基本知識後，也可以以關鍵字，在本書所介紹的相關網站尋找自己生活當下關心的法律或判決案例。

　　本書作者在 1995 年接受三民書局的邀請撰寫《法學概論》一書。寫作該書之際正在德國馬克思普郎克歐洲法制史研究中心進行學術研究。該書除了參考國內當時出版的法學導論相關書籍外，亦參考德國相關書籍的書寫方式，並在書中透過案例說明法律在實務的運作狀況。《法學概論》一書在 2019 年修訂第 16 版出版後，鑑於臺灣在 1987 年解嚴之後，

立法院的立法或修法頻繁，讓法律有了新的面貌。許多既有法律，如民法、刑法、公司法或著作權法等歷經多次修法。除此之外，立法院也制定許多新的法規範，如全民健康保險法、消費者保護法、性別工作平等法、家庭暴力防治法、性別平等教育法、性騷擾防治法等等。本書作者在與三民書局討論後，決定以新的架構並參考考選部所公布的法學緒論與法學大意的命題大綱書寫本書。

　　本書主要是法學的入門書籍，無法深入探討法學理論或分析個別細微的法律規定。但讀者閱讀本書之後，將對於臺灣當前的法學與重要法律有基本的認識，並有能力進一步瞭解個別法律及其運用。

（由於立法院修法或立法持續進行中，特別提醒讀者，本書主要以 2023 年 4 月底前公布的法律內容為主。）

陳惠馨

2023 年 5 月

# 法學緒論

# 第一編

## 臺灣法律與法學的基本知識

# 第一章
# 法的概念、淵源與種類

---

## 📖 本章重點

1. 法的概念。
2. 法律作為當代最重要的社會規範的意義。
3. 在當代社會「法律是以正義為其存在的基礎」的意義。
4. 法律跟其他社會規範的差別。
5. 臺灣法律的淵源。
6. 臺灣法律的位階。
7. 臺灣法律的種類。
8. 公法與私法的區分及其區分的實際意義。
9. 普通法與特別法的區分及其區分效力。

---

## 壹、本書內容及國家考試命題大綱

　　臺灣目前幾個重要的國家公務人員考試（例如公務人員高等考試三級考試、普通考試、公務人員升官等考試、及警察人員的各級考試或特種考試等等）都將法學知識列為考試科目之一。所謂法學知識包括憲法與法學緒論。除此之外，在公務人員其他考試（例如初等及五等考試）也將「法學大意」或「法政知識」列為考試科目。上述國家公務人員考試有關憲法及法學緒論的命題大綱，可以說是當代臺灣社會一般人民所需要具備的基本法律與法學知識。本書作者認為，當臺灣多數人民具備上述公務人員考試所要求的法學

知識時，臺灣整體社會的法治狀況將會有所提升。本書之內容將以考選部法學緒論考試命題大綱為主，希望讀者因此取得臺灣法律與法學的基本知識。

# 貳、考選部公布之憲法、法學緒論及法學大意之命題大綱

## 一、憲法科目之命題大綱[1]

(一)憲法的基本原理原則。

(二)憲法本文之內容（包括：1.總綱，2.人民之權利義務，3.總統，4.行政，5.立法，6.司法，7.考試，8.監察，9.中央與地方之權限，10.地方制度，11.選舉、罷免、創制、複決，12.基本國策及 13.憲法之施行及修改）。

(三)憲法增修條文。

(四)司法院大法官解釋。

(五)總統府及五院組織法。

(六)司法院大法官審理案件法。

(七)國家安全會議組織法。

(八)立法院職權行使法。

(九)監察法。

(十)公職人員選舉罷免法（包括總統、副總統選舉罷免法）。

(十一)國家賠償法。

(十二)地方制度法。

(十三)公民投票法。

---

[1]　參考考選部，網頁：https://wwwc.moex.gov.tw/Main/content/wHandMenuFile.ashx?file_id=2108，上網日期：2023 年 2 月 22 日。

## 二、法學緒論科目的命題大綱[2]

(一)法的概念、淵源與種類。

(二)法律的繼受與臺灣法律的發展。

(三)法律的效力與制定、修正、廢止（含中央法規標準法與地方制度法）。

(四)法律的適用（以法律解釋方法為主）。

(五)公法（憲法及行政法，包括法治國基本原則、權力分立原則、國家權力運用原則、法律保留原則、法律優位原則、比例原則、平等原則、信賴保護原則、行政程序法（第1～10條））。

(六)民法（總則、債、物權、親屬與繼承等五編之原則及重要規定）。

(七)刑法總則、刑法分則（與公務員執行職務有關之部分）。

(八)財經相關法律（著作權法、公司法及消費者保護法）。

(九)勞動與社會法（勞動基準法、勞工保險條例、全民健康保險法）。

(十)性別相關法律（性別工作平等法、家庭暴力防治法）。

## 三、法學大意科目之命題大綱[3]

(一)法的概念、淵源與種類。

(二)法律之制定、公布、修正、廢止與效力。

　　1.中央法規標準法。

　　2.地方制度法。

(三)法律的適用與解釋。

(四)法律責任。

　　1.民事責任。

---

2　參考考選部，網頁：https://wwwc.moex.gov.tw/Main/content/wHandMenuFile.ashx?file_id=2106。

3　公務人員普通考試命題大綱彙編目錄——考選部，網頁：https://wwwc.moex.gov.tw/main/content/wHandMenuFile.ashx?file_id=1777。

　　　2.刑事責任。

　　　3.行政責任（含公務人員之行政責任）。

　㈤臺灣的訴訟制度及其基本原則。

　　　1.憲法訴訟。

　　　2.民事訴訟。

　　　3.刑事訴訟。

　　　4.行政訴訟。

　㈥公法。

　　　1.憲法之基本原則（含民主共和原則、國民主權原則、人權保障、權
　　　　力分立與制衡原則、釋憲制度）。

　　　2.行政法之基本原則（行政程序法第4～10條）。

　㈦民法五編之原則及重要規定。

　　　1.總則。

　　　2.債。

　　　3.物權。

　　　4.親屬。

　　　5.繼承。

　㈧刑法（刑法總則與刑法分則中與公務員執行職務有關之部分以及貪污
　　　治罪條例）。

　　比較上述考試科目的命題大綱，可以發現不同種類所考的憲法內容各有
不同。在憲法科目的命題大綱中，臚列許多公法法規，例如總統府及五院組
織法、司法院大法官審理案件法、國家安全會議組織法、立法院職權行使法
等等。本書作者認為上述憲法科目的命題大綱範圍太過廣泛，超過一般人民
所需要的憲法基本知識，未來有必要修正。另外，目前憲法科目命題大綱所
列的司法院大法官審理案件法已經在2019年1月4日改名為憲法訴訟法[4]，

---

4　參考全國法規資料庫，網頁：https://law.moj.gov.tw/LawClass/LawAll.aspx?pcode=a0030159。

考選部針對這個變遷也應該調整其命題大綱之內容。仔細比對憲法科目的命題大綱與法學緒論、法學大意科目公法內容，可以發現有部分重疊，考選部針對此也有必要加以整合。

　　再次強調，本書之內容將參考考選部公布之憲法、法學緒論及法學大意命題大綱，說明與之有關之法律與法學知識。讀者在閱讀本書之後，將對於臺灣現行法律制度的面貌有一個基本的認識。根據國民法官法規定，2023 年 1 月 1 日開始，臺灣之國民將有機會與法官共同參與牽涉故意犯罪因而發生死亡結果之刑事案件審判工作。本書所分析之法律與法學基本知識對於將擔任國民法官之人民在參與審判工作時有所幫助[5]。

## 參、法的概念：法律的定義

　　究竟什麼是「法」，不同國家因為其歷史，文化或自然環境等等因素而對於「法的概念」各有不同的定義。因此，談到何謂法的概念時，有必要從自己社會的歷史發展過程討論什麼是「法」。本書在此所談「法的概念」主要指的是當代在臺灣有效的法律的概念。臺灣當代的法律主要是在日本統治臺灣時期 (1895～1945) 引入的。而在日本於 1945 年結束對於臺灣的統治後，國民政府乃在同時將在中國大陸於民國時期所訂定的六法全書的法律制度帶來臺灣，成為目前臺灣現行有效的法律。這套在臺灣現行有效的法律制度跟日本統治臺灣時引入的法律制度都是受到西歐近代法律制度的影響（以德國及法國法律制度為主）。讀者要瞭解，近三十年來，因為立法院立法或修法非常頻繁，因此，許多法律的內容有很大的變遷。同時也要瞭解臺灣現行的法律中，在憲法基本人權部分、民法、刑法以及勞動法、社會法等深受當代德國法制的影響。而在財經相關法制部分（例如公司法、智慧財產權法），及憲法

---

5　根據國民法官法第 12 條第 1 項規定：「年滿二十三歲，且在地方法院管轄區域內繼續居住四個月以上之中華民國國民，有被選任為國民法官、備位國民法官之資格。」

有關言論自由的理論等則受到美國法的影響。目前多數國家的法律是司法機關負責解決衝突並進行裁判的依據。每個社會的法律都有其自己的體系，以臺灣的法律為例，最高位階的法律也就是憲法及憲法增修條文的規定，主要規範人民基本權利與義務的保障，國家重要組織相關法規，並明確規定中央與地方的關係，基本國策等等。在憲法下一位階的法律則是立法院通過的法律以及由行政機關根據法律授權所訂定的行政命令等。學理上認為廣義的法律指的是憲法、法律與命令，狹義的法律則指由立法院通過，總統公布的法律。由於憲法及憲法增修條文是臺灣最高位階的法律，因此，其規範的內容是目前臺灣法律所追求的正義基礎。

　　我國法學者林紀東教授曾經綜合各種關於「法是什麼」的說法，在學理上將法律定義為：「是社會生活上人和人間關係的規律，以正義為其存在之基礎，以國家之強制力為其實施的手段。」[6] 也有法學入門的書將「法」定義為「是人類共同生活體（族群、部落、國家）中，為形成秩序、維持和平（解決衝突）、實現自由，可透過權威機關之強制力所實施之規範」[7]。綜合上述論述，本書作者認為法的概念應定義為：「人類社會生活規範之一種，是以正義為其存在基礎。以國家強制力為其實現的手段。」[8] 下面針對本書所定義的法的概念詳細加以分析。

## 一、法律是社會生活規範之一

　　人類的生活主要為群體生活。除了魯濱遜漂流於荒島上，一人單獨生活外，現代社會中多數人都和他人共同生活在一定的空間，彼此有或多、或少的接觸。而由於每個人作為不同個體，常因為成長的環境、家庭生活、受到

---

6　林紀東，法學緒論，五南，1978 年 6 月，初版，頁 2-4。

7　參考李太正、王海南、法治斌、陳連順、黃源盛、顏厥安、王照宇、徐崑明，法學入門，元照，2022 年，17 版，頁 5-17。

8　參考陳惠馨，法學概論，三民書局，2019 年，修訂 16 版，頁 37-41。

的教育或接收的資訊不一樣，對於生活中的各種事物也會持有各種不同的看法與感覺。因此，人跟人在接觸時不免發生衝突。社會為了解決人跟人之間發生的衝突，往往存在各種生活規範，作為人跟人之間接觸時的行為準則。而這些行為準則往往被社會學家稱為社會規範。社會規範包括習慣、風俗、禮儀、道德及法律等等[9]。在當代社會，法律往往是最重要的社會規範，目前多數國家都訂定成文法律，由國家設置司法裁決機關，讓人民在衝突時，可以透過職業法官或國民法官，根據法律規定，做出審判，對人民之間的衝突與糾紛有所處理。

　　在眾多的社會生活規範中，最常被討論的是道德與法律。在一般法哲學的論述中經常會討論道德跟法律的關係以及比較兩者的功能。而究竟何謂道德，不同國家或社會，不同的學者都對之有所論述，而且在不同時代對於道德的論述也有所變遷。法實證主義者往往認為道德跟法律不同，道德沒有成文規定，跟法律有不一樣的功能，但在某個層面卻有相關聯性。當代法理學家富勒 (Lon L. Fuller) 區分兩種不同的道德，例如義務性道德與期待性道德等等[10]。也有法學者提問：「道德」是否具單一性？臺灣法學者對於如何界定道德，法與道德關係等等問題均有所討論[11]。但德國法哲學家羅伯・阿列西 (Robert Alexy) 則認為，法實證主義者認為法律與道德分離命題是錯誤的。所

---

9　在 20 世紀的文獻中，有關「社會規範」的討論可見於社會學、心理學、政治學或法學等，但目前臺灣法學或社會學的出版品中有關「社會規範」的討論並不多。德文文獻請參考 Klaus Eichner 著，Die Entstehung sozialer Normen（社會規範的誕生），Springer-Verlag，2013 年。

10　參考朗・富勒 (Lon L. Fuller) 著，鄭戈譯，法律的道德性 (The Morality of Law)，五南，2020 年，3 版，頁 2。在第一章討論兩種道德，將道德區分為期待性道德與義務性道德。期待性道德指善的生活的道德、卓越的道德以及充分實現人之力量的道德，而義務性道德則是從最低點出發，它確立了使有序社會成為可能，或者得以達致其特定目標必要的基本規則。參考網頁：https://www.books.com.tw/web/sys_serialtext/?item=0010853241&page=2，上網日期：2023 年 2 月 22 日。

11　參考李建良，法與道德──法哲學方法論的若干反思，收於月旦法學雜誌，第 308 期，2021 年 1 月，頁 79–104。顏厥安，法與道德──由一個法哲學的核心問題檢討德國戰後法思想的發展，收於政大法學評論，第 47 期，1993 年 6 月，頁 1–30。

謂法律與道德分離命題主要是認為法律和道德之間，沒有概念上的必然關聯[12]。羅伯‧阿列西則認為法律與道德之間具有概念上的必然關聯；道德要素包含在法律的概念與法效力的概念中[13]。臺灣法學界有關法律與道德關係的討論，多數引述英語或德語世界中法律學者的論述。下面嘗試從臺灣社會的發展，探討法律與道德的關係。

臺灣於上世紀的 60、70 年代學校教育中，主要強調「四維八德」的道德教育。所謂四維是指「禮、義、廉、恥」；而八德則是指「忠、孝、仁、愛、信、義、和、平」，四維與八德不僅是國小、國中與高中職上課教材中常被提到的概念，學校的空間也到處貼著有關「四維八德」的標語。在那個時期的臺灣，社會衡量一個人的道德品性，往往以「四維八德」作為重要標準。但上述在臺灣國小、國中與高中職教育中原來強調的「四維八德」道德要求逐漸減少。在 99 課綱（約 2000 年開始）中將道德列入「公民與社會」課程內涵。道德跟心理、社會、文化、政治、法律、經濟、永續發展等列為屬於公民需要具備的基本知識。而在 108 課綱（2019 年開始），道德則成為「社會參與」的一環，強調要學生：「具備道德實踐的素養，從個人小我到社會公民，循序漸進，養成社會責任感及公民意識，主動關注公共議題並積極參與社會活動，關懷自然生態與人類永續發展，而展現知善、樂善與行善的品德。」

從上述 108 課綱的內容說明，目前臺灣有關道德實踐跟社會責任感與公民意識、自然生態與人類永續發展有密切關係。課綱中強調人民要「知善、樂善與行善」，而究竟「善」是一個什麼樣的觀念，似乎沒有明確的定義。不

---

[12] 參考羅伯‧阿列西 (Robert Alexy) 著，王鵬翔譯，法概念與法效力（Begriff und Geltung des Rechts 德文），五南，2020 年，2 版 1 刷，第 1 章。參考網頁：http://www.wunan.com.tw/bookdetail.asp?no=11584。

[13] 羅伯‧阿列西 (Robert Alexy) 著，王鵬翔譯，法概念與法效力（Begriff und Geltung des Rechts 德文），五南，2020 年，2 版 1 刷，第 1 章。參考網頁：http://www.wunan.com.tw/bookdetail.asp?no=11584。

過從課程綱要所設計的國小道德教育，強調學生「具備個人生活道德的知識與是非判斷的能力，理解並遵守社會道德規範、培養公民意識、關懷生態環境。」國中道德教育則強調「培養學生的道德思辨與實踐能力，希望學生具備民主素養、法治觀念與環境意識，並主動參與公益團體活動，關懷生命倫理議題與生態環境。」而高中職教育則強調要讓學生具備「對道德課題與公共議題的思考與對話素養，培養良好品德、公民意識與社會責任，主動參與環境保育與社會公共事務。」等，上述內容說明了何為善的品德的可能內涵[14]。108 課綱顯然期待受過高中職教育的人民要有公民意識、社會責任並要能主動參與環境保育與社會公共事務。而究竟何謂生活道德知識或道德思辨與實踐能力，則要從國小、國中與高中職當前的教學資源（包括教科書與各種參考書籍）加以瞭解。目前高中公民與社會的教科書中往往討論道德與法律規範，道德與社會規範及道德與個人發展等議題[15]。

　　事實上，古今中外都可以看到許多基本道德的要求，例如不可殺人、不可偷竊、不可欺騙等等，也是法律規範的內容。刑法分則列有殺人罪（刑法第 271～275 條）、竊盜罪（刑法第 320～324 條）、詐欺背信及重利罪（刑法第 339～344 條之 1）及遺棄罪（刑法第 293～295 條）等等處罰規定。在時代變遷及社會觀念改變過程中，有些犯罪行為不再被法律認為是犯罪行為，例如臺灣刑法第 239 條原來針對有配偶者跟第三人發生性關係的行為加以處罰（通姦罪），但 2020 年 5 月大法官通過釋字第 791 號解釋，指出刑法第 239 條「與憲法第 23 條比例原則不符，應自本解釋公布之日起失其效力」。立法院也在一年後，通過刪除刑法第 239 條規定及刑事訴訟法第 239 條但書

---

[14] 參考教育部 108 課綱資訊網（十二年國民基礎教育），網頁：https://12basic.edu.tw/12about-3-1.php，另參考林建銘，108 課綱國民小學道德教育之評析，收於臺灣教育評論月刊，第 8 卷第 10 期，2019 年 10 月，頁 51–56。全文請見，網頁：http://www.ater.org.tw/journal/article/8-10/topic/09.pdf，上網日期：2022 年 10 月 15 日。

[15] 參考李建良／吳文傑主編，公民與社會（普通型高級中學用），第二冊，三民書局，頁 2–31，第一課討論個人選擇與社會規範。

規定[16]。目前在臺灣有配偶者與第三人發生性行為不再受到刑法的制裁。但卻有可能要對於自己的配偶或通姦對象的配偶負擔民法上的損害賠償責任並受到他人道德的譴責[17]。另外，有些法律所規定或禁止的行為，在經過法律長久的實施後，逐漸成為道德的內涵。例如，過去二十多年來臺灣制定各種跟性別平等有關的法律及其執行，改變臺灣人的性別觀念，對於他人因為性別所產生的差別對待或歧視逐漸成為道德的內涵與要求。這些牽涉性別平等的法律，例如性別平等教育法、性別工作平等法、性侵害犯罪防治法、性騷擾防治法及跟蹤騷擾防制法等等。

　　習俗與習慣也是非常重要的社會生活規範。在生活中每個人或多或少有個人的習慣，例如每天在固定時間起床、睡覺、一定時間看書，這種個人習慣到了某一程度便可能影響到別人的生活。例如一個喜歡聽音樂的人，每天在晚上 10 時以後，或早上 8 時以前，將電視節目或音樂大聲播放，打擾到鄰居的安寧，有可能引發糾紛。另外，每個社會都在歷史發展過程中有自己的社會習慣（亦可稱之為習俗）。例如早期在天主教盛行的地區，基於宗教教義，認為星期日是休息日，星期日在自己家的庭院曬衣服或者除草，有可能會引起鄰居的抗議。本書作者 1980 年代末在德國海德堡跟房東訂定房屋租賃契約時，租約內容明文要求不可以在早上 8 時以前、晚上 10 時以後將收音機、音樂聲音放大。又例如在臺灣有著年終時，雇主請員工吃飯（俗稱尾牙）或者過年時，會發年終獎金給員工等等，這些原來屬於社會傳統習慣。但這些傳統習慣如果被納入勞動契約之內涵時，就會具有法律效果。例如雇主與員工在勞動契約中協議，每年過年時，加發一個月薪水，那個過年加發一個月的薪水不再是習慣，而具有法律效力。如果僅是傳統習慣，則不當然具有

---

[16] 在 2021 年經立法院刪除的刑事訴訟法第 239 條但書的規定為：「但刑法第 239 條之罪，對於配偶撤回告訴者，其效力不及於相姦人。」

[17] 目前在法院的實務中，有案例係由配偶要求跟第三人發生婚外性行為或親密關係之配偶及該第三人，根據民法 184 條及第 195 條規定負擔精神上的損害賠償之訴訟。

強制執行的效果。但原來的習慣成為勞動契約的約定時，則會產生法律的效果，當雇主在過年時，不加發一個月的薪水給員工，員工可以根據勞動契約向雇主請求加發一個月的薪水，必要時，甚至可以到法院提出告訴。相反地，如果雇主與員工並未事先協議過年加發一個月的薪水，而員工基於社會習慣，期待雇主過年時加發薪水，則當雇主過年不加發一個月的薪水時，該員工僅能考慮離開該工作，或者工作時表現出不好的態度。但無法提出告訴。當然，這種過年加發一個月薪水的習慣如果被國家法律，例如勞動基準法或其他法律納入規定，那麼勞工請求雇主過年時，加發一個月的薪水就有法律依據了。

　　臺灣傳統上有父母死亡後，子女一年內不結婚，但如果父母、祖父母在死亡前有特別交代要結婚，就可以在百日內結婚的習俗。另外，傳統習俗上也認為家中如果近期內有人死亡，應該避免參加別人的喜宴，以免讓人認為帶來不祥感覺的習俗。但上述這些習俗（亦可稱為風俗）主要是由祖先一代又一代傳下來的，觸犯習俗，並不會受到國家法律的處罰，但有可能在生活中引發他人不滿與指摘。傳統社會的習慣、習俗或風俗等，主要讓人跟人之間的交往有參考的依據。但在當代社會中，強調自由與個人主義，因此傳統習俗的拘束力也逐漸減弱。在社會中，有些人認為應該固守傳統習俗，有些人則認為在時代變遷中，沒有必要繼續遵守傳統習俗。人與人的關係反而可能因為對於習俗認同度的差異，而發生衝突。

　　臺灣自從 1987 年解嚴以來，社會在民主化過程有許多的變遷，原來傳統的某些價值與思維，逐漸受到挑戰。例如年輕人不再認為一定要走入婚姻，或者雖然結婚但不願意舉行傳統婚禮儀式等等。而有時法律規定也會加速社會習俗的變遷。例如 2008 年立法院修改民法第 982 條的規定，根據現行有效的規定：「結婚應以書面為之，有二人以上證人之簽名，並應由雙方當事人向戶政機關為結婚之登記。」目前結婚最重要的是要有書面，並向戶政機關為結婚之登記。修改後的法律讓舉辦婚禮不再是結婚的必要儀式。這改變了過去結婚一定要宴請賓客的情形。由於現行法律規定的改變，如果有男女或同

志們要結婚，沒有根據民法第982條規定先到戶政機關為結婚的登記，而先舉行傳統宴客儀式。一旦要結婚的雙方因為意見不合，有一方不願一起到戶政機關完成結婚登記。那麼他們雖然舉行了傳統公開的結婚儀式，但因為沒有符合現行民法第982條規定，所以婚姻不被法律所承認。

目前臺灣最重要的社會規範主要是法律。在時代變遷中，傳統社會的道德、習慣、風俗等逐漸不再受到重視。目前，多數人對於他人違反傳統道德、習慣或風俗的行為比較寬容，不再強加干涉或指責。人們也逐漸習慣向法院請求透過審判解決衝突。根據憲法第80條規定：「法官須超出黨派以外，依據法律獨立審判，不受任何干涉。」目前，法官在進行審判時，主要依據法律，也因此說法律是現代臺灣社會中最重要的社會生活規範。

## 二、法律是以正義為其存在的基礎

傳統中國在古時將「法」寫為「灋」。在《說文》解釋說：「灋，刑也，平之如水，廌所以觸不直者去之，從廌从去。」《說文》又解釋：「廌，解灋獸也，似牛一角，古者決訟，令觸不直。」根據《說文》，法跟「刑」有密切關係，是持平的工具。另外，《周禮》一書中，提到「正月屬民讀法」。由此可見「法」一字在傳統中國代表成文法，也代表追求「平」的工具。戰國時代李悝編有《法經》一書（主要收集當時各國之法整理而成），全書分為盜法、賊法、囚法、捕法、雜法及具法。到了秦朝時，商鞅改「法」為「律」，中國傳統的重要法律，往往稱為律，例如《漢律》、《唐律》、《大明律》、《大清律例》等[18]。目前臺灣的法律制度將「法」與「律」合稱為法律。法律一詞在德文則有兩個可能含義，包括被訂定的法律 (Gesetz) 及自然法 (Recht)。德國基本法第20條第3項規定，立法必須依據憲法秩序，行政權與判決必須

---

[18] 傳統中國的法律不僅有《唐律》、《大明律》、《大清律例》等被認為跟當代「刑法」相類似的法律，以清朝為例，除了「大清律例」之外，還有條例、則例等不同的法律，例如吏部則例、戶部則例等等。參考陳惠馨，中國法律史：比較法觀點，元照，2020年，頁205。

依據訂定的法與自然法 (Gesetz und Recht)。德文的 "Recht" 也同時代表「正」的意義，是正義，也同時是權利的意思。而傳統中國文字中「法」被寫成「灋」，本意也是持平之意。也因此，本書認為法律必須以正義為其基礎。

　　「正義」一詞在英語稱為 "justice"；在德文則是 "Gerechtigkeit"，在中文的文字裡我們習慣說「公平正義」。而在哲學的論述裡有許多關於何謂「正義」的討論，經常被提到關於正義的討論，有羅爾斯 (John Bordley Rawls) 在 1971 年出版的《正義論》(*A Theory of Justice*) 一書中提出的兩個重要觀念，一是無知之幕，另外，則是分配正義。他提出，如果有一個無知之幕，每個人都不知道自己的階級、地位與出身，也不知道自己的智力與體力等資質如何，那麼就可能傾向選擇可以達到公平的分配正義[19]。羅爾斯提出兩個正義原則，第一個正義原則是指「平等自由原則」(principle of equal liberty)，主要運用在自由和權利的分配。根據這個原則，所有人都有平等的權利，享有各種基本自由。而第二個正義原則則是討論當涉及社會和經濟利益的不平等時，必須允許「差異」對待的存在[20]。臺灣學者顏厥安教授在〈何謂正義？一個初步的理論說明〉一文中提到，幾乎所有的法律體制，都是在實踐一種或多種正義。文中說明交換正義 (commutative justice) 主要實現於契約法，也就是雙務契約之等價交換。其提出，一般而言，只要沒有詐欺、脅迫、急迫輕率無經驗等狀況，自願交易就被視為是公平的等價交易，價值標準依照個人的個別偏好決定（主觀價值）[21]。顏厥安教授認為「分配正義」可以說是當代正義論裡最重要的議題，因為政治、社會、經濟、文化等各方面財富、利益與負擔的「實際分配狀況」是相當不平等或不均等，因此要實踐正義，

---

[19] 參考羅爾斯，無知之幕、正義論與社會首要的公平原則，取自香港 01，網址：https://www.hk01.com/article/553251?utm_source=01articlecopy&utm_medium=referral，上網日期：2023 年 2 月 22 日。

[20] 以上關於羅爾斯的兩個正義原則，網址：https://www.hk01.com/article/553251?utm_source=01articlecopy&utm_medium=referral，上網日期：2023 年 2 月 22 日。

[21] 參考顏厥安，何謂正義？一個初步的理論說明，收於社團法人台灣法學會主編，台灣法學新課題（十），元照，2014 年，頁 6。

重要的措施或手段，就是進行這些利益的「重分配」[22]。近年來有關正義的討論，往往著重從自由、平等、能力、幸福、快樂以及民主、公共理性、人權等觀念出發談正義的實質內涵[23]。由於正義有各種可能的定義，一個國家的法律究竟追求何種正義，有必要從整體的法律制度加以分析。例如在臺灣，目前憲法與憲法增修條文的內涵所追求的目標，應該就是臺灣法律所追求的正義。

## 三、法律以國家強制力為其實現的手段

法律跟道德、風俗與習慣、禮儀等都是社會規範的一種。但法律與道德、習慣、風俗、禮儀等規範最大的差別，在於法律可以由國家權威機構（司法機關）以強制力加以實現。一個人如果違反了道德、習慣、風俗，頂多受到他人指摘或側目相看，但不當然會受到國家的制裁；然而一個人如果違反了法律，那麼國家將經由各種機構對違反法律的人加以制裁，使得人民不得不遵守法律規定。例如一個違反民法買賣契約約定的賣方，拒絕履行出賣物的瑕疵擔保責任（賣了一個有瑕疵的電視，拒絕買主要求換無瑕疵的電視），那麼買主可能到法院控告他，並可能被法院判決要換給買主一個無瑕疵的電視，另外還可能被判要賠償買主因此所生的損害。又例如，如果有人將嬰兒丟棄於荒郊野外，或者對於自己年老的父母不聞不問，任其一人面對生病與孤單而死亡；根據刑法的規定，這個人的行為已經觸犯刑法遺棄罪；可能透過鄰居、社會工作者或者警察的告發，移送法院而被判處遺棄罪，受到刑事制裁。

在臺灣，有權力執行法律的機構並不以法院為主，檢察署及警察機構（例

---

22 顏厥安，何謂正義？一個初步的理論說明，收於社團法人台灣法學會主編，台灣法學新課題（十），元照，2014年，頁10。

23 參考阿馬蒂亞・庫馬爾・沈恩 (Amartya Kumar Sen) 著，林宏濤譯，正義的理念，商周，2013年，頁259–436。

如在交通事故案件、社會秩序維護法案件），甚至各級政府的單位（建設局或社會局）或獨立機構如金管會等都可以根據法律處理違反法律的行為。

　　法律和其他社會規範，例如道德、習慣、風俗、宗教等的社會功能都在於規範人類的行為。當代法律除了維持共同生活秩序外，還要保障個人的自由權、平等權、社會權及經濟權等。現代國家為了平衡人民基本權利義務與社會共同生活秩序，往往制定憲法或基本法，讓國家據此訂定各種法律，以維持社會秩序並保障人民的基本權利。

# 肆、法律的淵源

　　所謂法律的淵源指的是一個國家法律的來源。每個國家或社會的法律隨著時間而改變。因此，有關法律淵源的討論也有所變遷。早期多數的法學緒論教科書在談到法律的淵源時，往往區分直接法源與間接法源，直接法源指的是成文法，而間接法源則指不成文法，例如習慣、判例、法理及學說等等[24]。但這樣的分類並不適用於刑法的罪刑法定原則，也因此在討論法源時，要考量是哪種法律的法源。例如，民法第 1 條規定：「民事，法律所未規定者，依習慣；無習慣者，依法理。」這條規定說明民法的法源是成文法，習慣與法理，因此民法的法源可以是直接法源與間接法源。但刑法第 1 條規定：「行為之處罰，以行為時之法律有明文規定者為限。拘束人身自由之保安處分，亦同。」因此，根據刑法「罪刑法定原則」，刑法的法源必須是立法機關制定的成文法，習慣或法理不是刑法的法源。而由於行政法並沒有統一的法典，行政程序法第 4 條規定：「行政行為應受法律及一般法律原則之拘束。」可以解讀行政機關行政行為的法源為法律與一般法律原則。但何謂一般法律的原則呢？有學者認為行政程序法第 4 到第 8 條規定就是一般法律原則，分

---

[24] 參考李太正、王海南、法治斌、陳連順、黃源盛、顏厥安、王照宇、徐崑明，法學入門，元照，2022 年，17 版，頁 111 以下。

別是第 4 條依法行政原則、第 5 條明確性原則、第 6 條平等原則、第 7 條比例原則及第 8 條誠實信用原則[25]。至於憲法的法源為何？是否為成文法，則因各國憲法的發展狀況各有不同。臺灣憲法的法源可以參考 2021 年新訂定的憲法訴訟法第 43 條規定，其規定：「聲請案件繫屬中，憲法法庭為避免憲法所保障之權利或公益遭受難以回復之重大損害，且有急迫必要性，而無其他手段可資防免時，得依聲請或依職權，就案件相關之爭議、法規範之適用或原因案件裁判之執行等事項，為暫時處分之裁定。」所以在有關人民權利保障或公益部分主要依據憲法（憲法本文及增修條文）。

各個國家因為歷史發展背景的不同，因此法源也各有差異。根據世界銀行的網頁，分析法源時，提到目前最常見的各國法源，基本上可以分為下面幾種：憲法 (Constitution)、立法機關訂的成文法 (Code Legislative Enactment)（英文又稱 Statute），法院的判決 (Judicial Decisions)、條約及其他的來源 (Treaties Other Sources)[26]等。世界銀行的網頁強調目前多數的國家（除了少數例外）都有成文憲法。而憲法最主要的功能乃在於平衡政府的權力運作，例如行政、立法與司法權限的運作與彼此的關聯 (executive, legislative and judicial) 以及人民的基本自由與權利[27]。在歐盟司法的網站，談到德國法源時，提到成文法法源包括德國基本法、法律 (Gesetze)、法律命令 (Rechtsverordnung) 及規章 (Satzung) 等等，而不成文的法源則是國際公法上的一般規則 (die allgemeinen Regeln des Völkerrechts) 及習慣法 (Gewohnheitsrecht)[28]。另外，也提到所謂德國法律包括聯邦法及十六個邦的

---

[25] 行政法學者認為行政法的法源主要是成文法，例如憲法、法律與命令，命令包括法規命令與自治條例，參考陳敏，行政法總論，2016 年，頁 74–75。

[26] Constitution/CodeLegislative Enactment-StatuteJudicial DecisionsTreatiesOther Sources.

[27] 以上關於羅爾斯的兩個正義原則，網址：https://www.hk01.com/article/553251?utm_source=01articlecopy&utm_medium=referral，上網日期：2023 年 2 月 22 日。

[28] 參考歐洲司法的網頁，歐盟各國的法律 (Recht der Mitgliedstaaten)，網頁：https://e-justice.europa.eu/content_member_state_law-6-de-maximizeMS-de.do?member=1，上網日期：2022 年 10 月 18 日。

邦法及歐盟法 (Recht der Europäischen Union)[29]。

# 伍、法律的種類

## 一、從法律位階分析法律的種類：憲法，法律與命令的關係

　　當代各國成文法的內容多樣且體系繁雜，不同事務有不同的法律加以規定。為了理解複雜的法律與法律間的關係，於是以法的位階或特別法優於普通法理論協助一般人認識複雜的法律系統。所謂法律的位階可見於我國憲法第 170 條到憲法第 172 條的規定。憲法第 170 條規定：「本憲法所稱之法律，謂經立法院通過，總統公布之法律。」憲法第 171 條規定：「法律與憲法牴觸者無效。法律與憲法有無牴觸發生疑義時，由司法院解釋之。」憲法第 172 條規定：「命令與憲法或法律牴觸者無效。」另外，中央法規標準法第 11 條規定：「法律不得牴觸憲法，命令不得牴觸憲法或法律，下級機關訂定之命令不得牴觸上級機關之命令。」而憲法增修條文第 2 條第 3 項規定：「總統為避免國家或人民遭遇緊急危難或應付財政經濟上重大變故，得經行政院會議之決議發布緊急命令，為必要之處置，不受憲法第四十三條之限制。但須於發布命令後十日內提交立法院追認，如立法院不同意時，該緊急命令立即失效。」因此一般認為緊急命令的效力高於法律。大法官在釋字第 543 號解釋中說明：「緊急命令係總統為應付緊急危難或重大變故，直接依憲法授權所發布，具有暫時替代或變更法律效力之命令，其內容應力求周延，以不得再授權為補充規定即可逕予執行為原則。」由此可知原則上，我國法律的位階高於命令，但根據憲法增修條文第 2 條規定所為的緊急命令，則在一定時間內（立法院依法追認同意之前），此種緊急命令的效力高於法律。

---

[29] 參考歐洲司法的網頁，歐盟各國的法律 (Recht der Mitgliedstaaten)，網頁：https://e-justice.europa.eu/content_member_state_law-6-de-maximizeMS-de.do?member=1，上網日期：2022 年 10 月 18 日。

## 二、從法律名稱看法律的種類：法律、命令、行政規則、自治條例與自治規則

　　中央法規標準法對於法律與命令的名稱有所規定。中央法規標準法第 2 條規定：「法律得定名為法、律、條例或通則。」中央法規標準法第 3 條規定：「各機關發布之命令，得依其性質，稱規程、規則、細則、辦法、綱要、標準或準則。」目前臺灣多數的法律都用「法」之名稱，例如民法、刑法、公司法或土地法、家庭暴力防治法等等。除此之外，有些法律名為「條例」，例如道路交通管理處罰條例、警械使用條例、教保服務人員條例等等。目前僅有少數法律使用「通則」名稱，例如地方稅法通則、國家風景區管理處組織通則等。僅很少法律名為「律」，一般法學緒論教科書會引用暫時軍律作為例子，但暫時軍律在 2002 年 12 月由立法院加以廢除，該法律的某些規定已經納入陸海空軍刑法加以規定[30]。中央法規標準法第 6 條規定：「應以法律規定之事項，不得以命令定之。」

　　行政程序法及地方制度法也對於法規的種類加以規定。行政程序法第 150 條到第 162 條針對何謂法規命令及行政規則加以規定。第 159 條第 1 項規定：「本法所稱行政規則，係指上級機關對下級機關，或長官對屬官，依其權限或職權為規範機關內部秩序及運作，所為非直接對外發生法規範效力之一般、抽象之規定。」地方制度法則針對自治條例與自治法規等名稱加以規定。地方制度法第 25 條規定：「直轄市、縣（市）、鄉（鎮、市）得就其自治事項或依法律及上級法規之授權，制定自治法規。自治法規經地方立法機關通過，並由各該行政機關公布者，稱自治條例；自治法規由地方行政機關訂

---

[30] 根據立法院法律系統的說明：「戰時軍律」係為維護「戰時」紀律，於 1950 年 11 月 2 日所制定公布之特別軍事刑法。由於該法律的犯罪構成要件有欠嚴謹，刑罰特重且多數條文不符現況，目前這個法律的多數規定已經修改並納入「陸海空軍刑法」。本書作者在立法院法律系統嘗試以「律」搜尋，找不到以「律」為名的法律，特此說明。

定，並發布或下達者，稱自治規則。」第 28 條則明定哪些事項要以自治條例規定。

## 三、從出版的六法全書結構分析法律的種類

臺灣不同出版社出版的六法全書，多數將現行法律分為下列幾種：

### （一）憲法及關係法規

在這個類型中的法律包括中華民國憲法、憲法增修條文、國家安全法、國家賠償法、政府機關組織法（例如行政院組織法、立法院組織法、法院組織法等）、地方制度法、公職人員選舉罷免法等。

### （二）民法及關係法規

包括民法五編（民法總則、債、物權、親屬、繼承）及各種特別民法，如公司法、保險法、公平交易法、消費者保護法等。

### （三）民事訴訟法及關係法規

如民事訴訟法（規範法院處理民事糾紛的程序）、家事事件法、非訟事件法、消費者債務清理條例、鄉鎮市調解條例、仲裁法等。

### （四）刑法及關係法規

一般指刑法總則、分則及特別刑法，例如陸海空軍刑法、組織犯罪防制條例、貪污治罪條例、洗錢防制法、家庭暴力防治法、性侵害犯罪防治法、毒品危害防制條例等。

### （五）刑事訴訟法及關係法規

包括刑事訴訟法、刑事妥速審判法、軍事審判法、監獄行刑法、羈押法、刑事補償法、證人保護法、少年事件處理法等。主要規範法院辦理刑事案件之程序及刑之執行。

### （六）行政法規

1.一般行政法規

例如：訴願法、行政訴訟法、行政程序法、行政執行法、行政罰法。

### 2.公務人員相關法規

例如：公務人員任用法、公務員懲戒法、公務員服務法、公務員考試法、公務人員考績法、公務人員保障法、公務人員陞遷法及公職人員利益衝突迴避法等。

### 3.牽涉人民權益的法規

例如：集會遊行法、法律扶助法、律師法、人民團體法、公寓大廈管理條例、公平交易法、消費者保護法、醫療法、藥事法、個人資料保護法及環境基本法等。

### （七）國際法及關係法規

在全球化時代，世界各國間往來密切，國與國之間往往訂定雙邊公約或多邊公約。這些公約如為內國立法機關通過立法程序使其內國化，也會產生類似內國法的效力。例如聯合國憲章、國際法院規約、世界人權宣言、領海及鄰接區公約、大陸礁層公約、載貨證券統一規定公約、公民與政治權利國際公約及經濟社會文化權利國際公約等。臺灣近年來立法院以立法程序將我們未能參與簽署的多個國際公約，成為內國法，例如 2009 年通過的「公民與政治權利國際公約及經濟社會文化權利國際公約施行法」，2011 年通過的「消除對婦女一切形式歧視公約施行法」，2014 年 6 月 4 日通過的「兒童權利公約施行法」，2014 年 8 月 1 日通過的「身心障礙者權利公約施行法」。

上述六法全書的分類方式，可以讓一般人瞭解臺灣現有法律狀態。但在發生特定具體案件時，要找出適當的法律規範適用，需要有一定法律基本知識的瞭解。也因此多數法學入門書，對於法律體系的介紹，並不依循六法全書所呈現的法律分類，而是以學理上法律的分類說明法律體系。

## 四、學理上法律的分類

臺灣有些法學緒論書籍將法律區分為公法與私法，普通法與特別法，強行法與任意法或者程序法與實體法。也有法學緒論書籍還區分繼受法與固有

法，母法與子法等等。本書認為繼受法與固有法或者母法與子法的區分，並不適當，對於認識當代法律制度及其運用意義不大。而強行法與任意法的區分，主要區分法律是否給予人民自由選擇遵守的決定，一般認為刑法的規定主要為強行規定，原則上，觸犯刑法規定，除非是告訴乃論的罪，否則檢察官將依據刑法規定提起公訴，法院也依據刑法進行審判。而民法則往往被認為是任意法，尤其民法債編規定多數為任意規定，訂定買賣契約的當事人只要約定內容沒有違反法律的強行規定，或違背公序良俗，可以自由決定契約內容。

至於程序法與實體法的區分在於，實體法主要規範實體的權利與義務，例如：民法、刑法。而程序法則主要規範實現實體法律的程序，例如：民事訴訟法、家事事件法及刑事訴訟法等。要注意，民法一般認為是實體法，但其在某些地方也有關於程序的規定，例如民法第 694 條以下有關合夥解散後的清算規定屬於程序法事項，但卻放在民法規定中。本書下面將分析公法與私法以及普通法與特別法的分類。

## （一）公法與私法的區分

所謂公法例如憲法、行政法、刑法及民事訴訟法、刑事訴訟法及行政訴訟法等。公法與私法的區分主要在確認人民發生糾紛時，應該到哪一類型的審判機關提起訴訟。例如牽涉私法的糾紛（包括民法及民事特別法或者財經法律等）通常要到普通法院的民事庭或家事法院訴訟。而牽涉刑事法的案件（刑法或特別刑法）等，則受普通法院刑事庭的審判。而牽涉行政法的案件則要到行政法院訴訟。目前臺灣除了設有普通法院之民事與刑事庭外，還設有行政法院、智慧財產及商業法院。另外，2018 年制定公布的勞動事件法特別規定各級法院應設立勞動專業法庭，並規定在法官員額較少的法院，得僅設專股以勞動法庭名義辦理勞動事件[31]。

---

31　勞動事件法第 2 條第 1 項規定：「本法所稱勞動事件，係指下列事件：一、基於勞工法令、團體協

　　有關公法與私法的區分標準有私益說、主體說、權力說等。以主體說為例，此說認為法律所規範的關係如果是屬於國家與國家、國家與公共團體或國家與個人時，則為公法，例如：行政法、刑法或各種訴訟法等所規範之關係。而如果法律所規範的關係屬於私人與私人間平等的主體關係時，則為私法；但如果國家機關因為辦公室設備需要向民間公司購買辦公用具，則國家機關與民間公司在此一買賣關係中，屬於私法關係，彼此是平等的關係。權力說，則認為法律所規定的內容若是涉及權力服從關係，也就是不平等的關係則為公法。反之，若法律的內容所牽涉為平等關係則為私法。依上述二種分類標準，我們可以說規範私人與私人間契約關係的民法是私法，而規範國家與國家組織及國家與個人關係的憲法、行政法、刑法及訴訟程序法則為公法。民法的糾紛要依民事訴訟法或家事事件法解決，刑法的糾紛則要依刑事訴訟法解決，行政機關與人民間的糾紛則依訴願法、行政訴訟法來解決。

## （二）普通法與特別法

　　所謂普通法是指適用於所有人的法律，例如：民法、刑法等都屬於普通法，而相對於刑法，陸海空軍刑法則屬於特別法，因為這個法律主要針對現役軍人的處罰加以規定，故為特別法。陸海空軍刑法第 6 條規定：「本法所稱現役軍人，謂依兵役法或其他法律服現役之軍官、士官、士兵。」又例如少年事件處理法第 1 條之 1 規定：「少年保護事件及少年刑事案件之處理，依本法之規定；本法未規定者，適用其他法律。」由此可知針對十二歲以上十八歲未滿之人（第 2 條）刑事案件的處理要根據少年事件處理法，因此少年事件處理法屬於刑法的特別法。

　　中央法規標準法第 16 條規定：「法規對其他法規所規定之同一事項而為

---

約、工作規則、勞資會議決議、勞動契約、勞動習慣及其他勞動關係所生民事上權利義務之爭議。二、建教生與建教合作機構基於高級中等學校建教合作實施及建教生權益保障法、建教訓練契約及其他建教合作關係所生民事上權利義務之爭議。三、因性別工作平等之違反、就業歧視、職業災害、工會活動與爭議行為、競業禁止及其他因勞動關係所生之侵權行為爭議。」

特別之規定者，應優先適用之。其他法規修正後，仍應優先適用。」中央法規標準法第 17 條規定：「法規對某一事項規定適用或準用其他法規之規定者，其他法規修正後，適用或準用修正後之法規。」在同一法律中有時也同時有普通規定與特別規定。例如民法第 125 條規定：「請求權，因十五年間不行使而消滅。但法律所定期間較短者，依其規定。」民法第 127 條規定：「左列各款請求權，因二年間不行使而消滅：一、旅店、飲食店及娛樂場之住宿費、飲食費、座費、消費物之代價及其墊款。二、運送費及運送人所墊之款。三、以租賃動產為營業者之租價。四、醫生、藥師、看護生之診費、藥費、報酬及其墊款。五、律師、會計師、公證人之報酬及其墊款。六、律師、會計師、公證人所收當事人物件之交還。七、技師、承攬人之報酬及其墊款。八、商人、製造人、手工業人所供給之商品及產物之代價。」根據這兩條規定，可知民法第 127 條是第 125 條的特別規定，一個會計師或律師對於他的報酬或墊款的請求權時效僅有兩年，超過兩年的請求，其顧客可以拒絕給付。

# 第二章
# 法律繼受與臺灣法律的發展

---

## 📖 本章重點

1. 何謂法律繼受。
2. 臺灣法律的發展。
3. 清朝統治臺灣時期的法律狀況。
4. 日本統治臺灣時期的法律狀況。
5. 國民政府統治時期的法律狀況。
6. 臺灣自從解嚴以來的法律發展。

---

## 壹、法律繼受

　　所謂法律繼受是指一個國家或政治體導入其他國家或政治體的法律制度，例如在東亞各國，包括日本、韓國、中國大陸及臺灣的法律制度，在過去一百多年來，都受到西歐，尤其是德國、法國等國法律制度的影響，放棄自己傳統以來的法律制度，發展出新的當代法律體制。以臺灣為例，臺灣曾經是世界上少有，沒有被任何高權勢力統治的地方。在鄭成功自稱為臺灣王之前，臺灣這塊土地上有原住民，及從廣東、福建地區來的明朝或清朝的人。在大航海時代前，到東方尋找殖民地的葡萄牙人、西班牙人、英國人等都曾經占領臺灣某個特定地區，但都沒有全面統治臺灣，直到鄭成功占領臺灣之後，將葡萄牙人、荷蘭人等勢力排除。這些西歐國家都曾經跟鄭成功在外交上簽署合約[1]。

---

[1] 本章關於臺灣法律的發展論述主要參考王泰升，台灣法律史的建立，三民總經銷，頁106–116。

　　1683 年清朝取得對於臺灣的統治權，直到 1895 年。1895 年清朝對日本的甲午戰爭戰敗後，將臺灣交由日本統治，1945 年二次世界大戰結束後，日本戰敗，臺灣由當時在中國的國民政府接收並統治。日本人統治臺灣後，從 1922 年開始，將在日本繼受西歐的某些法律制度引進臺灣。而在 1945 年之後中國的國民政府也將繼受自西歐的六法全書法律制度在臺灣施行[2]。從上面的敘述可以說臺灣的法律從 1922 年開始就是當代西歐所發展出來的法律體制。而臺灣在歷經將近四十年的戒嚴之後，在 1987 年解嚴。解嚴之後的立法院開始正常運作，進行民法、刑法、公司法及智慧財產權法等重要法律的修法，並訂定了許多新的法律。目前臺灣的法律已有自己的風貌與特色。

　　有學者認為「繼受」一詞帶有被動接受的意思，因此稱一個國家學習他國法律制度為「法律移植」。繼受或移植外國法律制度並非僅發生在亞洲、非洲或南美洲等受西歐強權殖民的社會。在人類社會的歷史上，繼受或移植外來法文化是社會常見的狀態。例如影響臺灣當前法律制度深遠的德國，從中世紀以來就深受羅馬法的影響，繼受羅馬法的法律與學說，直到 18 世紀開始發展出自己社會的法律制度，並成為許多國家學習法律制度的對象[3]。德國法制史學家 Franz Wieacker 教授在 1967 年出版的《近代私法史》一書中提到，「繼受」的經驗對於許多國家來說並非陌生，世界上許多國家均有可能繼受他國各種文化內涵，法律繼受僅是繼受的種類之一，他還提到：「繼受」一詞的字義容易誤導人，以為法秩序本身可以就這樣被接納，不需經過同化或改變的過程。然而事實並非如此，從臺灣、日本與韓國的經驗來看，雖然我們現行的法律制度，尤其是民法與刑法都受到德國法律深刻的影響，但如果

---

　James W. Davidson 著，蔡啟恒譯，臺灣之過去與現在，第一冊，臺灣銀行發行，1972 年，臺灣研究叢刊，第 107 種，頁 1–56，臺灣府志，臺灣方志彙刊卷八，臺灣研究叢刊，第 62 種，頁 8–12。

2　王泰升，台灣法律史的建立，三民總經銷，頁 106–116。James W. Davidson 著，蔡啟恒譯，臺灣之過去與現在，第一冊，臺灣銀行發行，1972 年，臺灣研究叢刊，第 107 種，頁 1–56。

3　有關德國法制史請參考陳惠馨，德國法制史——從日耳曼到近代，元照，2007 年，頁 227–254。

仔細比對日本、韓國、臺灣及德國的民法或刑法，可以發現在很多具體的規定有各自的特色。例如臺灣民法繼承編主要規定在民法第 1138 到第 1225 條，共約八十個條文，日本民法繼承編從民法第 882 到第 1044 條，共約一百六十多條，而德國的民法繼承編則是從第 1922 到第 2385 條，共有四百六十條，三者的差異非常大。不僅在民法繼承編的狀況如此，近年來臺灣的民法親屬編歷經二十多次的修法，目前臺灣民法親屬編的內容已經跟日本民法親族編或德國民法家庭編有所差異。

# 貳、清朝統治前後，臺灣法律的發展

## 一、前　言

　　1684 年以前的臺灣，曾經由原住民、鄭氏王朝（鄭成功為主）、荷蘭、西班牙、葡萄牙占領部分地區並統治。但不管是荷蘭、西班牙或葡萄牙，占領並統治的地區都不大、時間也短，因此並不是以現代主權國家的地位統治臺灣。臺灣多年來一直有原住民與來自福建與廣東的移民居住。本書主要討論過去一百多年來臺灣法律的發展與變遷。在臺灣法律制度的發展過程中，歷經兩種不同的法律變遷：一是因為統治者的變換所造成的法律變遷，另一種則是臺灣社會內部力量自主產生的法律變遷。所謂因為統治者變換所帶來的變遷指的是臺灣在過去四百多年來，歷經了三次由不同的政權統治的經驗，並因此產生法律變遷的歷程[4]。下面將臺灣四百多年來的法律發展分時期說明。

---

4　參考陳惠馨，臺灣法律的認同與變遷——以憲法及性別相關法律的觀點出發，收於慶北大學校，法學研究所出版，法學論考，第 24 輯，2006 年，頁 63-72。

## 二、清朝統治時期（1683～1895 年）

在這段期間，臺灣適用清朝的法律，例如《大清律例》、《戶部則例》及《吏部則例》等法律。這些法律有時特別針對臺灣的特殊情形加以規定，例如《大清律例》（戶律）「福建臺灣民人與番人結親例」規定：「福建、臺灣地方民人，不得與番人結親，違者離異；民人照違制律，杖一百；土官通事減一等，各杖九十。該地方官如有知情故縱，題參交部議處。其從前已娶生有子嗣者，即安置本地為民，不許往來番社，違者照不應重律，杖八十。」這個規定說明清朝統治臺灣時，設有某些特殊規定規範臺灣人民。清朝法律在臺灣的適用情形可以參考臺灣大學圖書館保存的清朝《淡新檔案》。這份檔案主要保存 1812 年到 1895 年之間，清朝統治臺灣時，類似當代行政、民事與刑事的審判文書與紀錄。

## 三、日本統治時期（1895～1945 年）

日本從 1895 年開始統治臺灣。1896 年以律令第 4 號規定在臺灣的刑事相關事項。原則上依日本 1880 年訂定的刑法典，並以法律第 63 號公布「有關施行於臺灣之法令的法律」。日本並以法律第 63 號明訂「臺灣總督府在其管轄區域，得制訂具有法律之效力的命令」。臺灣總督府在 1898 年訂定「匪徒刑罰令」，對於臺灣人民進行嚴格的統治。這個法律規定在法律制定前已經發生的行為，也要加以處罰，而這樣的規定明顯違反當時日本刑法主張的「罪刑法定主義原則」。

1895 年至 1945 年間，日本規定，有關臺灣人間的親屬、繼承案件，依據臺灣舊慣來解決。日本民法有關財產部分的規定在 1922 年才開始在臺灣適用，但關於臺灣人間的親屬、繼承事件，依舊依據臺灣舊慣來處理。所謂臺灣舊慣其實就是清朝的法律，尤其是清朝的福建省例及臺灣省例等等規定。日本在統治臺灣初期，很快的建立了法院體系並頒布「法院條例」。

## 四、國民政府統治時期（1945～1987 年）

在中國大陸的國民政府 1945 年開始統治臺灣。1948 年 5 月 10 日，國民大會通過動員戡亂時期臨時條款，並在 1950 年 3 月 11 日公布增訂之規定，給予總統副總統可以無限期連任的可能。除此之外，1949 年 5 月 19 日中華民國臺灣省政府主席兼臺灣警備總司令陳誠，根據 1934 年於中國大陸訂定的戒嚴法，在臺灣頒布戒嚴令。臺灣從 1949 年 5 月 19 日到 1987 年都在戒嚴時期，總共持續戒嚴了三十八年五十六天。在戒嚴時期，臺灣人民無法享受憲法所賦予的多項基本人權，許多憲法上的權利，如集會遊行權或言論自由權等都受到限制。

臺灣在 1987 年解除戒嚴之後，開始發展民主與法治。1945 年由國民政府在中國大陸訂定的六法全書開始在臺灣被適用與修改。1947 年公布的憲法多數條文原來被「動員戡亂時期臨時條款」凍結，但在 1987 年戒嚴解除後，從 1991 年到 2005 年共歷經七次憲法的增修。這部 1947 年為十多億人口訂定的中華民國憲法，目前配合憲法增修條文在臺灣社會施行並被認真對待。在此有必要特別針對臺灣的憲法解釋機關——司法院的「大法官會議」做說明。司法院大法官目前是臺灣重要的憲法解釋機關，但在戒嚴時期，大法官會議透過解釋讓總統可以無限制的連任，不受憲法本文規定總統僅能連任一次的限制，也因此讓蔣中正先生可以連任長達二十五年。另外大法官會議也透過釋字第 31 號解釋，讓 1948 年在中國選出的立法委員、監察委員、國民大會代表從原來三年或六年的任期，延長了四十多年，一直到 1991 年與 1992 年才分別終止任期。

另外，中國國民黨所主導的政府，在 1945 年之後，接收日本在臺灣建立的審判制度，並將在中國訂定的「六法全書」大部分的法律在臺灣適用。不過，國民黨政府也在臺灣訂定各種「動員戡亂時期」法規範，例如「動員戡亂時期國家安全法」、「動員戡亂時期人民團體組織法」、「動員戡亂時期檢肅

流氓條例」、「動員戡亂時期懲治盜匪條例」、「動員戡亂時期檢肅匪諜條例」、「動員戡亂時期集會遊行法」、「動員戡亂時期保密防諜實施辦法」、「國家總動員法」、「總動員物資徵購徵用辦法」等，限制臺灣人民的各種基本人權。這些動員戡亂時期的法規範都是在 1991 年之後逐漸被廢止或修改。

除了上述牽涉社會治安或安定的相關法律之外，1930 年代在中國大陸訂定的民法、刑法，各種財經法律（商事法）等等從 1945 年才開始在臺灣被適用。例如在中國大陸公布施行的民法親屬編，其規定主要受到德國與瑞士相關法律制度的影響，主要規範親屬的親等、婚姻制度及家庭中父母子女的關係等，其內容往往混合著德國當代的婚姻及家庭價值觀以及傳統中國婚姻與家庭倫理觀念，可以說是一個既傳統又西化的法律。這部法律從 1985 年歷經第一次修改之後，到今日已經歷經二十一次修法。

另外，需要特別說明的是，目前在臺灣適用的「六法全書」原本是 1920 至 1930 年代在中國大陸訂定的。但中國共產黨在 1950 年代取得統治中國大陸的統治權之後，就宣告民國時期的「六法全書」法律體制全部無效，也因此在中國大陸訂定的「六法全書」法律體制目前僅在臺灣、澎湖、金門與馬祖繼續有效且被適用。

上面所提到臺灣在清朝、日本以及中國國民黨統治時期，法律制度主要是由統治者基於權威，決定法律是否修改或廢止。從 1990 年臺灣動員戡亂時期終止之後，目前臺灣法律的修改或訂定不再僅由政府主導，在今日民主化的臺灣社會，人民經常針對重要議題透過公民行動促進法律的修改與變遷。

# 參、臺灣法律的發展與社會變遷

吳庚大法官在 2005 年於〈社會變遷與憲法解釋〉文中提到：「臺灣社會原本是典型的中國農業社會，19 世紀末起受到明治維新後的日本人長期治理，對臺灣社會的影響，用社會學的術語可稱為從高級的中等社會 (advanced intermediate society) 進化成芻型的現代化社會。臺灣光復到國民政府遷臺，

執行一連串的土地改革、經建計畫，造成經濟快速成長、教育高度發展、資訊及科技的進步，加以威權體制的解構，臺灣具備了現代化社會的各種特徵。」[5]

　　本書作者認為臺灣從 1987 年在蔣經國總統宣告自 7 月 15 日凌晨零時起解除戒嚴令開始，因為逐漸不再限制人民團體組織的設立，民眾開始針對各種重要社會議題組黨或結社或集會遊行。臺灣公民透過運用言論自由與集會結社自由，開始影響臺灣法律的訂定與修訂並自主的啟動臺灣法律的變遷。臺灣法律的變遷除了七次憲法條文的增修外，還有各種跟性別相關的法律、環境保護相關法律及民法、刑法、行政法、財經法、社會法及勞動法等的變遷。讀者如果想要瞭解臺灣過去三十多年來法律的變遷，可以從立法院法律系統資料庫或全國法規資料庫，透過關鍵字檢索瞭解。本書在第二編分析臺灣現行的憲法、行政法、民法、刑法、財經法、勞動法、社會法及牽涉性別平等的法律制度時，也會提到這些法律在臺灣的發展。

---

5　參考吳庚，社會變遷與憲法解釋，收於湯德宗主編，憲法解釋之理論與實務，第 4 輯，中研院法律學研究所籌備處，2005 年，頁 2。

# 第三章
# 法律的效力與制定、修正、廢止（含中央法規標準法與地方制度法）

## 📖 本章重點

1. 法律之效力：人的效力、地的效力與時的效力。
2. 憲法的制定與修正。
3. 立法院法律的制定、修正與廢止。
4. 立法院法律案的處理程序：提案、審查與三讀會。
5. 立法院關於黨團協商機制與相關法律規定。
6. 法律、命令的公布。
7. 法律與命令的施行。
8. 自治條例與自治法規的訂定。

## 壹、前　言

　　本章將分析法律的效力以及廣義法律的訂定。所謂廣義的法律係指包括憲法、法律、命令及地方制度法所規定的地方自治條例與地方規則等。在考選部所公布的法學緒論命題大綱有一項「法律的效力與制定、修正、廢止（含中央法規標準法與地方制度法）」。由於括弧中提到中央法規標準法與地方制度法，因此本書所談的法律效力，還包括第 1 章提到的憲法第 170 條到第 172 條規定的法律的位階，以及中央法規標準法中有關特別規定優於普通規定，以及法律在公布之後，何時生效等等議題。本章所談的法律的效力、制

定、修正及廢止，不僅適用於立法院通過的法律，還包括憲法及中央法規標準法、地方制度法有關命令、自治條例及自治規則等的制定、修正與廢止。

# 貳、法律的效力

所謂法律的效力一詞包含的範圍廣大，可以包括法律的位階、法律的優先性（特別法優於普通法）以及法律的人、地與時等效力。其中法律的「時的效力」牽涉到法律的施行（生效）與廢止（失效）。有關法律的位階與特別法優先適用的規定，將在本書第 1 編第 4 章詳細討論。

## 一、法律之人的效力

所謂人的效力即指法律對什麼人發生效力。基本上各國之法律對其本國人民均有適用。而現代社會由於交通發達，各國人民之間往來密切，因此大部分國家的法律亦適用於在本國停留的外國人，尤其是刑法、行政法等規定。

一國法律有時僅規範國內具有某種身分的人，例如各種有關公務人員的法律，如公務人員考績法、公務員懲戒法、公教人員保險法僅適用於有公務員身分之人。而陸海空軍刑法第 1 條規定：「現役軍人犯本法之罪者，依本法處罰。」可見陸海空軍刑法是對於軍人特別規定的刑法。在臺灣還有軍事審判法是專門針對軍人犯罪進行的審判。2013 年臺灣發生洪仲丘事件，引發軍事審判法與陸海空軍刑法的修法。現行軍事審判法第 1 條規定：「現役軍人戰時犯陸海空軍刑法或其特別法之罪，依本法追訴、處罰。現役軍人非戰時犯下列之罪者，依刑事訴訟法追訴、處罰：一、陸海空軍刑法第四十四條至第四十六條及第七十六條第一項。二、前款以外陸海空軍刑法或其特別法之罪。非現役軍人不受軍事審判。」另外同法第 5 條規定：「犯罪在任職服役前，發覺在任職服役中者，依本法追訴審判。但案件在追訴審判中而離職離役者，初審案件應移送該管第一審之法院，上訴案件應移送該管第二審之法院審判。犯罪在任職服役中，發覺在離職離役後者，由法院審判。前二項規定，按行

為時之身分適用法律。」為了保障低階軍人在軍中人權，2014 年陸海空軍刑法將第 44 條修改為：「長官凌虐部屬者，處三年以上十年以下有期徒刑。致人於死者，處無期徒刑或七年以上有期徒刑；致重傷者，處五年以上十二年以下有期徒刑。上官或資深士兵藉勢或藉端凌虐軍人者，處五年以下有期徒刑。致人於死者，處無期徒刑或七年以上有期徒刑；致重傷者，處三年以上十年以下有期徒刑。前二項所稱凌虐，指逾越教育、訓練、勤務、作戰或其他軍事之必要，使軍人受凌辱虐待之非人道待遇行為。前項教育、訓練、勤務、作戰或其他軍事必要之實施範圍及應遵行事項，由國防部以準則定之。長官明知軍人犯第一項、第二項之罪，而包庇、縱容或不為舉發者，處三年以下有期徒刑、拘役或新臺幣三十萬元以下罰金。」

　　依照國際慣例，有些僑居外國的人，不適用僑居地的法律，而仍適用本國的法律，如外國使節、使館館員及其家屬、侍從、外國領事等（參照維也納外交領事地位條約）。

## 二、法律之地的效力

　　所謂法律地的效力指法律所施行的空間。一般而言，一國之法律往往適用於全國各地。例如刑法第 3 條規定：「本法於在中華民國領域內犯罪者，適用之。在中華民國領域外之中華民國船艦或航空器內犯罪者，以在中華民國領域內犯罪論。」第 4 條規定：「犯罪之行為或結果，有一在中華民國領域內者，為在中華民國領域內犯罪。」但有些法規僅在特定地區適用，例如離島建設條例在第 1 條說明：「為推動離島開發建設，健全產業發展，維護自然生態環境，保存文化特色，改善生活品質，增進居民福利，特制定本條例；本條例未規定者，適用其他法律之規定。」另外，離島建設條例第 2 條規定：「本條例所稱之離島，係指與臺灣本島隔離屬我國管轄之島嶼。」

## 三、法律之時的效力

　　所謂法律時的效力是指法律的有效期間。通常一個法律在立法院通過、總統公布後，只要沒有被修正或廢止，其效力是繼續維持的，但有些法律在訂定之初就會訂有施行期間，這種法律通常是為了應付特定的事情而訂定。我國有兩個重要法律，在立法院通過時本來都訂有法律存續期間，一是 2000 年 2 月 3 日之九二一震災重建暫行條例，這個條例第 75 條規定：「本條例自公布日施行，施行期間自生效日起算五年。」但這個條例一直到 2006 年 2 月 4 日才在立法院通過廢止。另外，2020 年 2 月為了有效防治嚴重特殊傳染性肺炎 (COVID-19)，維護人民健康，並因應其對國內經濟、社會之衝擊，立法院特別訂定「嚴重特殊傳染性肺炎防治及紓困振興特別條例」，在該條例第 19 條規定：「本條例及其特別預算施行期間，自中華民國一百零九年一月十五日起至一百十一年六月三十日止。但第十二條至第十六條自公布日施行。本條例及其特別預算施行期間屆滿，得經立法院同意延長之。」目前這個條例已經立法院同意，延長到 2023 年 6 月 30 日。

# 參、憲法的制定與修正

　　一國的憲法在制定之後，除非改朝換代，一般而言，僅會發生憲法修改，較少重新訂定憲法[1]。臺灣目前施行的憲法是 1947 年在中國大陸通過並施行的。1948 年 4 月 18 日國民大會依照憲法第 174 條第 1 款程序，制定動員戡亂時期臨時條款，改變憲法第 47、26、64、91 及第 27 條第 2 項規定之效力。動員戡亂時期臨時條款在經過四次修正之後，於 1991 年被宣告終止。從 1991 年至今（2023 年）這部憲法共歷經七次修改。分別是在 1991、1992、

---

[1] 以德國為例，西德在二次世界大戰後訂定基本法 (Grundgesetz)，在 1990 年 8 月 31 日訂定的兩德（西德與東德）統一條約在第三條約定東德五邦加入德國聯邦共和國之後，也同樣適用基本法。參考網頁：https://www.gesetze-im-internet.de/gg/BJNR000010949.html。

1994、1997、1999、2000 及 2005 年於國民大會之會議通過。修改方式是不變動憲法本文，以憲法增修條文的方式進行。憲法本文雖然在第 174 條規定：「憲法之修改，應依左列程序之一為之：一、由國民大會代表總額五分之一之提議，三分之二之出席，及出席代表四分之三之決議，得修改之。二、由立法院立法委員四分之一之提議，四分之三之出席，及出席委員四分之三之決議，擬定憲法修正案，提請國民大會複決。此項憲法修正案，應於國民大會開會前半年公告之。」但憲法本文第 174 條規定現在已經被 2005 年 6 月 10 日公布之憲法增修條文第 12 條停止適用了。現行憲法增修條文第 12 條規定：「憲法之修改，須經立法院立法委員四分之一之提議，四分之三之出席，及出席委員四分之三之決議，提出憲法修正案，並於公告半年後，經中華民國自由地區選舉人投票複決，有效同意票過選舉人總額之半數，即通過之，不適用憲法第一百七十四條之規定。」根據憲法增修條文第 12 條規定，現在在臺灣要修改憲法，必須先經過立法院立法委員的提議，且經一定程序通過憲法修正案，並先公告半年後，經中華民國自由地區選舉人投票複決；並在有效同意票過選舉人總額之半數時才能通過。也就是憲法的修改發動權在於立法院，然後經過臺灣人民的複決，有效同意票過選舉人總額之半數，才算通過。在臺灣目前憲法修正不再屬於國民大會的權限。由於目前修改憲法要經過人民的複決，因此要修憲不再是一件容易的事[2]。

　　國民大會在 2005 年完成第七次憲法增修條文以來，立法院在 2022 年 3 月三讀通過第一個要經過複決的憲法修正案，該修正案內容為：「中華民國憲法增修條文增訂第一條之一條文修正案：第一條之一中華民國國民年滿十八歲者，有依法選舉、罷免、創制、複決及參加公民投票之權。除本憲法及法律別有規定者外，年滿十八歲者，有依法被選舉之權。憲法第一百三十條之

---

2　以上敘述係本書作者參考全國法規資料庫及立法院法律系統中的憲法本文、憲法增修條文、動員戡亂時期臨時條款等規定綜合論述的。

規定，停止適用。」[3] 立法院通過的憲法修正案，主要是將中華民國國民依法享有選舉、罷免、創制、複決及參加公民投票的權利由二十歲降低為十八歲。經中央選舉委員會公告此一憲法修正案公民複決投票[4]，可惜此一憲法修正案在 2022 年 11 月 26 日的公投沒有過半數。因此，此次憲法修正案沒有成功。

## 肆、立法院法律的制定、修正與廢止

憲法第 170 條規定：「本憲法所稱之法律，謂經立法院通過，總統公布之法律。」憲法第 62 條規定：「立法院為國家最高立法機關，由人民選舉之立法委員組織之，代表人民行使立法權。」憲法第 63 條規定：「立法院有議決法律案、預算案、戒嚴案、大赦案、宣戰案、媾和案、條約案及國家其他重要事項之權。」但憲法並未明文規定立法院要如何制定法律，僅於憲法第 76 條規定：「立法院之組織，以法律定之。」

立法院要制定、修正或廢止法律的程序牽涉的法律包括憲法、立法院組織法、立法院職權行使法、立法院各委員會組織法、立法院議事規則及中央法規標準法等法律。目前法律的制定、修正與廢止的程序主要規定在立法院職權行使法[5]。而除了立法院職權行使法對於法律案有所規定外，中央法規標準法也在第 20 條到第 25 條規範法規的修正或廢止。中央法規標準法第 20 條第 2 項規定：「法規修正之程序，準用本法有關法規制定之規定。」第 22 條第 1 項也規定：「法律之廢止，應經立法院通過，總統公布。」據此可說立法院法律案應該包括法律的制定、修正與廢止。立法院某些法律雖然訂有施行期間，但由於立法院可以透過院會三讀再度延期法律的施行期間，因此一個法律雖然訂有實施期間，但卻有可能透過立法程序延長該法律的效力。前

---

3　參考立法院台立院議字第 1110700833 號公告。
4　參考中央選舉委員會，網頁：https://web.cec.gov.tw/central/cms/bulletin/37768。
5　參考立法院職權行使法第 7 條至第 15 條之規定。

面提到的「九二一震災重建暫行條例」以及「嚴重特殊傳染性肺炎防治及紓困振興特別條例」的施行期間都被立法院院會依法延長[6]。

根據立法院組織法第 2 條規定：「立法院行使憲法所賦予之職權。前項職權之行使及委員行為之規範，另以法律定之。」而有關立法院議決法律案的程序，主要規定在立法院職權行使法第 7 條到第 15 條的規定。第 7 條規定：「立法院依憲法第六十三條規定所議決之議案，除法律案、預算案應經三讀會議決外，其餘均經二讀會議決之。」由此可知立法院在議決法律案時必須經過三讀會議議決。另外，中央法規標準法第 1 條規定：「中央法規之制定、施行、適用、修正及廢止，除憲法規定外，依本法之規定。」另外立法院職權行使法對於如何進行三讀會議有詳細規定，但概略來說一個法律案要在立法院通過並經總統公布，必須經過法律案的提案、審查及三讀會等程序。詳細分述如下：

## 一、法律的提案

憲法雖規定立法院為最高立法機關，但並未限制僅立法院有法律案之提案權。根據憲法及立法院職權行使法以及釋字第 3 號及第 175 號解釋，可以在立法院提出法律案的有：行政院、司法院、考試院、監察院、立法委員及符合立法院組織法規定之黨團[7]。有關立法院法律案提案權的機關主要依據下面規定：

### （一）行政院

憲法第 58 條第 2 項規定：「行政院院長、各部會首長，須將應行提出於立法院之法律案、預算案、戒嚴案、大赦案、宣戰案、媾和案、條約案及其

---

6　參考全國法規資料庫，網頁：https://law.moj.gov.tw/LawClass/LawAll.aspx?pcode=A0030110。

7　參考司法院釋字第 3 號及第 175 號解釋及立法委員職權行使法第 75 條規定。大法官釋字請見，網頁：https://cons.judicial.gov.tw/judcurrent.aspx?fid=2195，目前憲法法庭網頁包含釋字第 1 號至第 813 號解釋以及憲法法庭的判決（2022 年 2 月 5 日做出 111 年憲判字第 1 號）。

他重要事項，或涉及各部會共同關係之事項，提出於行政院會議議決之。」

## （二）考試院

憲法第 87 條規定：「考試院關於所掌事項，得向立法院提出法律案。」

## （三）監察院、司法院

憲法並未規定監察院與司法院是否得向立法院提出法律案，但司法院大法官在釋字第 3 號及第 175 號解釋中說明，基於五權分治、平等相維之體制及憲法第 71 條及第 87 條規定，監察院就其所掌事項、司法院就其所掌有關司法機關之組織及司法權行使之事項，得向立法院提出法律案[8]。

## （四）立法委員提案

我國憲法雖未直接規定立法委員有法律提案權，但立法院職權行使法第 8 條第 2 項規定：「政府機關提出之議案或立法委員提出之法律案，應先送程序委員會，提報院會朗讀標題後，即應交付有關委員會審查。但有出席委員提議，二十人以上連署或附議，經表決通過，得逕付二讀。」由此可見立法委員可提出法律案。而根據現行立法院議事規則第 2 章委員提案第 7 條規定：「議案之提出，以書面行之，如係法律案，應附具條文及立法理由。」第 8 條規定：「立法委員提出之法律案，應有十五人以上之連署；其他提案，除另有規定外，應有十人以上之連署。連署人不得發表反對原提案之意見；提案人撤回提案時，應先徵得連署人之同意。」

## （五）立法院黨團

立法院職權行使法第 75 條規定：「符合立法院組織法第三十三條規定之黨團，除憲法另有規定外，得以黨團名義提案，不受本法有關連署或附議人數之限制。」而立法院組織法第 33 條第 1 項規定：「每屆立法委員選舉當選席次達三席且席次較多之五個政黨得各組成黨團；席次相同時，以抽籤決定

---

[8] 參考司法院釋字第 3 號及第 175 號之解釋理由書。我國憲法第 78 條及第 173 條均規定，司法院有解釋憲法之權。

組成之。立法委員依其所屬政黨參加黨團。每一政黨以組成一黨團為限；每一黨團至少須維持三人以上。」

## （六）人民是否有立法院法律案的提案權

究竟人民是否有立法院法律案之提案權，憲法並未明文規定。憲法第136 條規定：「創制複決兩權之行使，以法律定之。」依據公民投票法第 2 條規定，目前臺灣人民僅能透過公民投票複決法律以及創制立法原則之權利，並未享有立法院法律案的提案權。不過近幾年立法院許多法律案是透過民間團體跟立法委員合作，由立法委員以連署之方式為之。另外，個別人民或團體也透過遊行、示威及壓力團體方式影響行政院或立法委員，達到制定法律之目的。從立法院網站所列的立法程序可以發現法律案要排入立法院院會前須要經過程序委員會的決議[9]。

## 二、法律的審查與三讀會

根據立法院職權行使法第 7 條規定，法律案之審查應該經過三讀會議決。該法第 8 條規定：「第一讀會，由主席將議案宣付朗讀行之。政府機關提出之議案或立法委員提出之法律案，應先送程序委員會，提報院會朗讀標題後，即應交付有關委員會審查。但有出席委員提議，二十人以上連署或附議，經表決通過，得逕付二讀。立法委員提出之其他議案，於朗讀標題後，得由提案人說明其旨趣，經大體討論，議決交付審查或逕付二讀，或不予審議。」此一條文主要規定一讀會的進行方式及在何種情況下可以在一讀會之後逕付二讀程序或者決議不予審議。立法院委員會之設立主要規定在立法院組織法第 10 條，其規定：「立法院依憲法第六十七條之規定，設下列委員會：一、

---

9　參考立法院有關立法程序網頁說明：提案先送程序委員會，由秘書長編擬議事日程，經程序委員會審定後付印。程序委員會置委員十九人，由各政黨（團）依其在院會席次之比例分配。但每一政黨（團）至少一人。院會審議法案的先後順序，由程序委員會決定。網頁：https://www.ly.gov.tw/Pages/List.aspx?nodeid=151。

內政委員會。二、外交及國防委員會。三、經濟委員會。四、財政委員會。五、教育及文化委員會。六、交通委員會。七、司法及法制委員會。八、社會福利及衛生環境委員會。立法院於必要時，得增設特種委員會。」立法院各委員會組織法第 3 條規定：「立法院各委員會席次至少為十三席，最高不得超過十五席。」第 3 條之 1 規定：「每一委員以參加一委員會為限。各委員會於每年首次會期重新組成。」

　　在立法院法律案的二讀會程序主要規定在立法院職權行使法第 9 條到第 10 條之 1。第 9 條規定：「第二讀會，於討論各委員會審查之議案，或經院會議決不經審查逕付二讀之議案時行之。第二讀會，應將議案朗讀，依次或逐條提付討論。第二讀會，得就審查意見或原案要旨，先作廣泛討論。廣泛討論後，如有出席委員提議，十五人以上連署或附議，經表決通過，得重付審查或撤銷之。」從第 9 條規定可知委員會的審查與大會的依次與逐條討論最為重要。第 10 條規定：「法律案在第二讀會逐條討論，有一部分已經通過，其餘仍在進行中時，如對本案立法之原旨有異議，由出席委員提議，二十五人以上連署或附議，經表決通過，得將全案重付審查。但以一次為限。」第 10 條之 1 規定：「第二讀會討論各委員會議決不須黨團協商之議案，得經院會同意，不須討論，逕依審查意見處理。」立法院三讀會的程序主要規定在立法院職權行使法第 11 條：「第三讀會，應於第二讀會之下次會議行之。但如有出席委員提議，十五人以上連署或附議，經表決通過，得於二讀後繼續進行三讀。第三讀會，除發現議案內容有互相牴觸，或與憲法、其他法律相牴觸者外，祇得為文字之修正。第三讀會，應將議案全案付表決。」

　　以上是法律案的審查與三讀會程序。本書在此僅列出一讀會、二讀會與三讀會的重要規定。當一個法律案已經完成第二讀會後，在第三讀會僅能在法律案內容有互相牴觸，或與憲法、其他法律相牴觸之處時，進行修正討論，否則僅能為文字之修正。

　　根據立法院職權行使法第 12 條規定：「議案於完成二讀前，原提案者得

經院會同意後撤回原案。法律案交付審查後，性質相同者，得為併案審查。法律案付委經逐條討論後，院會再為併案審查之交付時，審查會對已通過之條文，不再討論。」另外，第 13 條規定：「每屆立法委員任期屆滿時，除預（決）算案及人民請願案外，尚未議決之議案，下屆不予繼續審議。」

由於法律案須在立法院院會三讀通過，因此立法院會議開會人數的多寡就影響法律案之制定。立法院職權行使法第 4 條規定：「立法院會議，須有立法委員總額三分之一出席，始得開會。前項立法委員總額，以每會期實際報到人數為計算標準。但會期中辭職、去職或亡故者，應減除之。」依內政部訂定的議事規則規定，各項會議通常要求至少要過半數應出席者出席才能召開。但立法院的立法委員卻透過立法院職權行使法第 4 條規定，僅要求立法委員總額三分之一出席就能開會。這樣的規定是否妥當值得反思。

## 三、立法院黨團協商的角色

立法院職權行使法第 68 至第 74 條規定黨團協商。第 68 條規定：「為協商議案或解決爭議事項，得由院長或各黨團向院長請求進行黨團協商。立法院院會於審議不須黨團協商之議案時，如有出席委員提出異議，十人以上連署或附議，該議案即交黨團協商。各委員會審查議案遇有爭議時，主席得裁決進行協商。」第 69 條規定：「黨團協商會議，由院長、副院長及各黨團負責人或黨鞭出席參加；並由院長主持，院長因故不能主持時，由副院長主持。前項會議原則上於每週星期三舉行，在休會或停會期間，如有必要時，亦得舉行，其協商日期由主席通知。」

立法院職權行使法第 70 條規定，黨團協商時，各黨團代表之指派方式。一旦立法院院長或各政黨黨團提出請求進行黨團協商，若協商破裂則會發生第 71 條之 1 的效果，也就是：「議案自交黨團協商逾一個月無法達成共識者，由院會定期處理。」黨團協商機制一旦啟動，各黨團代表達成共識，該共識將拘束協商的法律案或其他案件。個別立法委員如果有異議，僅能依據立法

院職權行使法第 72 條規定：「黨團協商結論於院會宣讀後，如有出席委員提議，八人以上之連署或附議，得對其全部或一部提出異議，並由院會就異議部分表決。黨團協商結論經院會宣讀通過，或依前項異議議決結果，出席委員不得再提出異議；逐條宣讀時，亦不得反對。」上述立法院職權行使法所規定有關黨團的運作制度已經限制個別立法委員職權的行使，值得進一步討論其適當性。民眾如果想要瞭解立法院的立法程序，可以透過立法院網站進一步查詢，也可以到立法院登記，參觀立法的實際狀態[10]。

# 伍、命令的訂定、修正與廢止

有關命令的訂定、修正與廢止過去僅有 1970 年 8 月公布之中央法規標準法有所規定。2000 年行政程序法才開始有行政機關訂定命令的詳細規定。中央法規標準法第 5 條規定：「左列事項應以法律定之：一、憲法或法律有明文規定，應以法律定之者。二、關於人民之權利、義務者。三、關於國家各機關之組織者。四、其他重要事項之應以法律定之者。」第 6 條規定：「應以法律規定之事項，不得以命令定之。」第 7 條規定：「各機關依其法定職權或基於法律授權訂定之命令，應視其性質分別下達或發布，並即送立法院。」由上面規定可知各機關依其法定職權或基於法律授權訂定之命令必須送立法院。過去談到有關命令的訂定、修正或廢止主要依據中央法規標準法；但自2001 年 1 月 1 日開始，行政程序法第 150 條到第 162 條對於法規命令及行政規則的訂定、修正、廢止、停止或恢復適用等程序有更細緻的規定。行政程序法有關命令的規定甚多，在此僅針對法規命令及行政規則之基本定義加以說明。行政程序法第 150 條規定：「本法所稱法規命令，係指行政機關基於法律授權，對多數不特定人民就一般事項所作抽象之對外發生法律效果之規定。

---

[10] 立法院有關立法程序，網站：https://www.ly.gov.tw/Pages/List.aspx?nodeid=151，上網日期：2022 年 11 月 20 日。

法規命令之內容應明列其法律授權之依據，並不得逾越法律授權之範圍與立法精神。」根據第 155 條及第 156 條之規定，行政機關訂定法規命令，得依職權舉行聽證。行政機關為訂定法規命令，依法舉行聽證者，應於政府公報或新聞紙公告。行政程序法第 159 條規定何謂行政規則，其規定：「本法所稱行政規則，係指上級機關對下級機關，或長官對屬官，依其權限或職權為規範機關內部秩序及運作，所為非直接對外發生法規範效力之一般、抽象之規定。行政規則包括下列各款之規定：一、關於機關內部之組織、事務之分配、業務處理方式、人事管理等一般性規定。二、為協助下級機關或屬官統一解釋法令、認定事實、及行使裁量權，而訂頒之解釋性規定及裁量基準。」第 161 條規定：「有效下達之行政規則，具有拘束訂定機關、其下級機關及屬官之效力。」由此可知行政規則不發生對外的拘束效力。中央法規標準法第 22 條第 2 及第 3 項規定命令的廢止，其規定：「命令之廢止，由原發布機關為之。依前二項程序廢止之法規，得僅公布或發布其名稱及施行日期；並自公布或發布之日起，算至第三日起失效。」在此強調根據上述有關法規命令與行政規則的規定，可知法規命令僅在法律有授權時才能對於多數不特定的人民產生法律效果；而行政規則僅能對於機關內部有拘束效力。

## 陸、地方自治條例與自治法規的訂定、修正與廢止

1999 年立法院通過地方制度法。地方制度法第 25 條規定地方自治法規，其內容分為兩種，一種是經地方立法機關通過，並由各該行政機關公布者，稱為「自治條例」。而另一種則是「自治規則」，是由地方行政機關訂定，並發布或下達者。根據地方制度法第 2 條的名詞定義，地方自治團體係指依該法實施地方自治，具公法人地位之團體。省政府為行政院派出機關，省為非地方自治團體。另外，地方制度法第 14 條規定，「直轄市、縣（市）、鄉（鎮、市）為地方自治團體，依本法辦理自治事項，並執行上級政府委辦事項。」有關直轄市民、縣（市）民、鄉（鎮、市）民之權利與義務，主要規

定在地方制度法第 15 條、第 16 條。由於內容瑣碎，在此不加以分析。地方制度法第 30 條規定地方自治法規之效力，其規定：「自治條例與憲法、法律或基於法律授權之法規或上級自治團體自治條例牴觸者，無效。自治規則與憲法、法律、基於法律授權之法規、上級自治團體自治條例或該自治團體自治條例牴觸者，無效。委辦規則與憲法、法律、中央法令牴觸者，無效。第一項及第二項發生牴觸無效者，分別由行政院、中央各該主管機關、縣政府予以函告。第三項發生牴觸無效者，由委辦機關予以函告無效。自治法規與憲法、法律、基於法律授權之法規、上級自治團體自治條例或該自治團體自治條例有無牴觸發生疑義時，得聲請司法院解釋之。」下面僅列出幾個縣市的自治條例說明地方制度法訂定後，臺灣的地方政府如何針對地方特色訂定自治條例。例如，臺北市訂有：「臺北市公有停車場收費費率自治條例」、「臺北市土地使用分區管制自治條例」、「臺北市促進原住民就業自治條例」、「臺北市零售市場管理自治條例」等[11]。高雄市則訂有：「高雄市陸上魚塭養殖漁業登記管理自治條例」、「高雄市特定紀念樹木保護自治條例」及「高雄市弱勢族群投保微型保險自治條例」[12]。臺東縣則訂有：「臺東縣營建剩餘土石方管理自治條例」、「臺東縣殯葬管理自治條例」、「臺東縣公園管理自治條例」及「臺東縣新設置畜牧設施管理自治條例」等[13]。

# 柒、法律、命令、自治條例及自治法規的公布與施行

## 一、法律、命令、自治條例及自治法規的公布

　　我國憲法第 72 條規定：「立法院法律案通過後，移送總統及行政院，總統應於收到後十日內公布之，但總統得依照本憲法第五十七條之規定辦理。」

---

[11] 參考臺北市法規查詢系統，網頁：https://www.laws.taipei.gov.tw/Law#。

[12] 參考高雄市政府主管法規共用系統，網頁：https://outlaw.kcg.gov.tw/。

[13] 參考臺東縣政府主管法規共用系統，網頁：https://law.taitung.gov.tw/index.aspx。

憲法在第 4 章第 37 條有關總統職權中規定：「總統依法公布法律，發布命令，須經行政院院長之副署，或行政院院長及有關部會首長之副署。」憲法增修條文第 3 條第 2 項第 2 款修正憲法第 57 條的規定：「行政院對於立法院決議之法律案、預算案、條約案，如認為有窒礙難行時，得經總統之核可，於該決議案送達行政院十日內，移請立法院覆議。立法院對於行政院移請覆議案，應於送達十五日內作成決議。如為休會期間，立法院應於七日內自行集會，並於開議十五日內作成決議。覆議案逾期未議決者，原決議失效。覆議時，如經全體立法委員二分之一以上決議維持原案，行政院院長應即接受該決議。」由前述規定可知，一個法律案除了要在立法院通過三讀程序，還需要由總統公布。如果行政院對於立法院通過的法律案認為窒礙難行，則可以在總統未公布前，移請立法院覆議。但若立法院全體立法委員二分之一以上決議維持原案，則行政院長即應接受該決議。而若立法院在憲法增修條文第 3 條第 2 項第 2 款所定的期間內逾期沒有做出議決，那麼原來決議的法律案將失效。2013 年 5 月 31 日立法院通過會計法第 99 條之 1 修正案，由於這個法律修正案被認為，想為某些領有特別費的官員逃避虛報帳目的罪責，當時引發社會譁然，行政院在社會壓力下向立法院提出覆議案。這個覆議案在 2013 年 6 月 13 日由 110 名立法委員記名投票「否決」，因此該會計法第 99 條之 1 修正案歸零，這是臺灣歷史上重要的覆議案[14]。

## 二、法律與命令的施行（也可稱之為法規時的效力）

　　法律雖已經立法院通過，總統公布，但是不當然開始生效並施行。中央法規標準法針對法規的施行有所規定。基本上可以分為兩種方式：

### （一）法規特別定有施行日期者或以命令特定施行日期

　　中央法規標準法第 12 條規定：「法規應規定施行日期，或授權以命令規

---

[14] 有關會計法第 99 條之 1 的覆議案內容與過程，請參考立法院公報第 102 卷第 46 期。

定施行日期。」第 14 條規定：「法規特定有施行日期，或以命令特定施行日期者，自該特定日起發生效力。」例如行政程序法雖然在 1999 年 2 月 3 日公布，但該法第 175 條規定，自 2001 年 1 月 1 日施行，施行日期就是生效日期。又例如 2022 年 6 月 22 日立法院通過「醫療事故預防及爭議處理法」，在第 45 條規定：「本法施行日期，由行政院定之。」這個法的施行日期要由行政院決定。

### （二）法規未特別規定施行日時，自公布日起算至第三日發生效力

中央法規標準法第 13 條規定：「法規明定自公布或發布日施行者，自公布或發布之日起算至第三日起發生效力。」例如社會秩序維護法在 1991 年 6 月 29 日由總統令公布，其中第 94 條規定：「本法自公布日施行」。因此，社會秩序維護法在 1991 年 7 月 1 日開始生效。有學者主張法律公布三日後就生效，時間可能太短[15]。近年來，立法院因考量新訂定的法律可能需要有其他配套措施，往往讓相關單位決定法律的施行日期。例如 2011 年 12 月通過的家事事件法，立法院授權司法院訂定施行日期；司法院決定家事事件法的施行日期為 2012 年 6 月 1 日。上面有關法律的施行其實也跟法律時的效力有關。

中央法規標準法在第 21 條到第 23 條規定法律的廢止，但這些規定在實際運作時是有彈性的。例如中央法規標準法第 23 條規定法規當然廢止，其規定：「法規定有施行期間者，期滿當然廢止。……但應由主管機關公告之。」前面提到立法院針對新冠肺炎訂定的「嚴重特殊傳染性肺炎防治及紓困振興特別條例」在立法時雖然定有施行期間，但由於主責的衛生福利部認為此一法律有延長的必要，立法院乃依據立法程序延長這個法律的效力。中央法規標準法第 21 條規定：「法規有左列情形之一者，廢止之：一、機關裁併，有

---

[15] 林紀東教授，認為現代交通便利，法規的傳布甚為迅速，但仍嫌過於匆促，將來光復大陸之後，有修改之必要；在數位時代的今日，如何訂定施行日期可再斟酌。林紀東，法學緒論，五南，1978 年 6 月。

關法規無保留之必要者。二、法規規定之事項已執行完畢，或因情勢變遷，無繼續施行之必要者。三、法規因有關法規之廢止或修正致失其依據，而無單獨施行之必要者。四、同一事項已定有新法規並公布或發布施行者。」這些情形，如果牽涉立法院通過的法律就要以法律訂定的程序辦理。如果僅是命令，則可以根據中央法規標準法第 22 條第 2 項及第 3 項規定辦理。也就是：「命令之廢止，由原發布機關為之。依前二項程序廢止之法規，得僅公布或發布其名稱及施行日期；並自公布或發布之日起，算至第三日起失效。」

# 第四章
# 法律之適用與法律解釋

---

## 📖 本章重點

1. 何謂法律之適用。
2. 何謂法律解釋。
3. 從法律的分類談法律的適用。
4. 法律適用的步驟。
5. 法律的解釋及法律解釋的方法。
6. 以大法官解釋為例說明法律解釋方法的運用。

---

# 壹、前　言

　　所謂法律的適用，乃指特定法規範對於具體發生的社會生活現象（事實）產生的效果。或者也可以說在特定具體的社會生活現象（事實）檢驗其是否與特定法規範所規定的要件相符合，並尋找出該事實可能的法律效果。一個人的行為是否觸犯刑法或者是否要對他人負擔損害賠償責任，都要透過檢驗具體事證與法律的規定而確定。針對上述法律在特定事實是否適用的檢驗過程，法學上稱為涵攝。由於人類的社會生活現象千變萬化，隨著時間的改變，日新月異，故想以具體有限的條文規範社會生活的事實，不免有其困難，當代法律往往用比較抽象的文字規範人民生活中的行為。而抽象的法律文字如何與具體生活事實產生關聯，因此在確認法律適用過程中，需要透過學理對於法律規定進行解釋。所謂法律的解釋，指的是在針對事實找到相關法條時，

如何解讀法條規定，並在具體案件中加以應用。本章主要討論狹義法律的適用與解釋，也就是主要談由立法院通過，總統公布的法律的適用與解釋。

# 貳、法律分類對於法律適用的意義

當我們在進行法律適用前，往往要先確認適用哪一類的法律。如果牽涉到私人與私人間締結契約所發生的糾紛，要確認的是民法規定與事實之間是否有關連。如果要確認國家行政機關依據法律所做出的行政處分是否合法與適當，那麼就要針對行政處分所依據的行政法規是否適用加以確認。而如果牽涉到國家是否要動用刑罰權對於行為人加以處罰，就要確定行為人的行為是否觸犯國家的刑法（普通刑法與特別刑法）。

當代許多國家多數由具有立法權限的機關（例如立法院、各地方議會）訂定各種不同層級與種類的法律或命令，因此當發生某個特定事實時，究竟要適用那一個法規範加以處理，則有必要透過法律與法學的學習，認識社會中現行有效的法律體系。而一個特定的社會事實可能牽涉的法規範有時不僅一個，如何找到最適合該事實的法律，有時需要透過法律的分類（種類）來尋找。例如一個車禍事件，同時可能涉及民法侵權行為的損害賠償規定；亦可能涉及刑法的殺人罪或傷害罪；在行政法上可能牽涉道路交通管理處罰條例、全民健康保險法的規定。要判斷如何適用法律，則有必要透過法律的分類加以確認。本章主要從特別法與普通法的分類以及公法與私法的分類，說明法律的適用。

## 一、普通法與特別法的分類與法律的適用

根據中央法規標準法第 16 條規定：「法規對其他法規所規定之同一事項而為特別之規定者，應優先適用之。其他法規修正後，仍應優先適用。」同法第 17 條規定：「法規對某一事項規定適用或準用其他法規之規定者，其他法規修正後，適用或準用修正後之法規。」上面提到的特別法（規定）優於

普通法（規定）的原則，在司法審判中具有重要性，審判者如果沒有注意到有特別法規定，在審判時用普通法作為審判依據，將使得審判的效力受到影響。舉例說明，如果想知道某個特定事實是否牽涉刑事責任？涉及什麼樣的刑事責任？是一般刑法或者特別刑法（例如陸海空軍刑法）？就要對於刑法或特別刑法的相關結構與規定有大概的瞭解，然後去尋找可能適用的法律。

　　特別法與普通法的規定有時存在於不同法律間，但有時又存在於同一法律中。例如：有限公司作為法人，一方面受到民法總則第 2 章關於法人規定（社團）的拘束，但也受到特別法，也就是公司法特別規定的拘束。通常公司法的特別規定優先於普通民法的適用。又例如消滅時效的規定主要規定在民法，有一般規定也有特別規定。一般規定例如：民法第 125 條規定：「請求權，因十五年間不行使而消滅。但法律所定期間較短者，依其規定。」但民法第 126 條則規定：「利息、紅利、租金、贍養費、退職金及其他一年或不及一年之定期給付債權，其各期給付請求權，因五年間不行使而消滅。」又根據民法第 127 條規定：「左列各款請求權，因二年間不行使而消滅：一、旅店、飲食店及娛樂場之住宿費、飲食費、座費、消費物之代價及其墊款。二、運送費及運送人所墊之款。三、以租賃動產為營業者之租價。四、醫生、藥師、看護生之診費、藥費、報酬及其墊款。五、律師、會計師、公證人之報酬及其墊款。六、律師、會計師、公證人所收當事人物件之交還。七、技師、承攬人之報酬及其墊款。八、商人、製造人、手工業人所供給之商品及產物之代價。」由此可知有關消滅時效的規定，在民法就有普通規定（第 125 條）及特別規定（第 126 條及第 127 條）。

## 二、公法與私法的分類與法律適用

　　在適用法律時，瞭解公法與私法的區分也很重要。公法與私法的分類有助於確認特定事實究竟應該根據私法（民法或民事特別法）或者公法來判斷，這不僅影響法律關係判斷的基礎，還影響著訴訟時應該選擇的法院。在私法

的領域部分，法律通常給予個人較多自由的選擇，讓個人可以根據自由的意思表示來決定法律關係的內容，例如契約的訂定或者公司的設立等等，也因此在民法債編規定中，有比較多任意規定的存在。但同樣是民法，民法物權編的規定則比較多強行規定，例如抵押權或地上權的設定等等，多數要依據民法規定來進行。

在公法的部分，則多數是強制規定，僅在特殊狀況給予人民自由選擇的機會。例如：民事訴訟法為程序法，屬於公法，但在牽涉民事的糾紛時，民事訴訟法給予訴訟當事人透過事先約定，選擇訴訟法院的可能。又例如：刑法針對比較輕微的犯罪給予人民自由決定是否提出告訴的可能，這就是所謂告訴乃論的規定。刑法第 277 條第 1 項普通傷害罪及第 284 條過失傷害罪，或者刑法第 309 條到第 313 條妨害名譽及信用罪、刑法第 230 條血親性交規定及第 238 條以詐術締結無效或可撤銷的婚姻罪都是告訴乃論[1]。在當代社會，由於網路資訊的發達，一般人只要瞭解法律的分類，就可以透過關鍵字在全國法規資料庫系統或者立法院的法律系統等網站，找到自己所關心的特定事實所適用的相關法律及其內容。

# 參、適用法律的步驟

生活中的具體案件往往可能牽涉到多種的法律，這些可能相關的法律中，究竟要適用哪一個法律才是真正具體適用的法律？除了首先要瞭解想處理哪一種糾紛，或有哪一種主張外，更重要的要透過一定的步驟，找到最適用的法律。

---

[1] 刑法第 230 條規定：「與直系或三親等內旁系血親為性交者，處五年以下有期徒刑。」、第 238 條規定：「以詐術締結無效或得撤銷之婚姻，因而致婚姻無效之裁判或撤銷婚姻之裁判確定者，處三年以下有期徒刑。」

## 一、要適用有效的法律

　　有關法律的制定、修正與廢止程序已在前面章節說明。當一個案件發生時，除了透過法律分類，找到可能適用的法律外，還需要注意找到的法律對於要適用的案件是否是有效的法律？這個法律是否經過立法院通過、總統公布？法律在公布後，是否曾經被修正、廢止？法律是否有被暫停適用？這些都是在適用法律時特別要注意的。目前立法院非常頻繁地進行法律的制定與修正。除了憲法在過去三十年歷經七次增修外，民法各編及刑法總則與分則等法律都歷經多次修改，例如民法的親屬編與繼承編、民事訴訟法、刑事訴訟法及行政訴訟法均有大幅修正，另外，2012 年制定公布家事事件法，2013年 5 月將民事訴訟法第 9 編人事訴訟程序刪除，有關親屬與繼承的訴訟要參考家事事件法的規定。目前在立法院，有時同一個法律一年內歷經兩、三次的修法而且每次修法都僅修改幾個條文，這樣的立法方式造成法律體系的破碎，也難以確認最新有效的法律。建議讀者在適用法律時，隨時查詢可能適用的特定法律是否在近日內經過立法院加以修正或刪除。

## 二、要考慮法律的位階問題

　　依我國憲法第 171 條規定：「法律與憲法牴觸者無效。法律與憲法有無牴觸發生疑義時，由司法院解釋之。」憲法第 172 條並又規定：「命令與憲法或法律牴觸者無效。」由於法律、命令違反憲法時無效，當案件具體適用的法律如果有違憲的可能時，可以根據憲法訴訟法，聲請司法院大法官進行裁判加以確定。

## 三、要注意特別法優於普通法的原則

　　前面已經談過，在一個具體案件中，有時有多種法律都有相關規定，此時最重要的就是找出哪一種法律為特別法，然後依中央法規標準法第 16 條規

定，優先適用特別法。

## 四、從新、從優的原則

依中央法規標準法第 18 條規定：「各機關受理人民聲請許可案件適用法規時，除依其性質應適用行為時之法規外，如在處理程序終結前，據以准許之法規有變更者，適用新法規。但舊法規有利於當事人而新法規未廢除或禁止所聲請之事項者，適用舊法規。」中央法規標準法第 18 條的規定屬於一般規定，這個原則在刑法不當然適用。現行刑法第 2 條規定：「行為後法律有變更者，適用行為時之法律。但行為後之法律有利於行為人者，適用最有利於行為人之法律。沒收、非拘束人身自由之保安處分適用裁判時之法律。處罰或保安處分之裁判確定後，未執行或執行未完畢，而法律有變更，不處罰其行為或不施以保安處分者，免其刑或保安處分之執行。」

## 五、要注意法律適用原則上不溯及既往

所謂適用法律不溯及既往原則，係指一個法律對於其未有效施行前所發生的具體案件，原則上不可加以適用。此在刑法又稱為罪刑法定主義。例如刑法第 1 條規定：「行為之處罰，以行為時之法律有明文規定者為限。拘束人身自由之保安處分，亦同。」因此，一個人的行為，如果行為時是法律所不處罰的，政府不得於事後修改法律，對人民在修法前的行為加以處罰。此乃是現代國家尊重人民權利的基本原則。在此要注意的是刑法第 2 條第 3 項的規定雖然溯及既往，但那是因為新規定對於人民有利，因此才例外的規定可以溯及既往。

在此需要釐清的是，法律不溯及既往的原則是法律適用之原則，並非立法的原則。也就是說行政機關或司法機關在適用法律時，應注意法律不溯及既往之原則；但是，如果立法機關在非常特別的情形，認為有必要時，可以透過法律制定溯及既往的規定，糾正社會既有的不正義、不公平情形。例如

民法繼承編施行法第 1 條之 3 第 4 項規定：「繼承在民法繼承編中華民國九十八年五月二十二日修正施行前開始，繼承人因不可歸責於己之事由或未同居共財者，於繼承開始時無法知悉繼承債務之存在，致未能於修正施行前之法定期間為限定或拋棄繼承，以所得遺產為限，負清償責任。但債權人證明顯失公平者，不在此限。」

## 六、掌握法律規範之構成要件與具體事實間的關係

我國目前法學教育在檢驗法律規範之構成要件與具體生活事實間之關聯時，往往是利用理則學的三段論方法進行。以侵權行為的案件（車禍事件）為例，大前提是法律規定，小前提是案件事實，結論就是法律適用的結果。說明如下：

大前提：民法第 184 條第 1 項前段規定：「因故意或過失，不法侵害他人之權利者，負損害賠償責任。」

小前提：A 以故意或過失之方式，違反道路交通管理處罰條例第 43 條規定，以危險方式駕車（不法），撞傷 B（身體權之傷害）。

結論：因此 A 對 B 要負民法第 184 條第 1 項所規定之損害賠償責任。

但往往一個案例，牽涉的不僅僅是一個條文，例如在上面的案例還要注意到民法第 191 條之 2 規定：「汽車、機車或其他非依軌道行駛之動力車輛，在使用中加損害於他人者，駕駛人應賠償因此所生之損害。但於防止損害之發生，已盡相當之注意者，不在此限。」這個規定是針對汽、機車及其他動力車輛駕駛人的損害賠償責任的特別規定。在日常生活中許多實際的案例，往往非常複雜，適用法律時要更細緻的將案件中每個事實加以切割、逐一檢驗。例如在上面的案例中，A 是否有以危險方式駕車？是否違反交通規則？是否超速？往往需要專家加以鑑定。又例如 A 是否是故意或過失，要如何判斷等等。又例如 B 的損害究竟有多少，除了醫藥費之外、無法工作、聘用看護等等的損失要如何計算，都是需要加以評估的。適用法律的困難，往往在

於法律條文係由抽象的文字加以表達，有時法律的用語，在時空變遷之後，既有的法律規範文字，無法很清楚明確的適用特定個案，此時法律的解釋就很重要，透過不同的法律解釋方法的運用，可能會影響到法條適用的結果。法律解釋的方法有哪些以及界限為何就有必要加以討論。

## 肆、法律的解釋方法

法律是社會生活規範之一種，一個法治國家，不管是人民從事法律的行為如：買賣、租賃等，或行政機關要做行政處分、法院要做判決，都要依據法律，也就是要適用法律。但適用法律則先要解釋法律文字的涵義，然而由於文字本身往往有多種涵義，當法律文字具有多種涵義時，在具體案件究竟要採用哪一種？就需要透過法律解釋的方法來決定。傳統法律解釋基本上可以分為四種，分別是文義性解釋、系統性解釋、歷史性解釋與目的性解釋[2]。法律解釋方法是德國的法學家，薩維尼 (Friedrich Carl von Savigny) 所提出[3]。上面提到的四種法律解釋的方法，認為法律解釋要以法律使用的文字為基礎，對於法律文字的解釋結果如何，不加以考慮，也就是惡法亦法的理論。然而，現代法律解釋的目標，已經不僅僅在探求法律文字的意義，還進一步探索法律的社會意義，如何解釋法律才能符合現階段社會需要、維持社會秩序、促進社會發展，並保障人權都是重要的目標。因此在傳統四個解釋方法外，還增加了所謂合憲性的考量。也就是在進行法律解釋時，要考量法律是否符合憲法的精神。下面以臺灣司法院大法官解釋的案例，說明各種法律解釋的方法。

---

[2] 有關四種傳統法律解釋方法請參考德文網站，網頁：https://www.rechtswissenschaft-verstehen.de/lexikon/auslegungsmethoden/。

[3] Friedrich Carl von Savigny (1779–1861) 是德國歷史法學派理論的提出者，認為法律不是透過立法者的意志訂定的，法律應該是基於人民的確信產生的。

## 一、文義性解釋

　　所謂文義解釋又稱文理解釋。乃係就法律條文所表達的文字，從文法之結構就其可能的意義加以解釋。一般人民適用法律時，通常會直接以法律文字之內涵加以解釋法律；然而此種解釋有時與立法者或裁判者不同。立法機關及司法機關、行政機關常在其職權範圍內，對法律的文義加以解釋，有學者稱之為有權解釋。例如教保服務人員條例第 3 條規定：「本條例所稱教保服務人員，指幼兒教育及照顧法（以下簡稱幼照法）第三條第五款所定提供教保服務之園長、教師、教保員及助理教保員。」民法第 66 條規定：「稱不動產者，謂土地及其定著物。不動產之出產物，尚未分離者，為該不動產之部分。」第 67 條規定：「稱動產者，為前條所稱不動產以外之物。」而土地法第 1 條規定：「本法所稱土地，謂水陸及天然富源。」又例如植物品種及種苗法第 3 條第 3 款規定：「基因轉殖植物：指應用基因轉殖技術獲得之植株、種子及其衍生之後代。」上述所舉法律條文規定是為了說明在適用法律時還要注意法律對於特定名詞的解釋。而立法機關有時在法律條文中並未對其所使用的文字加以解釋，此時只能運用其他方法瞭解法條規定的意涵。例如民法第 12 條規定：「滿十八歲為成年。」[4] 根據這個條文的反面意義，可知未滿十八歲為未成年人。

　　司法院大法官在釋字第 586 號解釋文中說明文義解釋的問題：「財政部證券管理委員會（後更名為財政部證券暨期貨管理委員會），於中華民國八十四年九月五日訂頒之『證券交易法第四十三條之一第一項取得股份申報事項要點』，係屬當時之證券交易主管機關基於職權，為有效執行證券交易法第四十三條之一第一項規定之必要而為之解釋性行政規則，固有其實際需要，惟該要點第三條第二款：『本人及其配偶、未成年子女及二親等以內親屬持有表決

---

[4] 民法第 12 條原規定：「滿二十歲為成年」，從 2023 年 1 月 1 日開始滿十八歲就成年了。

權股份合計超過三分之一之公司或擔任過半數董事、監察人或董事長、總經理之公司取得股份者』亦認定為共同取得人之規定及第四條相關部分，則逾越母法關於『共同取得』之文義可能範圍，增加母法所未規範之申報義務，涉及憲法所保障之資訊自主權與財產權之限制，違反憲法第二十三條之法律保留原則，應自本解釋公布之日起，至遲於屆滿一年時，失其效力。」

　　釋字第 586 號解釋於解釋理由書中並說明：「……此種定義方式雖有其執行面上之實際考量，然其忽略母法『共同』二字依一般文義理應具備以意思聯絡達到一定目的（如控制、投資）之核心意義，不問股份取得人間主觀上有無意思聯絡，一律認定其意思與行為共同之必然性。衡諸社會現況，特定親屬關係影響、支配家族成員股份取得行為之情形雖屬常見，但例外情形亦難認不存在。單以其客觀上具備特定親屬關係與股份取得行為，即認定股份取得人手中持股為共同取得，屬應併計申報公開之股權變動重大資訊，可能造成股份取得人間主觀上無共同取得之意，卻因其具備客觀之親屬關係與股份取得行為，未依法併同申報而成為母法第一百七十八條第一項第一款、第一百七十九條處罰之對象，顯已逾越證券交易法第四十三條之一第一項『共同取得』之文義可能範圍，增加母法所未規範之申報義務，涉及憲法所保障之資訊自主權與財產權之限制，違反憲法第二十三條之法律保留原則。……」

## 二、系統性解釋

　　系統性解釋指法律條文之解釋，不僅要考量該條文本身之規定，還要進一步從其他條文之相對應關係或跟其他法律的關係進行解釋。1952 年大法官會議釋字第 3 號解釋可以說是系統性解釋的經典。該號解釋牽涉監察院關於其所掌事項是否可以提法律案？大法官在解釋文中指出：「考試院關於所掌事項，依憲法第八十七條，既得向立法院提出法律案，基於五權分治，平等相維之體制，參以該條及第七十一條之制訂經過，監察院關於所掌事項，得向立法院提出法律案，實與憲法之精神相符。」系統性解釋往往是在文義解釋

不足之際的補充，此時就有擴張解釋或限縮解釋的考量。

## 三、歷史性解釋

歷史性解釋乃是指從立法制定過程的資料，探求立法者的立法意旨，其所欲實現之目的為何？所欲解決之衝突為何？等角度來解釋法律。例如我國司法院大法官會議釋字第 75 號解釋就「國民大會代表是否得兼任官吏」一事便考量立法者之意旨而為解釋，其內容如下：「查制憲國民大會，對於國民大會代表不得兼任官吏，及現任官吏不得當選為國民大會代表之主張均未採納。而憲法第二十八條第三項，僅限制現任官吏，不得於其任所所在地之選舉區當選為國民大會代表，足見制憲當時，並無限制國民大會代表兼任官吏之意，故國民大會代表非不得兼任官吏。」一般而言，歷史性解釋並沒有絕對的拘束效力，有時一個法律訂定時確實有其時代背景的考量，但這種寫在立法理由的考量並不當然拘束法律的適用者。當立法理由與法律的文義解釋相牴觸時，還是要以法律的文義解釋為主。

## 四、目的性解釋

目的性解釋係指每一個條文都有其立法目的。立法目的有時是立法者立法時所預見的，有時則是社會發展過程中產生的。因此在解釋條文時，如果文義解釋不夠明確時，則可考量法律的最終立法目的為何，進行解釋與適用。大法官在釋字第 551 號解釋中針對毒品危害防制條例有關誣告反坐之規定是否違憲時，說明了目的性解釋的運用意義。該號解釋指出：「人民身體之自由與生存權應予保障，為憲法第八條、第十五條所明定，國家為實現刑罰權，將特定事項以特別刑法規定特別之罪刑，其內容須符合目的正當性、手段必要性、限制妥當性，方符合憲法第二十三條之規定，業經本院釋字第四七六號解釋闡釋在案。中華民國八十七年五月二十日修正公布之毒品危害防制條例，其立法目的係為肅清煙毒、防制毒品危害，維護國民身心健康，藉以維

持社會秩序及公共利益，乃以特別法加以規範。……然同條例第十六條規定：『栽贓誣陷或捏造證據誣告他人犯本條例之罪者，處以其所誣告之罪之刑』，未顧及行為人負擔刑事責任應以其行為本身之惡害程度予以非難評價之刑法原則，強調同害之原始報應刑思想，以所誣告罪名反坐，所採措置與欲達成目的及所需程度有失均衡；其責任與刑罰不相對應，罪刑未臻相當，與憲法第二十三條所定比例原則未盡相符。」

## 五、合憲性解釋

憲法第 171 條及第 172 條規定，法律與憲法牴觸者無效，命令與憲法或法律牴觸者無效。因此適用法律之行政機關或司法機關在解釋法律時，應盡量朝合於憲法、不違背憲法之方向加以解釋。大法官在 2021 年 12 月 10 日所做出的釋字第 812 號解釋內詳細說明合憲性解釋的精神。此號解釋主要針對刑法、竊盜犯贓物犯保安處分條例及組織犯罪防制條例所規定之強制工作是否違憲？大法官在解釋文中提到：「中華民國 94 年 2 月 2 日修正公布並自 95 年 7 月 1 日施行之刑法第 90 條第 1 項及第 2 項前段規定：『（第 1 項）有犯罪之習慣或因遊蕩或懶惰成習而犯罪者，於刑之執行前，令入勞動場所，強制工作。（第 2 項前段）前項之處分期間為 3 年。』95 年 5 月 30 日修正公布並自同年 7 月 1 日施行之竊盜犯贓物犯保安處分條例第 3 條第 1 項規定：『18 歲以上之竊盜犯、贓物犯，有犯罪之習慣者，得於刑之執行前，令入勞動場所強制工作。』同條例第 5 條第 1 項前段規定：『依本條例宣告之強制工作處分，其執行以 3 年為期。』就受處分人之人身自由所為限制，均違反憲法第 23 條比例原則，與憲法第 8 條保障人身自由之意旨不符，均應自本解釋公布之日起失其效力。」

## 六、結　論

以上所提的各種解釋法律之方式原則上要從文義解釋開始，但實際運作

過程中，文義解釋以外的各種解釋並沒有優、劣，或先、後次序。從目前司法院大法官的解釋或憲法法庭判決及各級法院的裁判中可以發現，在適用法律過程中，進行法律解釋時，往往要同時兼顧多種法律解釋方法，透過不同法律解釋方法的交叉適用，將抽象的法律條文具體化。值得注意的是法律解釋的過程中，解釋者必須考量法律作為社會生活的規範，除了要注意法律的安定性外，還應該注意到社會的變遷與憲法保障人權與權力分立的精神，使法律能適應社會並促進社會的發展。

# 第五章
# 法律責任

---

## 📖 本章重點

1. 刑事法律責任有哪些。

2. 民事法律責任有哪些。

3. 行政法律責任有哪些，並分析行政罰法與行政執行法的相關規定。

4. 公務員懲戒法有關公務員法律責任及其懲戒之規定。

5. 專門職業及技術人員的法律責任，以律師法相關規定為重心。

6. 以聯合國憲章為例，說明國際法的法律責任。

---

## 壹、前　言

　　本書作者在本編第 1 章提到，綜合各種論述，法的概念應定義為：「法律是人類社會生活規範之一種，是以正義為其存在基礎。以國家強制力為其實現的手段。」一個人如果違反道德或社會習慣，或許會遭到他人的指摘，良心不安。但是國家原則上不要求違反道德或社會習慣的人負法律責任或者對之加以制裁。倘若一個人的行為除了違反道德或社會習慣外，還同時違反國家法律的規定時，則將因為所違反法律的不同而有不同的法律責任。例如，一個人違反刑法的規定，國家會科予刑罰、沒收或保安處分的責任[1]，如果違反民法上的契約義務，則要負擔契約履行責任，例如給付買賣價金、交付

---

1　參考林東茂，刑法總則，一品文化，2021 年，頁 38。

買賣物品或者契約不履行的責任等。

　　過去的法學緒論或法學概論教科書往往有一個章節標題為法律的制裁。目前考選部法學緒論的命題大綱不再有「法律的制裁」單元，取而代之的是「法律責任」單元。如果從不同性質法律的規範內容與效果看，「法律制裁」指的是國家對於違反特定法律規定者給予的處罰，這個用詞比較適合說明國家以刑罰處罰違反刑法或特別刑法者，例如：無期徒刑、有期徒刑、拘役、罰金或沒收等。對違反法律的人，拘束人身自由，或者剝奪其財產權的處罰。但在民法等相關法律，法律的效果主要是契約的履行或損害賠償；在行政法部分，法律的效果可能是國家要給予人民一定的行政處分。法律的效果不當然是一種制裁。或許考選部的命題大綱基於這樣的考量，將過去常用的「法律制裁」一詞加以修改，改列「法律責任」。在本章中將法律責任分為刑事責任、民事責任、行政責任與國際責任加以討論。

# 貳、刑事法律責任

## 一、刑事法律責任與刑罰

　　傳統刑法對於一個人違反規定的行為，運用刑罰加以制裁。但目前刑法第 11 條規定：「本法總則於其他法律有刑罰、保安處分或沒收之規定者，亦適用之。但其他法律有特別規定者，不在此限。」這條規定說明違反刑法規定的行為，有可能產生刑罰的效力，但也可能會有保安處分或沒收的效果。由於違反刑法產生的刑罰效果可能拘束人身自由，因此刑法強調罪刑法定主義及無罪推定原則。有關刑法的處罰方式，往往因時代而有所變遷，在傳統中國《尚書・舜典》記載：「象以典刑，流宥五刑，鞭作官刑，扑作教刑，金作贖刑，眚災肆赦，怙終賊刑，欽哉欽哉，惟刑之恤哉。」中國至今流傳最完整的古代法典《唐律》在第一卷中首先規定刑罰的種類，主要有笞刑、杖刑、徒刑、流刑、死刑。其並規定笞刑有五種：笞十、笞二十、笞三十、笞

四十、笞五十。杖刑亦有五種：杖六十、杖七十、杖八十、杖九十、杖一百。而徒刑亦有五種：徒一年、一年半、二年、二年半、三年。流刑亦有三種：流二千里、二千五百里、三千里。死刑有二種：絞刑及斬刑。到了明朝《大明律》或清朝《大清律例》死刑還包括凌遲等[2]。

現行刑法所規定的刑罰區分為主刑及從刑（刑法第 32 條）。刑法第 33 條規定：「主刑之種類如下：一、死刑。二、無期徒刑。三、有期徒刑：二月以上十五年以下。但遇有加減時，得減至二月未滿，或加至二十年。四、拘役：一日以上，六十日未滿。但遇有加重時，得加至一百二十日。五、罰金：新臺幣一千元以上，以百元計算之。」第 36 條規定「從刑為褫奪公權。褫奪公權者，褫奪下列資格：一、為公務員之資格。二、為公職候選人之資格。」刑法另於第 5 章之 1 規定沒收制度[3]，目前刑法所規定的刑罰包括主刑、從刑、沒收與保安處分等[4]。

## 二、刑法總則編第 2 章有關刑事責任的規定

在此有必要說明，刑法總則編第 2 章標題為「刑事責任」，包含刑法第 12 條到第 24 條的規定。主要針對何謂故意過失、哪些行為不予處罰、業務正當行為、正當防衛行為及緊急避難行為等加以規定。例如：刑法第 12 條規定：「行為非出於故意或過失者，不罰。過失行為之處罰，以有特別規定者，為限。」第 13 條規定：「行為人對於構成犯罪之事實，明知並有意使其發生者，為故意。行為人對於構成犯罪之事實，預見其發生而其發生並不違背其

---

2　有關清朝凌遲的處罰請參考陳惠馨，清代法制新探——以大清律例為核心，元照，2022 年，頁176–194。

3　刑法在 2016 年前將沒收列為從刑之一種，自從增加了刑法第 5 章之 1 有關沒收的規定後，刑法第 36 條所規定的從刑僅有褫奪公權一項。

4　保安處分是否屬於刑罰，有不同看法，大法官在釋字第 471 號解釋中認為：「保安處分係對受處分人將來之危險性所為拘束其身體、自由等之處置，以達教化與治療之目的，為刑罰之補充制度。」並認為保安處分規定的內容，「應受比例原則之規範，使保安處分之宣告，與行為人所為行為之嚴重性、行為人所表現之危險性，及對於行為人未來行為之期待性相當。」

本意者，以故意論。」又例如第 18 條規定：「未滿十四歲人之行為，不罰。十四歲以上未滿十八歲人之行為，得減輕其刑。滿八十歲人之行為，得減輕其刑。」第 19 條規定：「行為時因精神障礙或其他心智缺陷，致不能辨識其行為違法或欠缺依其辨識而行為之能力者，不罰。行為時因前項之原因，致其辨識行為違法或依其辨識而行為之能力，顯著減低者，得減輕其刑。前二項規定，於因故意或過失自行招致者，不適用之。」本書在此談的刑事責任主要跟傳統刑法的制裁有關，並不討論刑法總則編第 2 章刑事責任內容。

## 三、刑罰主刑類型：生命刑、自由刑及財產刑

### （一）生命刑

生命刑又稱死刑。中國傳統法律執行死刑之方式為絞刑及斬刑，在明朝及清朝增加了「凌遲」作為死刑執行方式之一。古今中外多數國家的刑罰都包含生命刑。但是，在歐洲從 18 世紀開始就有關於死刑是否應該存在的討論。義大利學者貝加利亞 (De Cesare Beccaria, 1734～1794) 在其 1764 年所著之《犯罪與刑罰》(*Dei delitti e delle pene*) 一書中提倡廢除死刑。這個提倡在 18 世紀引起西歐各國廣泛的討論。目前世界上越來越多國家廢除死刑。德國基本法第 102 條明文規定：「死刑應廢止之。」許多主張廢止死刑的人會提到由於國家的審判無法保證沒有誤判，萬一發生誤判對於犯罪嫌疑人在執行死刑後，就沒有挽救的機會，因此基於人道觀念及教育刑思想廢除死刑。而贊成死刑者，通常認為刑罰之目的乃在應報、威嚇或贖罪，若廢除死刑擔心犯罪者將肆無忌憚，造成社會的不安。表面上看起來二種論點均有其理由，事實上死刑的存在不能保證社會因此沒有嚴重的犯罪行為，而許多國家在廢除死刑之後，社會也沒有因此不安全，以德國為例，廢除死刑與減輕刑罰的政策讓社會更為祥和，犯罪行為並不當然增加[5]。

---

5　關於死刑存廢的討論，請參考林東茂，刑法總則，一品文化，2021 年，頁 44–47。

2020 年 12 月，聯合國大會重申其十多年來的聲明，呼籲所有國家暫停執行死刑，以期廢除死刑[6]。刑法在第 63 條規定：「未滿十八歲人或滿八十歲人犯罪者，不得處死刑或無期徒刑，本刑為死刑或無期徒刑者，減輕其刑。」臺灣多年來雖有廢除死刑的呼籲與討論，但到目前為止，社會上依舊有不少人無法接受廢除死刑。立法院在 2009 年通過公民與政治權利國際公約及經濟社會文化權利國際公約施行法，在第 6 條規定：「政府應依兩公約規定，建立人權報告制度。」而 2022 年 5 月第三次兩公約國家報告的國際審查會議中，提到臺灣自 2013 年開始實施兩公約審查會議以來，死刑判決和處決的數量有所下降，呼籲臺灣政府各機關就廢除死刑及停止執行死刑應該立刻採取行動，將廢除死刑的公民與政治權利國際公約第 2 項任擇議定書納入臺灣的法律秩序[7]。

## （二）自由刑

所謂自由刑乃是限制犯罪者自由的刑罰。依刑法第 33 條第 2 至 4 款規定，自由刑可分為下列三種：1.無期徒刑。2.有期徒刑：二月以上，十五年以下。但遇有加減時，得減至二月未滿，或加至二十年。3.拘役：一日以上，六十日未滿，但遇有加重時，得加至一百二十日。

依刑法第 77 條之規定：「受徒刑之執行而有悛悔實據者，無期徒刑逾二十五年，有期徒刑逾二分之一、累犯逾三分之二，由監獄報請法務部，得許假釋出獄。前項關於有期徒刑假釋之規定，於下列情形，不適用之：一、有期徒刑執行未滿六個月者。二、犯最輕本刑五年以上有期徒刑之罪之累犯，於假釋期間，受徒刑之執行完畢，或一部之執行而赦免後，五年以內故意再犯最輕本刑為五年以上有期徒刑之罪者。三、犯第九十一條之一所列之罪，於徒刑執行期間接受輔導或治療後，經鑑定、評估其再犯危險未顯著降低者。

---

6　參考廢除死刑推動聯盟電子報，網頁：https://www.taedp.org.tw/story/11064。

7　參考廢除死刑推動聯盟電子報，網頁：https://www.taedp.org.tw/story/11064。

無期徒刑裁判確定前逾一年部分之羈押日數算入第一項已執行之期間內。」由此可知無期徒刑服刑超過二十五年，有機會可以得到假釋許可出獄。

上述自由刑的執行，主要想要透過監獄行刑達到矯治處遇之目的，促使受刑人改悔向上，培養其適應社會生活之能力。監獄行刑法針對有期徒刑、無期徒刑、拘役及罰金易服勞役的受刑人之處遇有更詳細的規定。

### （三）財產刑

所謂財產刑是指對犯罪人予以剝奪財產權之刑罰，刑法關於財產刑的處罰規定原來分為罰金及沒收二種。由於刑法目前在第 5 章之 1 增加沒收規定，因此沒收屬於獨立的刑法效果，不再是從刑。刑罰的財產刑主要是罰金。中國傳統的法律即有類似罰金的處罰，所謂金作贖刑。現行刑法專科罰金的處罰規定甚少，通常同時規定罰金與拘役或有期徒刑，由審判者選擇處罰的方法。例如刑法第 147 條規定：「妨害或擾亂投票者，處二年以下有期徒刑、拘役或一萬五千元以下罰金。」第 309 條規定：「公然侮辱人者，處拘役或九千元以下罰金。以強暴犯前項之罪者，處一年以下有期徒刑、拘役或一萬五千元以下罰金。」第 315 條之 1 規定：「有下列行為之一者，處三年以下有期徒刑、拘役或三十萬元以下罰金：一、無故利用工具或設備窺視、竊聽他人非公開之活動、言論、談話或身體隱私部位者。二、無故以錄音、照相、錄影或電磁紀錄竊錄他人非公開之活動、言論、談話或身體隱私部位者。」

由於刑罰是國家最嚴厲的制裁，因此我國刑法透過緩刑、假釋、易科罰金、社會勞動、易以訓誡或裁判免刑減緩刑罰的嚴厲性[8]。例如刑法設計有關於自由刑易科罰金或易服社會勞役之規定。依刑法第 41 條第 1 項到第 3 項規定：「犯最重本刑為五年以下有期徒刑以下之刑之罪，而受六月以下有期徒刑或拘役之宣告者，得以新臺幣一千元、二千元或三千元折算一日，易科罰金。但易科罰金，難收矯正之效或難以維持法秩序者，不在此限。依前項規

---

8　參考林東茂，刑法總則，一品文化，2021 年，頁 47。

定得易科罰金而未聲請易科罰金者，得以提供社會勞動六小時折算一日，易服社會勞動。受六月以下有期徒刑或拘役之宣告，不符第一項易科罰金之規定者，得依前項折算規定，易服社會勞動。」刑法第 43 條規定：「受拘役或罰金之宣告，而犯罪動機在公益或道義上顯可宥恕者，得易以訓誡。」第 44 條規定：「易科罰金、易服社會勞動、易服勞役或易以訓誡執行完畢者，其所受宣告之刑，以已執行論。」

## 四、刑罰的從刑：能力刑

刑法第 36 條規定：「從刑為褫奪公權。褫奪公權者，褫奪下列資格：一、為公務員之資格。二、為公職候選人之資格。」刑法第 37 條第 1 項到第 3 項規定：「宣告死刑或無期徒刑者，宣告褫奪公權終身。宣告一年以上有期徒刑，依犯罪之性質認為有褫奪公權之必要者，宣告一年以上十年以下褫奪公權。褫奪公權，於裁判時併宣告之。」但要注意，少年事件處理法第 78 條規定：「對於少年不得宣告褫奪公權及強制工作。少年受刑之宣告，經執行完畢或赦免者，適用關於公權資格之法令時，視為未曾犯罪。」

## 五、保安處分

所謂保安處分乃是國家對於特定犯罪之行為人，如心神喪失者、限制或無責任能力者、吸食毒品者、有犯罪習慣者等，以感化教育、監護、禁戒、強制工作、強制治療、驅逐出境等手段所為之保安措施，使犯人得經矯治重入社會。大法官在釋字第 812 號解釋理由書中說明[9]：「我國刑事法採刑罰與保安處分雙軌之立法體制，立法者針對具有社會危險性之犯罪行為人，除就其犯罪行為依法處以刑罰外，另就其反社會人格或危險性格，施以各種保安

---

9　大法官在 2021 年 12 月 10 日針對強制工作做出釋字第 812 號解釋，網頁：https://cons.judicial.gov.tw/docdata.aspx?fid=100&id=310993。

處分，以期改善、矯治其偏差性格，維護社會大眾之安全。換言之，保安處分並非針對犯罪行為人過去之犯罪行為所科處之刑罰，而是針對犯罪行為人之危險性，為預防其未來犯罪，危害社會大眾安全，所實施之矯治性措施，其與刑罰之憲法上依據及限制有本質性差異。從而，保安處分，尤其是拘束人身自由之保安處分，其制度之具體形成，包括規範設計及其實際執行，整體觀察，須與刑罰有明顯區隔，始為憲法所許。」

　　由此可見保安處分之設計與執行應該跟刑罰有明顯的區隔。刑法在第86條到第99條規範各種類型的保安處分。最近立法院將刑法有關強制治療、保護管束及免除保安處分執行或延長的規定做重大修正。下面主要說明保安處分的種類。

## （一）感化教育

　　刑法第86條規定：「因未滿十四歲而不罰者，得令入感化教育處所，施以感化教育。」而在2019年立法院也大幅修改了少年事件處理法。第1條之1將少年事件分為少年保護事件及少年刑事案件。少年事件處理法第52條規定：「對於少年之交付安置輔導及施以感化教育時，由少年法院依其行為性質、身心狀況、學業程度及其他必要事項，分類交付適當之福利、教養機構、醫療機構、執行過渡性教育措施、其他適當措施之處所或感化教育機構執行之，受少年法院之指導。感化教育機構之組織及其教育之實施，以法律定之。」第53條規定：「保護管束與感化教育之執行，其期間均不得逾三年。」

## （二）監護處分

　　監護處分在2022年歷經修改[10]，刑法第87條第1項及第2項規定：「因第十九條第一項之原因而不罰者，其情狀足認有再犯或有危害公共安全之虞時，令入相當處所或以適當方式，施以監護。有第十九條第二項及第二十條

---

[10] 臺灣近年來發生幾起重大殺人事件，例如鐵路殺警案等，由於行為人被認定是精神障礙者，因此根據刑法第87條處以監護處分，本來的監護處分僅規定處分期間為五年以下，因此這些行為人在被監護處分五年之後就離開監護處所，這引起社會譁然，因而有監護制度的重大改變。

之原因，其情狀足認有再犯或有危害公共安全之虞時，於刑之執行完畢或赦免後，令入相當處所或以適當方式，施以監護。但必要時，得於刑之執行前為之。」本來同法第 3 項僅規定監護處分期間為五年以下，現在立法修法後在第 3 項與第 4 項規定：「前二項之期間為五年以下；其執行期間屆滿前，檢察官認為有延長之必要者，得聲請法院許可延長之，第一次延長期間為三年以下，第二次以後每次延長期間為一年以下。但執行中認無繼續執行之必要者，法院得免其處分之執行。前項執行或延長期間內，應每年評估有無繼續執行之必要。」

　　因應刑法對於監護處分的新規定，保安處分執行法亦於 2022 年修正公布第 46 條規定：「因有刑法第十九條第一項、第二項或第二十條之情形，而受監護處分者，檢察官應按其情形，指定下列一款或數款方式執行之：一、令入司法精神醫院、醫院或其他精神醫療機構接受治療。二、令入精神復健機構、精神護理機構接受精神照護或復健。三、令入身心障礙福利機構或其他適當處所接受照顧或輔導。四、交由法定代理人或最近親屬照顧。五、接受特定門診治療。六、其他適當之處遇措施。檢察官為執行前項規定，得請各級衛生、警政、社會福利主管機關指定人員協助或辦理協調事項。」此外，並增訂第 46 條之 1 到之 3 的規定，其中第 46 條之 1 第 1 項規定：「檢察官為執行監護處分，於指定前條第一項之執行方式前，得參酌評估小組之意見。」

## （三）禁戒處分

　　禁戒處分有兩種，一種主要針對施用毒品成癮者；另一種則是因酗酒而犯罪者。刑法第 88 條規定：「施用毒品成癮者，於刑之執行前令入相當處所，施以禁戒。前項禁戒期間為一年以下。但執行中認無繼續執行之必要者，法院得免其處分之執行。」第 89 條規定：「因酗酒而犯罪，足認其已酗酒成癮並有再犯之虞者，於刑之執行前，令入相當處所，施以禁戒。前項禁戒期間為一年以下。但執行中認無繼續執行之必要者，法院得免其處分之執行。」

## （四）強制工作處分

　　刑法第 90 條第 1 項規定：「有犯罪之習慣或因遊蕩或懶惰成習而犯罪者，於刑之執行前，令入勞動場所，強制工作。」這個規定在 2021 年 12 月被大法官以釋字第 812 號解釋認定：「就受處分人之人身自由所為限制，均違反憲法第 23 條比例原則」，因此「自本解釋公布之日起，確定終局裁判所宣告之強制工作，尚未執行或執行未完畢者，應免予執行；受處分人應另執行徒刑者，自本解釋公布之日起至檢察官指揮執行徒刑之日止，其在原勞動場所等候執行徒刑之期間，應算入執行徒刑之期間。」未來立法院對此一規定應該會有所修改。

## （五）強制治療

　　強制治療的規定，依照刑法第 91 條之 1：「犯第二百二十一條至第二百二十七條、第二百二十八條、第二百二十九條、第二百三十條、第二百三十四條、第三百三十二條第二項第二款、第三百三十四條第二項第二款、第三百四十八條第二項第一款及其特別法之罪，而有下列情形之一者，得令入相當處所，施以強制治療：一、徒刑執行期滿前，於接受輔導或治療後，經鑑定、評估，認有再犯之危險者。二、依其他法律規定，於接受身心治療、輔導或教育後，經鑑定、評估，認有再犯之危險者。前項處分期間為五年以下；其執行期間屆滿前，檢察官認為有延長之必要者，得聲請法院許可延長之，第一次延長期間為三年以下，第二次以後每次延長期間為一年以下。但執行中認無繼續執行之必要者，法院得停止治療之執行。停止治療之執行後有第一項情形之一者，法院得令入相當處所，繼續施以強制治療。前項強制治療之期間，應與停止治療前已執行之期間合併計算。前三項執行或延長期間內，應每年鑑定、評估有無繼續治療之必要。」

　　大法官在 2020 年 12 月 31 日以釋字第 799 號解釋，對刑法第 91 條之 1 規定作出下列意見：「刑法第 91 條之 1 第 1 項及第 2 項前段規定，與法律明確性原則尚無違背；刑法第 91 條之 1 第 1 項規定未牴觸比例原則，與憲法保

障人身自由之意旨尚屬無違。」但大法官在釋字第 799 號解釋文最後卻認定：「現行強制治療制度長年運作結果有趨近於刑罰之可能，而悖離與刑罰之執行應明顯區隔之憲法要求，有關機關應自本解釋公布之日起 3 年內為有效之調整改善，以確保強制治療制度運作之結果，符合憲法明顯區隔要求之意旨[11]。」

### （六）保護管束

我國刑法第 92 條第 1 項規定：「第八十六條至第九十條之處分，按其情形得以保護管束代之。前項保護管束期間為三年以下。其不能收效者，得隨時撤銷之，仍執行原處分。」

### （七）驅逐出境

驅逐出境主要乃針對外國人所執行之保安處分。依我國刑法第 95 條規定：「外國人受有期徒刑以上刑之宣告者，得於刑之執行完畢或赦免後，驅逐出境。」

保安處分執行法對於如何執行保安處分有詳細規定，例如第 64 條到第 77 條之 1 規定保護管束。其中第 64 條規定：「保護管束，應按其情形交由受保護管束人所在地或所在地以外之警察機關、自治團體、慈善團體、本人最近親屬、家屬或其他適當之人執行之。法務部得於地方法院檢察處置觀護人，專司由檢察官指揮執行之保護管束事務。」

## 六、沒　收

沒收本來是刑罰中的從刑，2015 年刑法以第 5 章之 1 特別規定沒收，這使得「沒收」原來屬於從刑的性質改變了，目前刑法第 5 章之 1 所規定的沒收，不再依附主刑存在。也就是說即使犯人死亡、逃亡或時效消滅都還可以針對犯罪所得宣告沒收[12]。刑法第 38 條規定：「違禁物，不問屬於犯罪行為

---

11 釋字第 799 號解釋，大法官主要是針對性犯罪者刑後強制治療是否違憲加以解釋。
12 參考林東茂，刑法總則，一品文化，2021 年，頁 40。

人與否，沒收之。供犯罪所用、犯罪預備之物或犯罪所生之物，屬於犯罪行為人者，得沒收之。但有特別規定者，依其規定。前項之物屬於犯罪行為人以外之自然人、法人或非法人團體，而無正當理由提供或取得者，得沒收之。但有特別規定者，依其規定。前二項之沒收，於全部或一部不能沒收或不宜執行沒收時，追徵其價額。」

值得特別注意的是，2015 年所增訂刑法第 38 條之 1 規定：「犯罪所得，屬於犯罪行為人者，沒收之。但有特別規定者，依其規定。犯罪行為人以外之自然人、法人或非法人團體，因下列情形之一取得犯罪所得者，亦同：一、明知他人違法行為而取得。二、因他人違法行為而無償或以顯不相當之對價取得。三、犯罪行為人為他人實行違法行為，他人因而取得。前二項之沒收，於全部或一部不能沒收或不宜執行沒收時，追徵其價額。第一項及第二項之犯罪所得，包括違法行為所得、其變得之物或財產上利益及其孳息。犯罪所得已實際合法發還被害人者，不予宣告沒收或追徵。」根據本條第 2 項第 2 款規定，如果一個犯罪者將犯罪所得的財產無償或以不相當對價方式給予第三人（自然人或法人），也屬於可以被沒收的財產。

# 參、民事法律責任

民事法律包含民法及各種民事特別法（例如公司法與保險法等），以下主要討論民法所規定的民事法律責任。民法主要規範私人與私人間的權利義務關係，影響深遠。

民法第 2 編債編及第 3 編物權編主要規定牽涉財產的法律關係，例如債編以規定契約關係與侵權行為的損害賠償關係等為主。民法第 4 編親屬編主要規範牽涉人與人之身分關係，例如：婚姻關係、夫妻財產關係、父母子女關係（例如父母對於未成年子女的保護教養關係、父母對於未成年子女財產的管理權限等等）。民法第 5 編繼承編則主要規範被繼承人死亡後，其財產的歸屬等問題，例如：誰是繼承人、應繼分多少、遺產、遺囑訂定的方式與效

果等。在一個繼承的案件中，往往牽涉民法親屬編的規定。例如：在確定誰是法定繼承人時，誰是被繼承人的配偶、直系血親卑親屬等，要根據民法親屬編的規定來確認。由於當代民法強調當事人意思自主原則與契約自由原則，因此，跟財產有關的規定，尤其是民法債編的規定，通常屬於任意法的規定。但如果牽涉未成年人或者受監護人的權益時，國家原則上會以強制規定介入處理。

　　下面分析民法第 2 編債編相關的法律責任。民法債編將債的發生區分為五種情形，分別是契約、代理權之授與、無因管理、不當得利及侵權行為等（民法第 153 條到第 198 條），當債的關係發生時，就會產生債權與債務關係，其中最重要且常見的主要是契約上的法律責任與侵權行為的法律責任[13]。

## 一、契約的責任

　　民法第 153 條第 1 項規定：「當事人互相表示意思一致者，無論其為明示或默示，契約即為成立。」當事人之間的邀約與承諾意思表示一致時，契約就成立。民法第 154 條規定：「契約之要約人，因要約而受拘束。但要約當時預先聲明不受拘束，或依其情形或事件之性質，可認當事人無受其拘束之意思者，不在此限。貨物標定賣價陳列者，視為要約。但價目表之寄送，不視為要約。」契約一旦成立，當事人就有義務根據約定履行契約，否則就可能發生一方請求他方履行契約，損害賠償等法律效果。

　　通常契約不履行，有可能是因為債務人給付不能、或給付不符合契約之內容，例如：給付遲延或者不完全給付等等[14]。以買賣契約為例，民法第 345 條規定：「稱買賣者，謂當事人約定一方移轉財產權於他方，他方支付價金之契約。當事人就標的物及其價金互相同意時，買賣契約即為成立。」民法第

---

13 參考林大洋，侵權責任與契約責任之分與合，收於法令月刊，第 67 卷第 10 期，2016 年 10 月，頁 60–77。

14 參考陳自強，違約責任與契約解消──契約法講義 IV，元照，2018 年，前言，頁 1。

348 條規定：「物之出賣人，負交付其物於買受人，並使其取得該物所有權之義務。權利之出賣人，負使買受人取得其權利之義務，如因其權利而得占有一定之物者，並負交付其物之義務。」第 360 條規定：「買賣之物，缺少出賣人所保證之品質者，買受人得不解除契約或請求減少價金，而請求不履行之損害賠償；出賣人故意不告知物之瑕疵者亦同。」第 364 條規定：「買賣之物，僅指定種類者，如其物有瑕疵，買受人得不解除契約或請求減少價金，而即時請求另行交付無瑕疵之物。出賣人就前項另行交付之物，仍負擔保責任。」上面幾條規定都是在發生買賣關係後，可能發生的相關法律責任。除此之外，關於契約責任也要注意消費者保護法，尤其是有關定型化契約的相關規定。例如消費者保護法第 11 條規定：「企業經營者在定型化契約中所用之條款，應本平等互惠之原則。定型化契約條款如有疑義時，應為有利於消費者之解釋。」當發生各種契約的法律糾紛時，除了要注意民法相關規定外，也有必要瞭解消費者保護法的相關規定。

## 二、損害賠償責任

所謂損害賠償乃是指當私人與私人間，因社會共同生活的接觸，以致一方造成他方財產上、身體上或是精神上的損害，損害他人之一方要對受損害者加以賠償。依現行民法之規定，損害賠償主要基於二大原因，一、是因為不法行為所引起的損害賠償，例如：侵權行為的損害賠償，民法第 184 條第 1 項規定：「因故意或過失不法侵害他人之權利者，負損害賠償責任。故意以背於善良風俗之方法，加損害於他人者，亦同。」二、則是因為契約或無因管理等所產生的損害賠償責任。民法第 226 條第 1 項規定：「因可歸責於債務人之事由，致給付不能者，債權人得請求賠償損害。」民法第 227 條規定：「因可歸責於債務人之事由，致為不完全給付者，債權人得依關於給付遲延或給付不能之規定行使其權利。因不完全給付而生前項以外之損害者，債權人並得請求賠償。」民法第 227 條之 1 規定：「債務人因債務不履行，致債權

人之人格權受侵害者，準用第一百九十二條至第一百九十五條及第一百九十七條之規定，負損害賠償責任。」過去當發生債務不履行的損害賠償時，想要主張精神上或人格權的損害賠償，往往要根據民法第 184 條主張因為侵權行為所造成的精神上損害賠償責任。現在有了民法第 227 條之 1 規定後，因為契約所造成的人格權的損害，就可以直接根據民法第 227 條之 1 規定主張。

損害賠償之方式，主要以恢復原狀為原則，金錢賠償為例外。例如因過失將他人的車子毀損，原則上要負起把該車修好回復原狀的責任。但若損害的車子無法回復原狀或恢復原狀有重大困難時，則要以金錢賠償。又例如若將他人古董花瓶打碎，由於古董花瓶已經無法修補，那麼則應賠償該古董花瓶價值相當的金錢。

當私人間發生損害賠償之法律責任時，國家的公權力機關並不當然馬上介入（此即為民事法律責任與刑事法律責任不同之處）。國家通常任由當事人決定是否請求履行或者請求損害賠償。人民在請求他方履行債的責任，或者要求對方負擔損害賠償責任時，相關程序主要依據民事訴訟法、家事事件法及強制執行法等規定。

關於民事法律責任，還要特別注意民法第 220 條到第 223 條的規定。民法第 220 條規定：「債務人就其故意或過失之行為，應負責任。過失之責任，依事件之特性而有輕重，如其事件非予債務人以利益者，應從輕酌定。」第 221 條規定：「債務人為無行為能力人或限制行為能力人者，其責任依第一百八十七條之規定定之。」第 222 條規定：「故意或重大過失之責任，不得預先免除。」第 223 條規定：「應與處理自己事務為同一注意者，如有重大過失，仍應負責。」

## 三、法人人格的剝奪

人格的剝奪是針對法人所進行的制裁。所謂法人係依法律規定成立的擬制人（民法第 25 條到第 65 條）。民法第 36 條規定：「法人之目的或其行為，

有違反法律、公共秩序或善良風俗者，法院得因主管機關、檢察官或利害關係人之請求，宣告解散。」由於法人一經解散，人格即不存在，等同於判處法人死刑，所以可以算是對於法人最嚴厲的制裁。

## 四、權利的剝奪

所謂權利之剝奪乃對於違反一定規定者，剝奪其依法應享有之權利，例如我國民法第 1090 條規定：「父母之一方濫用其對於子女之權利時，法院得依他方、未成年子女、主管機關、社會福利機構或其他利害關係人之請求或依職權，為子女之利益，宣告停止其權利之全部或一部。」此一規定乃係民法對父母親權利剝奪之規定。根據兒童及少年福利與權益保障法第 71 條規定，父母或監護人對兒童及少年疏於保護、照顧情節嚴重，或有第 49 條、第 56 條第 1 項各款行為，或未禁止兒童及少年施用毒品、非法施用管制藥品者，兒童及少年或其最近尊親屬、直轄市、縣（市）主管機關、兒童及少年福利機構或其他利害關係人，得請求法院宣告停止其親權或監護權之全部或一部，或得另行聲請選定或改定監護人；對於養父母，並得請求法院宣告終止其收養關係。此時，法院可以依據規定指定直轄市、縣（市）主管機關、兒童及少年福利機構之負責人或其他適當之人為兒童及少年之監護人，並可以針對指定監護方法、命其父母、原監護人或其他扶養義務人交付子女、支付選定或改定監護人相當之扶養費用及報酬或為其他必要處分或訂定必要事項。

民法繼承編中也有權利剝奪的相關規定，例如有關繼承權喪失的規定，民法第 1145 條第 1 項規定：「有左列各款情事之一者，喪失其繼承權：一、故意致被繼承人或應繼承人於死或雖未致死因而受刑之宣告者。二、以詐欺或脅迫使被繼承人為關於繼承之遺囑，或使其撤回或變更之者。三、以詐欺或脅迫妨害被繼承人為關於繼承之遺囑，或妨害其撤回或變更之者。四、偽造、變造、隱匿或湮滅被繼承人關於繼承之遺囑者。五、對於被繼承人有重

大之虐待或侮辱情事，經被繼承人表示其不得繼承者。」民法第 1188 條也規定，上述民法第 1145 條喪失繼承權的規定也適用於受遺贈權的喪失。

## 五、無效、撤銷

所謂無效係指依法律規定，某種行為完全不發生法律之效果。而撤銷則指某種行為經撤銷後，失去法律上之效力。由於行為被認定為無效或經撤銷後，行為人將喪失某種權利，甚至必要時要負擔損害賠償責任，因此亦屬遵守法律的責任。例如民法第 988 條規定：「結婚有下列情形之一者，無效：一、不具備第九百八十二條之方式。二、違反第九百八十三條規定。三、違反第九百八十五條規定。但重婚之雙方當事人因善意且無過失信賴一方前婚姻消滅之兩願離婚登記或離婚確定判決而結婚者，不在此限。」結婚如果沒有依據民法第 988 條的規定，婚姻無效。民法第 988 條之 1 第 1 項規定：「前條第三款但書之情形，前婚姻自後婚姻成立之日起視為消滅。」婚姻一旦無效，雙方的關係就不是民法承認的夫妻，原則上不能主張民法各項夫妻間的權利，例如扶養請求權或繼承權等。民法第 999 條規定：「當事人之一方，因結婚無效或被撤銷而受有損害者，得向他方請求賠償。但他方無過失者，不在此限。前項情形，雖非財產上之損害，受害人亦得請求賠償相當之金額。但以受害人無過失者為限。前項請求權，不得讓與或繼承。但已依契約承諾或已起訴者，不在此限。」依此規定，男女雙方若因個人之過失而與人締結無效或得撤銷的婚姻，則可能要負起財產上及非財產上的損害賠償責任。而根據司法院釋字第 748 號解釋施行法第 8 條規定：「第二條關係有下列情形之一者，無效：一、不具備第四條之方式。二、違反第五條之規定。三、違反前條第一項或第二項之規定。違反前條第三項之規定者，其結婚無效。民法第九百八十八條第三款但書及第九百八十八條之一之規定，於第一項第三款及前項情形準用之。」主要規範同性婚姻無效的情形。

關於撤銷民法第 114 條規定：「法律行為經撤銷者，視為自始無效。當事

人知其得撤銷或可得而知者，其法律行為撤銷時，準用前條之規定。」但要注意民法對於婚姻的撤銷有特別規定，民法第 980 條規定：「男女未滿十八歲者，不得結婚。」但民法第 989 條卻又規定：「結婚違反第九百八十條之規定者，當事人或其法定代理人得向法院請求撤銷之。但當事人已達該條所定年齡或已懷胎者，不得請求撤銷。」

# 肆、行政法律責任

行政法可分為行政組織、行政作用及行政救濟三大部分，所謂行政法律責任指國家為了行使行政權所制定有關行政組織及行政作用、行政救濟等法律所負擔的法律責任。國家的行政行為有可能使人民受惠，例如商標註冊、專利權之授與等，但亦有可能要求相對人履行某種義務或承受某種法律責任。人民一旦違反行政法相關規定則要負擔起行政法律責任。下面主要分析行政罰法及行政執行法及具有身分之人的行政法律責任。

## 一、行政罰法

### （一）行政罰之種類：罰鍰、沒入及其他種類行政罰

行政罰法第 1 條規定：「違反行政法上義務而受罰鍰、沒入或其他種類行政罰之處罰時，適用本法。但其他法律有特別規定者，從其規定。」第 2 條規定：「本法所稱其他種類行政罰，指下列裁罰性之不利處分：一、限制或禁止行為之處分：限制或停止營業、吊扣證照、命令停工或停止使用、禁止行駛、禁止出入港口、機場或特定場所、禁止製造、販賣、輸出入、禁止申請或其他限制或禁止為一定行為之處分。二、剝奪或消滅資格、權利之處分：命令歇業、命令解散、撤銷或廢止許可或登記、吊銷證照、強制拆除或其他剝奪或消滅一定資格或權利之處分。三、影響名譽之處分：公布姓名或名稱、公布照片或其他相類似之處分。四、警告性處分：警告、告誡、記點、記次、講習、輔導教育或其他相類似之處分。」

## （二）行政罰的裁處特殊性：審酌裁量權

　　行政罰法第 18 條第 1 項及第 2 項規定：「裁處罰鍰，應審酌違反行政法上義務行為應受責難程度、所生影響及因違反行政法上義務所得之利益，並得考量受處罰者之資力。前項所得之利益超過法定罰鍰最高額者，得於所得利益之範圍內酌量加重，不受法定罰鍰最高額之限制。」第 24 條規定：「一行為違反數個行政法上義務規定而應處罰鍰者，依法定罰鍰額最高之規定裁處。但裁處之額度，不得低於各該規定之罰鍰最低額。前項違反行政法上義務行為，除應處罰鍰外，另有沒入或其他種類行政罰之處罰者，得依該規定併為裁處。但其處罰種類相同，如從一重處罰已足以達成行政目的者，不得重複裁處。一行為違反社會秩序維護法及其他行政法上義務規定而應受處罰，如已裁處拘留者，不再受罰鍰之處罰。」

## （三）一行為同時觸犯刑事法律與行政法義務時的處理

　　行政罰法第 32 條規定：「一行為同時觸犯刑事法律及違反行政法上義務規定者，應將涉及刑事部分移送該管司法機關。前項移送案件，司法機關就刑事案件為不起訴處分、緩起訴處分確定或為無罪、免訴、不受理、不付審理、不付保護處分、免刑、緩刑、撤銷緩刑之裁判確定，或撤銷緩起訴處分後經判決有罪確定者，應通知原移送之行政機關。前二項移送案件及業務聯繫之辦法，由行政院會同司法院定之。」

## （四）行政罰法規定不予處罰、減輕或免除的行為

### 1.行政罰法規定僅處罰故意過失之行為

　　行政罰法第 7 條第 1 項規定：「違反行政法上義務之行為非出於故意或過失者，不予處罰。」

### 2.不得因不知法規而免除行政罰

　　行政罰法第 8 條規定：「不得因不知法規而免除行政處罰責任。但按其情節，得減輕或免除其處罰。」

3.未滿十四歲人之行為或行為時有精神障礙或其他心智缺陷時，可不予處罰
或減輕

行政罰法第 9 條規定：「未滿十四歲人之行為，不予處罰。十四歲以上未
滿十八歲人之行為，得減輕處罰。行為時因精神障礙或其他心智缺陷，致不
能辨識其行為違法或欠缺依其辨識而行為之能力者，不予處罰。行為時因前
項之原因，致其辨識行為違法或依其辨識而行為之能力，顯著減低者，得減
輕處罰。前二項規定，於因故意或過失自行招致者，不適用之。」

4.依法令之行為不罰

行政罰法第 11 條規定：「依法令之行為，不予處罰。依所屬上級公務員
職務命令之行為，不予處罰。但明知職務命令違法，而未依法定程序向該上
級公務員陳述意見者，不在此限。」

5.正當防衛或緊急避難的處理

行政罰法第 12 條規定：「對於現在不法之侵害，而出於防衛自己或他人
權利之行為，不予處罰。但防衛行為過當者，得減輕或免除其處罰。」第 13
條規定：「因避免自己或他人生命、身體、自由、名譽或財產之緊急危難而出
於不得已之行為，不予處罰。但避難行為過當者，得減輕或免除其處罰。」

## 二、行政法律責任的強制執行

行政執行法第 2 條之規定：「本法所稱行政執行，指公法上金錢給付義
務、行為或不行為義務之強制執行及即時強制。」因此當人民不履行行政法
上之義務時，行政機關可以根據行政執行法強制人民履行義務。下面分析幾
個重要條文：

### （一）公法上金錢給付義務之執行

依行政執行法第 12 條規定：「公法上金錢給付義務之執行事件，由行政
執行處之行政執行官、執行書記官督同執行員辦理之，不受非法或不當之干
涉。」

　　行政執行法在 2010 年修法時加入禁奢條款，針對義務人所欠的公法上金錢給付已經達到一定金額，但名下財產卻不足清償所負義務，然而生活水平卻超越一般人通常程度時，由行政執行處依職權或因利害關係人的申請，對該義務人核發下列各種禁止命令。行政執行法第 17 條之 1 第 1 項規定：「義務人為自然人，其滯欠合計達一定金額，已發現之財產不足清償其所負義務，且生活逾越一般人通常程度者，行政執行處得依職權或利害關係人之申請對其核發下列各款之禁止命令，並通知應予配合之第三人：一、禁止購買、租賃或使用一定金額以上之商品或服務。二、禁止搭乘特定之交通工具。三、禁止為特定之投資。四、禁止進入特定之高消費場所消費。五、禁止贈與或借貸他人一定金額以上之財物。六、禁止每月生活費用超過一定金額。七、其他必要之禁止命令。」

## （二）行為或不行為義務之執行

　　行政執行法第 27 條規定：「依法令或本於法令之行政處分，負有行為或不行為義務，經於處分書或另以書面限定相當期間履行，逾期仍不履行者，由執行機關依間接強制或直接強制方法執行之。前項文書，應載明不依限履行時將予強制執行之意旨。」

　　行政執行法第 28 條還規定間接強制與直接強制之方法。間接強制的方法有代履行、怠金等。至於直接強制方法有五種：分別是 1.扣留、收取交付、解除占有、處置、使用或限制使用動產、不動產。2.進入、封閉、拆除住宅、建築物或其他處所。 3.收繳、註銷證照。 4.斷絕營業所必須之自來水、電力或其他能源。 5.其他以實力直接實現與履行義務同一內容狀態之方法等。

## （三）即時強制

　　行政執行法第 36 條規定：「行政機關為阻止犯罪、危害之發生或避免急迫危險，而有即時處置之必要時，得為即時強制。即時強制方法如下：一、對於人之管束。二、對於物之扣留、使用、處置或限制其使用。三、對於住宅、建築物或其他處所之進入。四、其他依法定職權所為之必要處置。」

　　對人之管束僅能在特定情況下為之，例如：瘋狂或酗酒泥醉，非管束不能救護其生命、身體之危險及預防他人生命、身體之危險者或意圖自殺，非管束不能救護其生命者、暴行或鬥毆，非管束不能預防其傷害者及其他認為必須救護或有害公共安全之虞，非管束不能救護或不能預防危害者。且對人的管束不得逾二十四小時（行政執行法第 37 條）。

## 三、具有特定身分之人的行政法律責任

### （一）公務人員的法律責任

　　根據公務員懲戒法第 2 條規定：「公務員有下列各款情事之一，有懲戒之必要者，應受懲戒：一、違法執行職務、怠於執行職務或其他失職行為。二、非執行職務之違法行為，致嚴重損害政府之信譽。」第 3 條規定：「公務員之行為非出於故意或過失者，不受懲戒。」第 9 條第 1 項規定：「公務員之懲戒處分如下：一、免除職務。二、撤職。三、剝奪、減少退休（職、伍）金。四、休職。五、降級。六、減俸。七、罰款。八、記過。九、申誡。」第 11 條規定：「免除職務，免其現職，並不得再任用為公務員。」第 12 條第 1 項規定：「撤職，撤其現職，並於一定期間停止任用；其期間為一年以上、五年以下。」第 13 條第 1 項規定：「剝奪退休（職、伍）金，指剝奪受懲戒人離職前所有任職年資所計給之退休（職、伍）或其他離職給與；其已支領者，並應追回之。」第 14 條第 1 及第 2 項規定：「休職，休其現職，停發俸（薪）給，並不得申請退休、退伍或在其他機關任職；其期間為六個月以上、三年以下。休職期滿，許其回復原職務或相當之其他職務。自復職之日起，二年內不得晉敘、陞任或遷調主管職務。」除此之外，還有降級（第 15 條）、減俸（第 16 條）及罰款（第 17 條）、記過（第 18 條）或申誡（第 19 條）等。

　　我國法律對於特定公務員也有特別懲戒規定，例如法官法第 50 條第 1 項規定：「法官之懲戒處分如下：一、免除法官職務，並不得再任用為公務員。二、撤職：除撤其現職外，並於一定期間停止任用，其期間為一年以上五年

以下。三、免除法官職務，轉任法官以外之其他職務。四、剝奪退休金及退養金，或剝奪退養金。五、減少退休金及退養金百分之十至百分之二十。六、罰款：其數額為現職月俸給總額或任職時最後月俸給總額一個月以上一年以下。七、申誡。」公務員或法官的懲戒根據懲戒法院組織法規定由懲戒法院掌理。

## （二）專門職業及技術人員的責任

專門職業及技術人員考試法第 2 條規定：「本法所稱專門職業及技術人員，係指具備經由現代教育或訓練之培養過程獲得特殊學識或技能，且其所從事之業務，與公共利益或人民之生命、身心健康、財產等權利有密切關係，並依法律應經考試及格領有證書之人員；其考試種類，由考選部報請考試院定之。前項專門職業及技術人員考試種類之認定基準、認定程序、認定成員組成等有關事項之辦法，由考選部報請考試院定之。」依據專門職業及技術人員考試法施行細則第 2 條所列的專門職業及技術人員考試種類包括：律師、會計師、專利師、建築師、各科技師、醫師、中醫師、牙醫師、藥師、醫事檢驗師、護理師、助產師、臨床心理師、諮商心理師、呼吸治療師、醫事放射師、營養師、物理治療師、職能治療師、語言治療師、聽力師、牙體技術師、獸醫師、社會工作師……等等。

立法院對於各種不同的專門職業及技術人員訂有專法，例如律師法、專利師法、會計師法、醫師法、心理師法及獸醫師法等等。由於種類繁多，下面僅舉例說明律師的法律責任。律師法第 32 條規定：「律師接受委任後，非有正當理由，不得片面終止契約；終止契約時，應於相當期間前通知委任人，並採取必要措施防止當事人權益受損，及應返還不相當部分之報酬。」第 33條規定：「律師如因懈怠或疏忽，致其委任人或當事人受損害者，應負賠償之責。」第 36 條規定：「律師有保守其職務上所知悉秘密之權利及義務。但法律另有規定者，不在此限。」除此之外，律師法第 101 條規定律師的懲戒，其規定：「懲戒處分如下：一、命於一定期間內自費接受額外之律師倫理規範

六小時至十二小時之研習。二、警告。三、申誡。四、停止執行職務二月以上二年以下。五、除名。前項第二款至第四款之處分，應併為第一款之處分。」

# 伍、國際法上的法律責任

所謂國際法上的責任指當一個國家簽署了國際條約後，若沒有遵守條約的內容，則將負起一定的法律責任。聯合國憲章第 1 條第 1 款中強調：「聯合國的宗旨為：一、維持國際和平及安全；並為此目的，採取有效集體辦法，以防止且消除對於和平的威脅，制止侵略行為或其他和平之破壞，並以和平方法且依正義及國際法之原則，調整或解決足以破壞和平之國際爭端或情勢。……」而為了實現上述之宗旨，聯合國憲章第 2 條並要求各會員國應以和平方法解決其國際爭端，俾免危及國際和平安全及正義。各會員國在國際關係上不得使用威脅或武力，或以與聯合國宗旨不符之任何其他方法，侵害任何會員國或國家之領土完整或政治獨立。有關國際法上的法律責任可以分為非武力的制裁與武力之制裁。

## 一、非武力之制裁

聯合國憲章第 41 條規定：「安全理事會得決定所應採武力以外之辦法，以實施其決議，並得促請聯合國會員國執行此項辦法。此項辦法得包括經濟關係、鐵路、海運、航空、郵電、無線電、及其他交通工具之局部或全部停止，以及外交關係之斷絕。」

## 二、武力之制裁

聯合國憲章第 42 條規定，當安全理事會認為第 41 條所規定之辦法不足或已經證明為不足時，得採取必要之陸海空軍行動，以維持或恢復國際和平及安全。此項行動得包括聯合國會員國之陸海空軍示威、封鎖及其他軍事舉動。

# 第六章
# 司法體系：各種法院組織法及訴訟法

## 📖 本章重點

1. 憲法所規定司法審判制度之基本架構。

2. 各級法院之組織。

3. 各級法院審判之原則。

4. 行政訴訟與行政法院之組織。

5. 懲戒法院。

6. 憲法法院與憲法訴訟法。

7. 重要的調解制度。

8. 訴訟輔導：法律扶助、法律服務及公設辯護制度。

## 壹、變遷中的臺灣司法體系

　　臺灣現行司法體系近年來有重大變化。2019年立法院通過憲法訴訟法取代司法院大法官審理案件法。法院組織法第2條規定：「法院審判民事、刑事及其他法律規定訴訟案件，並依法管轄非訟事件。」所謂其他法律規定例如智慧財產及商業法院組織法、勞動事件法及家事事件法等等。下面說明跟我國司法體系有關的各種法規範。

## 貳、與司法制度有關的法規範：法院組織法與各種 訴訟相關法規

跟司法制度有關的法規範包括：憲法、憲法增修條文及司法院組織法、法院組織法、行政法院組織法、智慧財產及商業法院組織法、懲戒法院組織法等，除此之外，各種規範訴訟程序的法規也非常重要，例如憲法訴訟法、民事訴訟法、家事事件法、刑事訴訟法、行政訴訟法等。

我國憲法第 77 條規定：「司法院為國家最高司法機關，掌理民事、刑事、行政訴訟之審判及公務員之懲戒。」憲法第 78 條規定：「司法院解釋憲法，並有統一解釋法律及命令之權。」而憲法增修條文第 5 條第 4 項及第 5 項則規定：「司法院大法官，除依憲法第七十八條之規定外，並組成憲法法庭審理總統、副總統之彈劾及政黨違憲之解散事項。政黨之目的或其行為，危害中華民國之存在或自由民主之憲政秩序者為違憲。」司法院組織法第 3 條規定：「司法院置大法官十五人，依法成立憲法法庭行使職權。」同法第 6 條規定：「司法院設各級法院、行政法院及懲戒法院；其組織均另以法律定之。」

## 參、各級法院：地方法院、高等法院與最高法院

法院組織法第 1 條規定：「本法所稱法院，分左列三級：一、地方法院。二、高等法院。三、最高法院。」下面分別說明法院組織法所規定之各級法院組織。

### 一、地方法院

法院組織法第 14 條規定：「地方法院分設民事庭、刑事庭，其庭數視事務之繁簡定之；必要時得設專業法庭。」第 14 條之 1 規定：「地方法院與高等法院分設刑事強制處分庭，辦理偵查中強制處分及暫行安置聲請案件之審核。但司法院得視法院員額及事務繁簡，指定不設刑事強制處分庭之法院。

承辦前項案件之法官，不得辦理同一案件之審判事務。」第 14 條有關專業法庭之規定於 2023 年 8 月 15 日開始施行。勞動事件法第 4 條第 1 項規定專業法庭如下：「為處理勞動事件，各級法院應設立勞動專業法庭（以下簡稱勞動法庭）。但法官員額較少之法院，得僅設專股以勞動法庭名義辦理之。」而根據智慧財產及商業法院組織法第 2 條規定，其依法掌理兩類事件，分別是 1.智慧財產之民事、刑事及行政訴訟及 2.商業之民事訴訟與非訟事件。主要是依專利法、商標法、著作權法、光碟管理條例、營業秘密法、積體電路電路布局保護法、植物品種及種苗法或公平交易法所保護之智慧財產權益所生之第一審及第二審民事訴訟事件以及依商業事件審理法規定由商業法院管轄之商業事件（智慧財產及商業法院組織法第 3 條第 1 項）。

## 二、高等法院

法院組織法第 32 條規定：「高等法院管轄事件如下：一、關於內亂、外患及妨害國交之刑事第一審訴訟案件。二、不服地方法院及其分院第一審判決而上訴之民事、刑事訴訟案件。但法律另有規定者，從其規定。三、不服地方法院及其分院裁定而抗告之案件。但法律另有規定者，從其規定。四、其他法律規定之訴訟案件。」

## 三、最高法院

法院組織法第 48 條規定：「最高法院管轄事件如左：一、不服高等法院及其分院第一審判決而上訴之刑事訴訟案件。二、不服高等法院及其分院第二審判決而上訴之民事、刑事訴訟案件。三、不服高等法院及其分院裁定而抗告之案件。四、非常上訴案件。五、其他法律規定之訴訟案件。」

若發生裁判基礎的法律見解分歧時，則法院組織法第 51 條之 1 規定：「最高法院之民事庭、刑事庭為數庭者，應設民事大法庭、刑事大法庭，裁判法律爭議。」第 51 條之 2 第 1 項規定：「最高法院民事庭、刑事庭各庭審

理案件，經評議後認採為裁判基礎之法律見解，與先前裁判之法律見解歧異者，應以裁定敘明理由，依下列方式處理：一、民事庭提案予民事大法庭裁判。二、刑事庭提案予刑事大法庭裁判。」

## 四、檢察機關

法院組織法第 58 條規定：「各級法院及分院對應設置檢察署及檢察分署。前項所稱檢察署，分下列三級：一、地方檢察署。二、高等檢察署。三、最高檢察署。」第 60 條規定：「檢察官之職權如左：一、實施偵查、提起公訴、實行公訴、協助自訴、擔當自訴及指揮刑事裁判之執行。二、其他法令所定職務之執行。」

## 五、審判公開審理原則

依法院組織法第 86 條之規定：「訴訟之辯論及裁判之宣示，應公開法庭行之。但有妨害國家安全、公共秩序或善良風俗之虞時，法院得決定不予公開。」例如：家庭暴力防治法第 13 條第 5 項規定：「保護令事件之審理不公開。」法院組織法第 87 條規定：「法庭不公開時，審判長應將不公開之理由宣示。前項情形，審判長仍得允許無妨礙之人旁聽。」

## 六、參與審判之司法人員

司法人員人事條例第 2 條規定：「本條例稱司法人員，指最高法院以下各級法院及檢察署之司法官、公設辯護人及其他司法人員。」除此之外，法官法亦針對法官與檢察官有所規定。法官法第 2 條規定：「本法所稱法官，指下列各款之人員：一、司法院大法官。二、懲戒法院法官。三、各法院法官。前項第三款所稱之法官，除有特別規定外，包括試署法官、候補法官。本法所稱之法院及院長，除有特別規定外，包括懲戒法院及其院長。本法所稱司法行政人員，指於司法院及法官學院辦理行政事項之人員。」法官法第 86 條

到第 96 條規範檢察官的角色，其規定檢察官代表國家依法追訴處罰犯罪，為維護社會秩序之公益代表人。要求檢察官須超出黨派以外，維護憲法及法律保護之公共利益，公正超然、勤慎執行檢察職務。又根據法官法第 89 條第 1 項規定，許多有關法官之規定，於檢察官準用之。

# 肆、行政訴訟與行政法院

　　早期臺灣的行政法院功能不彰，但從 1999 年以來，行政訴訟法與行政法院組織法大幅修正，目前行政法院的功能已有很大的改變。2022 年 6 月行政法院組織法與行政訴訟法都有大的修正。現行行政法院組織法第 1 條規定：「行政法院掌理行政訴訟審判事務。」同法第 2 條規定：「行政法院分下列二級：一、高等行政法院。二、最高行政法院。本法所稱高等行政法院，除別有規定外，指高等行政法院高等行政訴訟庭與地方行政訴訟庭。」行政訴訟法第 3 條規定：「前條所稱之行政訴訟，指撤銷訴訟、確認訴訟及給付訴訟。」第 3 條之 1 規定：「本法所稱高等行政法院，指高等行政法院高等行政訴訟庭；所稱地方行政法院，指高等行政法院地方行政訴訟庭。」自此地方法院不再負責行政訴訟事務。早期臺灣的行政訴訟法僅有三十四個條文，目前行政訴訟法有超過三百多則的條文，由此可知行政訴訟在臺灣的重大變化。這說明現行法律保障人民挑戰國家公權力的訴訟管道。目前行政訴訟法規定第一審行政程序分為通常訴訟程序、簡易訴訟程序、交通裁決事件訴訟程序、收容聲請事件程序及都市計畫審查程序等。

# 伍、懲戒法院

　　2020 年 6 月立法院通過懲戒法院組織法，取代過去公務員懲戒委員會的職權[1]。第 1 條規定：「懲戒法院掌理全國公務員之懲戒及法官法第四十七條

---

[1] 懲戒法院組織法第 28 條規定：「本法以外之其他法律所稱公務員懲戒委員會、委員長及委員，分別

第一項第二款至第四款之事項。」懲戒法院設懲戒法庭，分庭審判公務員懲
戒案件（懲戒法院組織法第 4 條）及職務法庭，分庭審判法官法第 47 條第 1
項各款及第 89 條第 8 項案件（懲戒法院組織法第 5 條）。

# 陸、憲法法庭及憲法訴訟法

　　憲法第 78 條規定，司法院解釋憲法並有統一解釋法律及命令之權。憲法
增修條文第 5 條第 4 項規定，司法院大法官組成憲法法庭審理總統、副總統
之彈劾及政黨違憲之解散事項。目前司法院解釋憲法及組成憲法法庭的權限
主要根據憲法訴訟法。第 1 條規定：「司法院大法官組成憲法法庭，依本法之
規定審理下列案件：一、法規範憲法審查及裁判憲法審查案件。二、機關爭
議案件。三、總統、副總統彈劾案件。四、政黨違憲解散案件。五、地方自
治保障案件。六、統一解釋法律及命令案件。其他法律規定得聲請司法院解
釋者，其聲請程序應依其性質，分別適用解釋憲法或統一解釋法律及命令之
規定。」

　　在司法院憲法法庭網站可以看到目前憲法法庭的相關資訊[2]。在憲法訴
訟法生效之後，憲法法庭在 2022 年 2 月 25 日作出 111 年憲判字第 1 號（又
稱肇事駕駛人受強制抽血檢測酒精濃度案）裁判。由於此一裁判具有重要歷
史意義，僅列裁判主文第一部分如下：「中華民國 102 年 1 月 30 日修正公布
之道路交通管理處罰條例第 35 條第 5 項規定：『汽車駕駛人肇事拒絕接受或
肇事無法實施第 1 項測試之檢定者，應由交通勤務警察或依法令執行交通稽
查任務人員，將其強制移由受委託醫療或檢驗機構對其實施血液或其他檢體
之採樣及測試檢定。』（108 年 4 月 17 日修正，僅微調文字，規範內容相同，
並移列為同條第 6 項；111 年 1 月 28 日修正同條規定，本項未修正）牴觸憲

---

改稱為懲戒法院、院長及法官。」
2　憲法法庭，網站：https://cons.judicial.gov.tw/，在此網站中可以查到大法官解釋與憲法法庭裁判之相
　　關資料。

法第 8 條保障人身自由、第 22 條保障身體權及資訊隱私權之意旨，應自本判決公告之日起，至遲於屆滿 2 年時失其效力。又本判決公告前，已依上開規定實施相關採證程序而尚未終結之各種案件，仍依現行規定辦理。……[3]」

# 柒、調解制度

在華人社會，人與人之間一旦發生紛爭，走向法院，親人或朋友往往變成仇人。為了讓人民在向法院提出訴訟之前，可以透過其它方式解決紛爭，乃發展出調解制度。臺灣在許多法律都有規範調解制度，下面主要說明兩個重要的調解制度[4]。一是依據鄉鎮市調解條例之調解，其次則是依據民事訴訟法規定之調解。

## 一、依據鄉鎮市調解條例所為之調解

鄉鎮市調解條例第 1 條規定：「鄉、鎮、市公所應設調解委員會，辦理下列調解事件：一、民事事件。二、告訴乃論之刑事事件。」根據內政部的統計，2021 年調解總結案數為 124,881 件。其中刑事事件約占 66.3%，民事事件占 33.7%。民事事件以債權、債務糾紛案件最多，刑事事件以傷害案件最多，占 90%[5]。根據同法第 3 條規定，調解委員會的委員是由鄉、鎮、市長遴選鄉、鎮、市內具有法律或其他專業知識及信望素孚之公正人士，跟管轄地方法院或其分院及地方法院或其分院檢察署共同審查後遴選，並報縣政府備查後聘任。

為了簡化民眾申請調解的手續，鄉鎮市調解條例第 10 條規定：「聲請調

---

3　111 年憲判字第 1 號之資料請見，網頁：https://cons.judicial.gov.tw/docdata.aspx?fid=38&id=310024。

4　由下列法規名稱可知目前在臺灣存在的各種調解制度：再生能源發電設備設置者與電業爭議調解辦法、地方法院設置勞動調解委員辦法、性騷擾事件調解辦法、消費爭議調解辦法及法院設置家事調解委員辦法等等。

5　參考內政部，網頁：https://www.moi.gov.tw/News_Content.aspx?n=9&s=261736。

解，由當事人向調解委員會以書面或言詞為之。言詞聲請者，應製作筆錄；書面聲請者，應按他造人數提出繕本。前項聲請，應表明調解事由及爭議情形。第一條所定得調解事件已在第一審法院辯論終結者，不得聲請調解。」聲請調解，民事事件應得當事人之同意；告訴乃論之刑事事件應得被害人之同意，始得進行調解（第 11 條）。當調解成立時，調解委員會應作成調解書。鄉鎮市調解條例第 27 條規定：「調解經法院核定後，當事人就該事件不得再行起訴、告訴或自訴。經法院核定之民事調解，與民事確定判決有同一之效力；經法院核定之刑事調解，以給付金錢或其他代替物或有價證券之一定數量為標的者，其調解書得為執行名義。」鄉鎮市調解條例第 29 條規定：「因當事人聲請而成立之民事調解，經法院核定後有無效或得撤銷之原因者，當事人得向原核定法院提起宣告調解無效或撤銷調解之訴。」

## 二、依據民事訴訟法所為之調解程序

考量到臺灣人民不喜歡訴訟的文化，民事訴訟法在第 403 條至第 426 條規定調解程序。民事訴訟法第 403 條規定：「下列事件，除有第四百零六條第一項各款所定情形之一者外，於起訴前，應經法院調解：一、不動產所有人或地上權人或其他利用不動產之人相互間因相鄰關係發生爭執者。二、因定不動產之界線或設置界標發生爭執者。三、不動產共有人間因共有物之管理、處分或分割發生爭執者。四、建築物區分所有人或利用人相互間因建築物或其共同部分之管理發生爭執者。五、因增加或減免不動產之租金或地租發生爭執者。六、因定地上權之期間、範圍、地租發生爭執者。七、因道路交通事故或醫療糾紛發生爭執者。八、雇用人與受雇人間因僱傭契約發生爭執者。九、合夥人間或隱名合夥人與出名營業人間因合夥發生爭執者。十、配偶、直系親屬、四親等內之旁系血親、三親等內之旁系姻親、家長或家屬相互間因財產權發生爭執者。十一、其他因財產權發生爭執，其標的之金額或價額在新臺幣五十萬元以下者。」民事訴訟法第 416 條第 1 項規定：「調解經當事

人合意而成立；調解成立者，與訴訟上和解有同一之效力。」另外第 417 條規定：「關於財產權爭議之調解，當事人不能合意但已甚接近者，法官應斟酌一切情形，其有調解委員者，並應徵詢調解委員之意見，求兩造利益之平衡，於不違反兩造當事人之主要意思範圍內，以職權提出解決事件之方案。前項方案，應送達於當事人及參加調解之利害關係人。」第 418 條規定：「當事人或參加調解之利害關係人對於前條之方案，得於送達後十日之不變期間內，提出異議。於前項期間內提出異議者，視為調解不成立；其未於前項期間內提出異議者，視為已依該方案成立調解。第一項之異議，法院應通知當事人及參加調解之利害關係人。」根據民事訴訟法進行調解的人，要特別注意第 418 條的規定。

# 捌、訴訟輔導

本章所稱之訴訟輔導係指法律扶助、法律服務及公設辯護等。

## 一、法律扶助

法律扶助法第 1 條規定：「為保障人民權益，對於無資力或因其他原因，無法受到法律適當保護者，提供必要之法律扶助，特制定本法。」同法第 2 條規定：「國家負有推展法律扶助事務及提供必要資金之責任。各級法院、檢察署、律師公會及律師負有協助實施法律扶助事務之義務。」

究竟何謂法律扶助？法律扶助法第 4 條明文規定：「本法所稱法律扶助，包括下列事項：一、訴訟、非訟、仲裁及其他事件之代理、辯護或輔佐。二、調解、和解之代理。三、法律文件撰擬。四、法律諮詢。五、其他法律事務上必要之服務及費用。六、其他經基金會決議之事項。」

法律扶助法第 5 條第 1 項：「本法所稱無資力者，係指下列情形之一：一、符合社會救助法規定之低收入戶、中低收入戶。二、符合特殊境遇家庭扶助條例第四條第一項之特殊境遇家庭。三、其可處分之資產及每月可處分

之收入低於一定標準。」第 5 條第 2 項及第 3 項規定：「申請人非同財共居之配偶或親屬，其名下財產不計入前項第三款之可處分之資產。前項第三款之資產及收入，申請人與其父母、子女、配偶或同財共居親屬間無扶養事實者得不計入；申請人與其配偶長期分居者，亦同。第一項第三款可處分資產、收入標準及前項之認定辦法，由基金會定之。」

至於所謂「因其他原因無法受到法律適當保護者」在第 5 條第 4 項規定：「本法所稱因其他原因無法受到法律適當保護者，係指下列情形之一：一、涉犯最輕本刑為三年以上有期徒刑或高等法院管轄第一審案件，於偵查中初次詢（訊）問、審判中，未經選任辯護人。二、被告或犯罪嫌疑人具原住民身分，於偵查、審判中未經選任辯護人。三、因神經系統構造及精神、心智功能損傷或不全，無法為完全陳述，於偵查、審判中未經選任辯護人；或於審判中未經選任代理人，審判長認有選任之必要。四、前三款情形，於少年事件調查、審理中，未經選任輔佐人。五、其他審判、少年事件未經選任辯護人、代理人或輔佐人，審判長認有選任之必要。六、重大公益、社會矚目、重大繁雜或其他相類事件，經基金會決議。」

有關財團法人法律扶助基金會的相關資訊請參考其網頁資訊。該基金會提供法律諮詢與法律扶助申請線上預約[6]。

## 二、法律服務

臺灣目前有各種法律諮詢服務系統，除了各大學法學院或法律系所外、各個地方的律師公會或縣市政府的法制局或鄉鎮市公所均設有法律服務相關組織。各大學法學院或法律系所的法律服務主要由法律系所的學生組織並邀請律師或教授從旁協助。在法律扶助法通過後，財團法人法律扶助基金會也在各地分會設立有法律諮詢服務。如果需要法律諮詢或法律扶助，建議盡量

---

6　財團法人法律扶助基金會，網頁：https://www.laf.org.tw/index.php?action=home。

找有專人及專業法律人的機構尋找協助。

## 三、公設辯護

　　根據公設辯護人條例第 1 條規定：「高等法院以下各級法院及其分院置公設辯護人。」根據同法第 2 條規定：「刑事訴訟案件，除依刑事訴訟法第三十一條第一項規定已指定公設辯護人者外，被告得以言詞或書面聲請法院指定公設辯護人為其辯護。因無資力選任辯護人而聲請指定公設辯護人者，法院應為指定。法院於必要時，得指定律師為被告辯護，並酌給報酬。」同法第 3 條規定：「最高法院命行辯論之案件，被告因無資力，不能依刑事訴訟法第三百八十九條第二項規定選任辯護人者，得聲請最高法院指定下級法院公設辯護人為其辯護。」

　　公設辯護人不得收受被告任何報酬（公設辯護人條例第 5 條）也不得擔任選任辯護人（公設辯護人條例第 4 條）。公設辯護人對於法院指定案件，負辯護之責，並應盡量蒐集有利被告之辯護資料並就承辦案件，負誠實處理之責（公設辯護人條例第 13 及第 14 條）。

# 第七章
# 法律與生活：如何認識法律案例

---

## 📖 本章重點

1. 透過案例認識法律與生活的關係。

2. 分析案例所牽涉的法律並藉此說明臺灣法律變遷。

3. 從臺灣司法民事與刑事審判實務統計看法律在生活的運作。

4. 透過玻璃娃娃案說明各種可能牽涉的法律。

5. 如何透過網路資源尋找臺灣各種相關法律資訊。

6. 法務部的全國法規資料庫提供的各項法律相關信息。

7. 立法院法律系統的各項法律相關信息，以及立法院的立法歷程。

8. 司法院法學資料檢索系統以及憲法法庭網站。

9. 如何查詢行政機關中各種跟生活有關的法律。

---

# 壹、前 言

　　在生活中發生的各種事件及糾紛往往牽涉多個法律，例如在車禍案件中，可能牽涉到刑法傷害罪或過失致死罪，在民法則牽涉到損害賠償問題，同時也會牽涉道路交通管理處罰條例有關駕照的規定，有時也會跟全民健康保險法及勞工相關法規有關聯。目前在各種有關法律常識的書籍中，不同的專業法律人會書寫常見生活中的法律案例。說明在生活中遇到買賣或租屋糾紛時，可能牽涉民法或消費者保護法的規定。例如發生職場的傷害、轉職或退休時，可能牽涉的勞動相關法規。又例如與婚姻或繼承相關的案件則可能牽涉民法

親屬編與繼承編的規定。而因為科技的發展,許多領域都增加新的法規範,尤其在財經法領域,新制定的金融科技發展與創新實驗條例、植物品種及種苗法及電子支付機構管理條例等等法律,更讓生活中各種糾紛可能牽涉的法律越來越複雜。2022 年美國加密幣交易所 FTX 突然聲請破產,遠在臺灣的受害者據說約有 15 萬人[1]。這個案件爭議金額超過百億。加密貨幣的投資影響許多投資人的利益,可能涉及的法律除了洗錢防制法、銀行法及刑法詐欺罪、背信罪外,還牽涉到公司法有關公司治理的法規範、民法的投資人與受託人之間的委託契約之損害賠償等問題[2]。

　　本書作者於 1995 年初版的《法學概論》一書,在書中分析一個車禍案件,藉以說明法律與生活的關係[3]。在該書中,透過一個案例,說明車禍案件可能會牽涉到刑法、民法、道路交通管理處罰條例、全民健康保險法及勞工相關法規等[4]。近年來,由於多數車禍案件的當事人根據強制汽車責任保險法規定保險,因此,多由保險公司協助處理上述《法學概論》書中的車禍糾紛。在過去二十年多年來各種跟車禍有關的立法也影響車禍案件的處理方式。2022 年 6 月強制汽車責任保險法修法,第 5 條之 1 將道路交通管理處罰條例第 69 條第 1 項第 1 款第 3 目所定之微型電動二輪車,納入該法律所稱之汽車的一種。這樣的修法更可保護道路交通的使用者。另外,1998 年強制汽車責任保險法施行後,車禍的加害人不管有無財產,被害人及其家屬都可以從保險公司領取車禍賠償金。而從 2023 年 1 月 1 日開始,民法規定,滿十八歲就成年。民法的修法也影響我原來在《法學概論》一書中探討車禍案件的法律問題解答方向。

---

[1] 奇摩 2022 年 12 月 6 日新聞報導標題為:「FTX 破產事件使全台受害者達 15 萬人!中心化交易所監管勢在必行」。

[2] 參考臺灣央行發布的 FTX 破產分析,網頁:https://www.blocktempo.com/taiwans-central-bank-releases-ftx-bankruptcy-report/。

[3] 參考陳惠馨,法學概論,三民書局,2019 年,修訂 16 版,頁 11–17。

[4] 參考陳惠馨,法學概論,三民書局,2019 年,修訂 16 版,頁 11–17。

　　本書作者多次提醒讀者，由於目前立法院修法頻繁，讀者在生活中遇到法律事件時，一定要注意事件所牽涉的法律的最新規定為何。讀者要特別留意有些出版品（包括本書）所提到的法律可能因為立法院的修法或訂新的法律有所變遷。另外，讀者也要瞭解，各個事件所牽涉到的法律可能有多種。

# 貳、從生活中的案件說明法律規定及法律的變遷

## 一、牽涉車禍案件的法律變遷

　　本書作者在 1995 年初版的《法學概論》一書以案例說明臺灣法律的運用情形，該案例內容如下[5]：「在臺北上午八點左右，一個職業婦女王太太帶著她五歲的女兒小美要到幼兒園上學。在過街時，小美走在媽媽的前面，突然之間從旁邊的巷子，有一個十八歲的青年大順騎著重型機車飛快鑽出來。小美躲避不及，被撞倒在地上，小腿骨折，身體多處受傷。經送醫急救，住院一個月，始恢復健康，雖然小美有全民健康保險，但還是要額外花費醫療費用約十萬元。王太太經此事件，每日惡夢連連，精神恍惚。警察在做筆錄時，發現大順並無機車駕駛執照。他的父母在其十八歲生日當天，應其要求買了一輛新機車給大順做生日禮物。大順雖計畫去考駕照，但始終尚未去公路監理機關報名參加機車駕駛執照的考試。」

　　當時在《法學概論》書中的解答，主要討論刑法的傷害罪以及民法的損害賠償問題。在刑法的傷害罪部分寫到：「由於大順駕駛重型機車撞倒小美，使得小美小腿骨折，因此大順顯然觸犯刑法傷害罪。我國刑法在第二十三章中將傷害罪分為普通傷害罪、重傷罪、義憤傷害罪、過失傷害罪等等（刑法第二百七十七至二百八十四條）。但是，由於大順並非故意傷害小美，因此本

---

5　下面有關這個車禍案件的說明，主要取自陳惠馨，法學概論，三民書局，2019 年，修訂 16 版，頁 11–17。

案只要考慮大順究竟是觸犯刑法第二百八十四條第一項前段的普通過失傷害罪，或是後段之過失重傷罪即可。如果是普通過失傷害罪的話，那麼法院可以判處大順六個月以下有期徒刑、拘役或五百元以下罰金。如果是過失致重傷，那麼大順可能被判處一年以下有期徒刑、拘役或五百元以下罰金。究竟小美小腿骨折是屬於重傷或輕傷可以參考刑法第十條第四項的規定，其規定『稱重傷者，謂下列傷害：一、毀敗或嚴重減損一目或二目之視能。二、毀敗或嚴重減損一耳或二耳之聽能。三、毀敗或嚴重減損語能、味能或嗅能。四、毀敗或嚴重減損一肢以上之機能。五、毀敗或嚴重減損生殖之機能。六、其他於身體或健康，有重大不治或難治之傷害。』法院實務上見解認為『所謂毀敗一肢以上之機能，係指一肢以上之機能完全喪失其效用而言，若臂骨雖經折斷，但醫治結果仍能舉動而僅不能照常者，祇可認為減衰機能，與毀敗全肢機能有別。』在本案例中，由於小美於住院治療一個月恢復健康，因此可確定小美的傷勢尚未達刑法重傷程度。所以，大順顯然觸犯刑法第二百八十四條第一項前段普通過失傷害罪。而由於依刑法第二百八十七條規定，普通過失傷害罪是告訴乃論之罪，因此如果大順在駕車肇事之後，態度誠懇取得有告訴權的小美及小美父母的諒解或和解賠錢了事，那麼小美及小美的父母不提出告訴，則大順就不至於受到刑法判刑的制裁。如果小美及小美的父母堅持提出告訴，那麼大順將依刑事訴訟法的規定受到刑事審判而受到判決。」[6]

　　有關本案之民法損害賠償，當時在書中說明：「由於大順無駕駛執照且超速駕駛，造成小美小腿骨折，王太太精神恍惚、衰弱，因此本案將考慮民法第一百八十四、一百八十七、一百九十三及一百九十五條等有關損害賠償的問題。我國民法第一百八十四條規定：『因故意或過失不法侵害他人之權利者，負損害賠償責任。故意以背於善良風俗之方法，加損害於他人者亦

同……。』[7]」

　　書中並說明在臺灣各級法院與車禍相關的判決書中，可以看到某些當事人主張下列權利，例如：醫療費用、工作收入損失、家屬看護費用及精神上的損害賠償[8]。當時書中還提到：「因為大順尚未滿二十歲，依我國民法規定，他尚未成年（假設大順尚未結婚），因此其法定代理人（即大順之父母），在本案之情形下，應依民法第一百八十七條第一項前段之規定，與大順連帶負損害賠償責任。也就是說，小美及其母親可以提起民事訴訟程序，同時要求大順及其父母負損害賠償責任。小美及王太太為了減省訴訟費用及程序，不妨首先依刑事訴訟法規定，提起刑事告訴，並依刑事訴訟法第九編規定提起『附帶民事訴訟』，要求大順及其父母負上述之損害賠償責任。」[9]

## 二、在同一案例因為法律的變遷導致法律效果不同

　　上述車禍案件的案例所牽涉的法律（該案例寫於 1995 年），已經在過去多年來有所變遷。在《法學概論》一書出版時，民法第 12 條規定二十歲為成年，由於該案例中的大順當時剛滿十八歲，因此根據當時法律的規定，大順還未成年，騎車撞傷人時，作為大順法定代理人的父母必須根據民法第 187 條第 1 項前段的規定，與大順連帶負損害賠償責任。但從 2023 年 1 月 1 日開始，因為民法第 12 條修改為：「滿十八歲為成年。」因此上述案例如果發生在 2023 年 1 月 1 日以後，18 歲的大順根據民法第 12 條規定已經成年，有獨立的行為能力（享受權利負擔義務的能力），他的父母不再跟大順一起連帶負擔對於小美及小美的母親的損害賠償責任[10]。

---

7　參考陳惠馨，法學概論，三民書局，2019 年，第 16 版，頁 11–17。
8　參考陳惠馨，法學概論，三民書局，2019 年，第 16 版，頁 11–17。
9　參考陳惠馨，法學概論，三民書局，2019 年，第 16 版，頁 11–17。
10　民法第 187 條第 1 項規定：「無行為能力人或限制行為能力人，不法侵害他人之權利者，以行為時有識別能力為限，與其法定代理人連帶負損害賠償責任。行為時無識別能力者，由其法定代理人負損害賠償責任。」

　　另外由於汽車強制責任保險法的訂定，這個車禍案例要依據民法第 187 條規定，先由小美及小美的母親向承擔大順機車責任險的保險公司要求給付損害賠償金額。僅在保險公司的損害賠償金額不如小美與小美母親的期待時，他們才可以再根據鄉鎮市調解條例聲請調解[11]。而如果鄉鎮市公所的調解不成，小美及小美的母親也可以依據刑事訴訟法第 487 條規定[12]，提起刑事附帶民事訴訟，請求大順負擔損害賠償。小美及小美的母親可以請求損害賠償的範圍，可以參考民法的相關規定。通常保險公司在協助處理車禍賠償的過程中，會建議車禍事件當事人針對賠償部分加以討論，確定哪些賠償金額由保險公司負擔，哪些賠償金額由車禍肇事者自行負擔。臺灣因酒醉駕車或吸毒駕車發生的車禍事件不斷增加，目前刑法、道路交通管理處罰條例及交通部所訂定的道路交通安全規則，均不斷加重處罰喝酒超過標準並禁止吸食毒品、迷幻藥、麻醉藥品及其相類似之管制藥品者開車。

　　再次強調，法律修正或制定會影響一個案件的法律效果。例如，臺灣從 1998 年 1 月 1 日開始施行強制汽車責任保險法，根據這個法律的第 6 條規定，所有上路的汽車（包括機車及微型電動二輪車）都要保險[13]。第 7 條明文規定：「因汽車交通事故致受害人傷害或死亡者，不論加害人有無過失，請求權人得依本法規定向保險人請求保險給付或向財團法人汽車交通事故特別補償基金（以下簡稱特別補償基金）請求補償。」第 27 條第 1 項規定：「本保險之給付項目如下：一、傷害醫療費用給付。二、失能給付。三、死亡給付。」讀者如果想要知道法院對於車禍有關的損害賠償案件的判決狀況，可以到司法院法學資料庫系統，以關鍵字進行查詢。在判決書中可以看到車禍

---

[11] 鄉鎮市調解條例第 1 條規定：「鄉、鎮、市公所應設調解委員會，辦理下列調解事件：一、民事事件。二、告訴乃論之刑事事件。」

[12] 刑事訴訟法第 487 條：「因犯罪而受損害之人，於刑事訴訟程序得附帶提起民事訴訟，對於被告及依民法負賠償責任之人，請求回復其損害。前項請求之範圍，依民法之規定。」

[13] 參考強制汽車責任保險法第 5 條及第 5 條之 1 的規定。

受害人對於加害人請求賠償的範圍，例如除了醫療費用外，可能還有醫療器材及醫療用品費用及後續追蹤治療費用，甚至包括回診的交通費用等。除此之外，工作收入損失，家屬看護費用等等以及因為受傷所產生的精神上損失等目前都是可能請求損害賠償的項目。除了各級法院的判決外，目前臺灣各地方政府的警察局及執行汽車責任保險業務的保險公司都在相關網頁上說明發生交通事故時，如何處理及申請保險理賠的程序等等資訊。

# 參、從臺灣司法民事與刑事審判實務統計看法律在生活的運作

究竟在臺灣民法、刑法或各種法律的規定對於人民生活的影響如何，有待更多法社會學的研究。從司法院的公務統計資料中，可以瞭解臺灣當前法院的實務運作情形。下面將透過司法院 2022 年有關民事訴訟、刑事訴訟之地方法院審判統計，說明法律跟生活的關係。

## 一、民法及民事訴訟

根據司法院的地方法院民事第一審訴訟事件終結件數的統計可以發現 2021 年臺灣各地方法院有關民法、民事特別法的訴訟終結案件中，牽涉民法訴訟事件有 151,045 件，其中借貸訴訟事件最多，共有 73,489 件。損害賠償的訴訟事件也不少，共有 36,260 件。有關買賣的訴訟事件則有 8,808 件，租賃訴訟事件有 3,046 件，不當得利訴訟事件有 2,672 件，贈與訴訟事件僅有 213 件，承攬訴訟事件有 2,292 件，僱傭訴訟事件有 213 件。委任訴訟事件 1,144 件，旅遊訴訟事件僅有 83 件，合夥 308 件，合會 142 件，所有權訴訟事件有 9,958 件，抵押權訴訟事件有 1,189 件，地上權訴訟事件有 187 件。婚姻訴訟事件有 5,263 件，認領訴訟事件僅有 52 件，收養訴訟事件有 49 件，扶養訴訟事件有 33 件，遺產訴訟事件有 1,696 件，遺囑訴訟事件有 93 件。而牽涉民事特別法的事件則有 20,283 件。其中公司法訴訟事件有 4,037 件，

票據法訴訟事件有 6,697 件，海商法訴訟事件僅有 45 件，保險法訴訟事件有 446 件，動產擔保交易法訴訟事件有 477 件，土地法訴訟事件僅有 92 件，三七五減租條例訴訟事件有 120 件，證券交易法訴訟事件僅有 9 件，國家賠償訴訟事件有 459 件，執行訴訟事件有 2,218 件，勞動事件法訴訟事件有 3,862 件，著作權訴訟事件有 59 件，專利權訴訟事件有 28 件等[14]。

上面統計數字僅說明臺灣人民到法院提起民事訴訟時，可能牽涉到的相關法律及案件量，但此一統計無法說明臺灣人民在日常生活中最常發生的糾紛的狀況。舉例來說，在上述司法院牽涉民事訴訟審判的地方法院民事第一審訴訟終結的件數統計中，可以看到牽涉買賣的訴訟僅有 8,808 件。但實際上，發生在臺灣日常生活中的買賣契約糾紛事件可能超過這個數字。由於有消費者保護法、金融消費者保護法等等法律以及根據這些法律成立的各種保護消費者的組織，協助處理消費糾紛，因此，臺灣許多民事糾紛，是透過調解方式解決紛爭。讀者若想瞭解更多關於買賣或其他各種契約的糾紛，可以在財團法人金融消費評議中心或者消費者協會、財團法人消費者文教基金會等的網站看到各種民事相關糾紛的案件[15]。另外，目前臺灣社會有許多牽涉婚姻或家庭的事件，例如離婚事件，有關離婚的父母對於共同之未成年子女的照顧或保護糾紛以及牽涉遺產繼承等等的糾紛。由於這些事件牽涉家庭中的親人關係，一般人僅在非常不得已的狀況，選擇上法院解決紛爭。近幾年來，臺灣各地方法院增加許多繼承的相關訴訟案件，這或許說明人民對於透過法院解決糾紛的心態逐漸改變了。

---

[14] 以上統計資料取自司法院有關民事訴訟審判終結統計：地方法院民事第一審訴訟事件終結件數——按訴訟種類分，網頁：https://www.judicial.gov.tw/tw/lp-1488-1-1-20.html。

[15] 財團法人金融消費評議中心，網頁：https://www.foi.org.tw/ErrorPage.aspx?aspxerrorpath=/default.aspx，台灣消費者保護協會，網頁：http://www.cpat.org.tw/page/news/index.aspx?kind=1，財團法人消費者文教基金會，網頁：https://www.consumers.org.tw/news-release.html。

## 二、刑法及刑事訴訟

　　根據司法院地方法院刑事第一審訴訟案件科刑人數——按罪名別分的統計資料顯示，2021 年共有 132,148 人被法院科處刑罰。而其中牽涉普通刑法的有 107,171 人。在普通刑法部分牽涉妨害公務罪 1,426 人，妨害秩序罪 947 人，藏匿人犯及湮滅證據罪 205 人，偽證罪 180 人，誣告罪 218 人，公共危險罪 37,086 人，偽造文書印文罪 2,457 人，妨害性自主罪 1,299 人，妨害風化罪 808 人，妨害婚姻及家庭罪僅 5 人（在 2019 年有 313 人），賭博罪 3,694 人（2019 年 4,924 人，2020 年 5,540 人），殺人罪 190 人，過失致死罪 1,278 人，傷害罪 12,458 人，妨害自由罪 4,143 人，妨害名譽及信用罪 1,771 人，妨害秘密罪 211 人，竊盜罪 19,673 人，強盜罪 256 人，搶奪及海盜罪 144 人，侵占罪 2,414 人，詐欺罪 13,061 人，背信罪 124 人，恐嚇取財罪 443 人，毀棄損壞罪 1,792 人。而牽涉特別刑事法律的有 24,977 人，其中牽涉貪污治罪條例的有 333 人，違反毒品危害防制條例 10,539 人（2019 年 37,496 人，2020 年 26,708 人），違反藥事法 760 人，違反著作權法 161 人，違反商標法 806 人，違反槍砲彈藥刀械管制條例 1,115 人，違反家庭暴力防治法 1,753 人[16]。

　　從上面的統計資料，可以歸納目前臺灣一般民眾的犯罪情形，讀者如果想瞭解在這些刑事訴訟中法院如何適用法律，可以以各種犯罪的關鍵字，例如「公共危險罪」或「竊盜罪」等在司法院法學資料檢索系統中查看各級法院的判決[17]。

---

16 以上統計資料取自司法院有關刑事訴訟審判終結統計：地方法院刑事第一審訴訟案件科刑人數——按罪名別分，網頁：https://www.judicial.gov.tw/tw/lp-1488-1-1-20.html。

17 司法院有關統計資料，網頁：https://www.judicial.gov.tw/tw/lp-1921-1.html。

### 三、因為時代變遷新增加的訴訟案件──以牽涉繼承的案件為例

本書作者退休前在國立政治大學法學院開設民法親屬編與繼承編（總稱身分法）課程。在長年教學中注意到臺灣近年來出現各種金額龐大的繼承糾紛事件，例如：長榮集團張榮發先生的繼承糾紛案件、寶來集團前總裁白文正先生的遺囑糾紛案等等。在這些案件中當事人雖然是臺灣重要企業人士或社會知名人士，但從他們的遺囑內容來看，感覺當前民法繼承編的規定對於他們處理死後財產的分配幫助不大。臺灣未來應該透過修改民法繼承編或信託法的規定，使得人民可以在生前有多種處理死後財產的可能。從不斷增加的繼承糾紛案件來看，可以知道民法繼承編規定在臺灣社會的重要性[18]。民法繼承編雖然在臺灣已經施行七十年之久，然而由於現行繼承法有關繼承的規定跟傳統臺灣社會的法律或習慣有所不同，當前民法繼承編給予女性子孫跟男性子孫同樣的繼承權（民法第 1138 條規定），而傳統中國法律僅給予男性子孫繼承父母財產的權利。現在許多家庭在遇到繼承事件時，往往因為繼承人間對於誰能繼承財產各有不同的想像，因而發生嚴重的衝突。例如：臺灣傳統社會中，一個人死亡之後，雖然法律上給予男性子孫與女性子孫同樣的繼承權，然而在臺灣推行性別平等運動多年之後，在某些家庭中，還有母親、父親或男性子孫逼迫女性子孫要拋棄繼承。而不少女性子孫在家族的壓迫下，不得已拋棄繼承的事件時有所聞。

臺灣在過去數十年來，由於社會經濟發展良好，人民財富增加，目前許多人死亡後，往往留下龐大金額的遺產，此時擁有繼承法的知識，變得非常重要。上面提到幾件財力雄厚的企業家死後發生的繼承糾紛案件，或許說明擁有公司經營能力的企業家們跟一般民眾一樣缺乏有關訂定遺囑及處理死後

---

[18] 各種有關繼承或遺囑的訴訟糾紛案件均可以在司法院的法學資料檢索系統中查詢。參考陳惠馨，民法繼承編──理論與實務，元照，2017 年，初版，頁 58–69。

財產的知識與經驗，也因此在他們死後，繼承人之間不免因為遺產的分配而發生重大衝突，許多家庭成員也因此捲入訴訟糾紛。

在此有必要特別說明的是根據目前有效的民法繼承編規定，子女原則上不再需要在父母死亡後以自己財產負擔父母的債務。傳統所謂父債子還的無限定繼承制度，已經透過立法院修改民法繼承編，改採限定繼承制度。現行民法第 1148 條第 2 項規定：「繼承人對於被繼承人之債務，以因繼承所得遺產為限，負清償責任。」目前，臺灣多數人似乎對於民法限定繼承的規定瞭解有限。有名的影劇人士豬哥亮先生死後，根據民法繼承編規定，他的子女基本上不需要對超出他的遺產範圍外的債務負擔償還責任，根據民法第 1163 條規定，只有當他的子女有刻意隱瞞他的遺產情節重大，或者在遺產清冊為虛偽的記載且情節重大或者有意圖詐害被繼承人債權人權利而對遺產加以處分的情形，繼承人才要負擔超越遺產的償還責任。

# 肆、在資訊時代如何認識法律與司法審判案例

## 一、認識法律的重要意義

在當代社會，人跟人之間一旦發生衝突，不免走上訴訟，由負責審判的司法機關根據現行有效的法律進行裁判，確定糾紛解決的方案。在當代社會認識法律規範及瞭解法律規範在生活中或司法審判機關實際的運用情形，已經是不可或缺的基本常識。由於臺灣從 1987 年解嚴以來，立法機關積極立法或修法，因此當前法律的變動速度超越想像。舉例來說，從 1991 年到 2005 年之間，臺灣的憲法已經歷經七次國民大會的修法，每次的修法都是以憲法增修條文的方式呈現，而根據 2005 年訂定的憲法增修條文規定，目前臺灣的修憲機關不再是國民大會，而是立法院（而且要經過有選舉權的人複決）。除此之外，民法、刑法或者民事訴訟法、刑事訴訟法等等法律也都歷經多次修法。透過法律的修正，許多傳統社會的思維開始改變，舉例來說，透過民法

親屬編的修改，傳統的婚姻觀或家庭觀受到挑戰。面對三十多年來臺灣法律的重大變動，人民想要全面認識臺灣現有法律體系的面貌有很大的困難。但在科技與網路時代，要瞭解現行法律非常方便。本書下面將介紹幾個重要的法律相關網站，讀者如果想要知道各種法律的最新動態或法院的相關判決，都可以輕易取得相關資訊。

## 二、透過網路資料查詢認識臺灣法律（中央與地方法規）

在資訊時代要瞭解臺灣當前的法律以及其制定過程有許多管道，例如：法務部的全國法規資料庫、立法院法律系統、中央機關法律專責機構網頁或者各縣市政府法規會網頁都提供相關資料。下面僅簡單說明本書作者最常使用之法務部全國法規資料庫及立法院法律系統。

### （一）全國法規資料庫網頁

根據法務部在全國法規資料庫系統使用者操作手冊中說明：「法務部於90年4月正式啟用全國法規資料庫入口網站，提供各界經由網際網路簡單、方便、公開查詢各政府部門最新發布之中央法規、行政規則、法規命令草案及地方自治法規。」[19] 讀者在這個網頁中，可以用關鍵字查到臺灣目前各種中央與地方法規。對於使用者最方便之處在於這個網頁系統提供各個法律的編章節目錄。如果法規內容繁多，使用者透過編章節的目錄馬上可以瞭解整部法律的結構並很快查詢到可能需要的重要條文。另外，這個系統也可以連結到立法院法律系統，方便使用者查詢法律的沿革與立法歷程。

### （二）立法院法律系統網頁

在立法院法律系統網頁，可以看到立法院最新的立法動態。透過關鍵字，很容易找到各種主題的相關法律。使用者進入此一系統，就可以看到最新通

---

[19] 參考全國法規資料庫系統說明，網頁：https://law.moj.gov.tw/Service/%E7%B6%B2%E7%AB%99%E4%BD%BF%E7%94%A8%E6%89%8B%E5%86%8A.pdf。另外自 2022 年 8 月 1 日開始，這個網頁也提供司法院憲法法庭的判決。

過的立法或修法以及該法律的立法歷程。這個系統呈現各種法律每一次修改時異動的條文及對照表。如果該法律在修改時，立法院做有附帶決議，也可以直接連結立法院公報，看到法律修改時，該附帶決議的院會紀錄（包括哪些委員提案，一讀會，委員會審查，二讀會審查等等資訊）。立法院的法律系統所提供的各個法律每一次修法時的異動條文及新舊條文對照表，讓使用者知道條文的變遷發展歷程。以 2022 年 11 月 29 日立法院通過的精神衛生法為例，立法院法律系統網頁呈現出這個法律的立法歷程，包括有哪些立法委員提案，其內容為何[20]？例如：

賴惠員等立法委員針對精神衛生法的修法提案案由如下[21]：「本院委員賴惠員、黃國書、許智傑等 18 人，有鑑於近來精神疾病患者發生自傷及傷人案件層出不窮，但現行『精神衛生法』規範之保護人制度、通報機制、緊急安置及強制治療，皆僅限於『嚴重病人』，為強化社會安全網，提升對精神疾病病人之保護及照顧，並預防病人因精神疾病而發生自傷或傷害他人之案件，爰擬具『精神衛生法部分條文修正草案』。是否有當？敬請公決。」

王婉諭立法委員等十七人的提案案由如下[22]：「本院委員王婉諭、邱顯智等十七人，有鑑於精神衛生法自民國九十七年全文修正施行至今已逾十年，社會經濟與生活型態已多所變遷，人民對精神衛生與心理健康資源之需求亦與日俱增。當社區偶有發生精神危機事件，其因應與處理機制恐有不足，精神疾病病人與家庭照顧者所需之社區支持服務，亦付之闕如。為完善社區精神照護之資源與橫向連結，提升精神疾病病人生活品質，並促進其社區融合與社會參與之空間，相關規範容有調整之必要，爰提出『精神衛生法』修正

---

20 參考立法院法律系統，網頁：https://lis.ly.gov.tw/lglawc/lawsingle?00152AD8369B0000000000000000
01E000000005000000^02526111112900^00012033001。

21 參考立法院法律系統，網頁：https://lis.ly.gov.tw/lglawc/lawsingle?00152AD8369B0000000000000000
01E000000005000000^02526111112900^00012033001。

22 參考立法院法律系統，網頁：https://lis.ly.gov.tw/lglawc/lawsingle?00152AD8369B0000000000000000
01E000000005000000^02526111112900^00012033001。

草案。是否有當？敬請公決。」

　　至於行政院函請立法院審議精神衛生法修正草案的總說明如下[23]：「精神衛生法（以下稱本法）於七十九年十二月七日公布施行，其後歷經四次修正，最近一次修正公布日期為一百零九年一月十五日。鑑於近年來，社會狀況與相關法規多有變遷，過去心理健康促進比重不高，造成前端預防與社區支持服務網絡合作不足，另尊重人權之政策已成國際趨勢，為因應實務執行之需要，亟需建立多層次、多面向與多專業合作之精神衛生照顧網絡，本法有參酌身心障礙者權利公約（The Convention on the Rights of Persons with Disabilities，以下稱 CRPD）及兒童權利公約（The Convention on the Rights of Children，以下稱 CRC）相關規定，就有關精神疾病病人與身心障礙者自由、自主權、就醫權、安全保障、平等對待及社區融合之理想等面向重新檢視之必要」、「為建置完善精神照護機構管理與加強跨機關社區精神病人照顧及合作並配合個人資料保護法規定，爰修正各機關權責之規定，另以合乎病人知情同意原則之通知、治療及出院準備，由精神衛生照顧人員與病人、家屬及保護人共同合作，提供治療及支持，並協助病人相關資源連結，進而提升社區融合及生活品質。又為強調推動心理健康促進、積極布建社區心理衛生中心、精進病人協助及前端預防、建立危機處理機制、強化病人通報、多元社區支持、強制住院改採法官保留、殺人或傷人案件刑事優先原則及防止汙名化，爰擬具本法修正草案，其修正要點如下：一、基於國際人權保障與公平正義之考量，將心理健康促進及精神醫療相關服務之對象由國民擴大為人民。（修正條文第一條）二、嚴重病人之定義重點為罹患精神疾病且不能處理自身事務，至其精神症狀無法逐一臚列，爰修正嚴重病人定義要件之一為呈現出與現實脫節之『精神狀態』致不能處理自己事務；配合身心障礙者權

---

[23]　參考立法院法律系統，網頁：https://lis.ly.gov.tw/lglawc/lawsingle?00152AD8369B000000000000000001E000000005000000^025261111129000^00012033001。

利公約 (CRPD) 第十九條所定自立生活與融合社區之精神，增訂社區支持之定義。(修正條文第三條) 三、為加強心理健康促進業務推動，建立全國病人之服務資料庫及強化病人社區服務，增訂中央及地方主管機關之掌理事項，包括病人資料之蒐集。(修正條文第四條及第五條) 四、為增進跨部門合作，強化政府一體概念，定明各目的事業主管機關應規劃、推動、監督心理健康促進、精神疾病防治及精神病人權益保障之權責事項。(修正條文第六條至第十四條) 五、為強化職場心理健康，增訂各機關、學校、機構、法人及團體，應加強推動員工心理健康促進活動。(修正條文第十五條)……（下面省略）」

　　建議讀者選擇幾個自己關心的法律，嘗試在全國法規資料庫網頁及立法院法律系統網頁尋找相關立法資料，體驗如何從上述網頁查詢自己有興趣的法律（包括中央與地方的法律）。

## 三、透過案例瞭解法律與實務運作但還是需要法律專業意見

　　臺灣現行法律體制主要學習自外國，尤其受到美國、德國與日本等國法律的影響。因此不少法律相關書籍在討論法律案例時，往往引用外國教科書的案例。目前司法院的網站提供各種法院裁判書以及司法院大法官解釋與裁判等資料，因此，要瞭解各種法律如何在臺灣社會中被運用已不再困難。

　　但請讀者留意，在科技發達時代，尋找自己關注的議題所適用的法律或法院裁判固然容易。然而由於當代法律的體系多元，各種實體法，例如：民法、刑法等的規定以及程序法，例如：民事訴訟法、家事事件法、刑事訴訟法及行政訴訟法等規定也相對複雜。因此，當讀者在上面提到的網站找到所關心的案件可能相關的法律或判決時，不要以為這就是最終答案。因為，法律的體系複雜，法律與具體個案的運用需要以法學方法進行法律的解釋與適用。雖然每個人都可以透過法律相關網站找到最可能相關的法律或判決，但由於每個案件事實都有其特殊之處，建議如果糾紛過於複雜，甚至要到法院訴訟，還是要請教法律專業人士，確認自己找到的法規是否是最新法規，以

及該法規是否可以適用自己的案件。另外，由於書籍的出版往往跟作者書寫時間有所落差，以至於書籍中所討論的法律或法院審判的見解等可能有所變遷。因此，建議讀者在參考任何法律相關書籍時，要注意到法律與法院實務判決是否有所變遷。

在日常生活中，法律會跟人民生活最有接觸的地方通常不是法院，而是各種行政機關。例如人民為了買賣土地或房屋時，不一定需要上法院，但為了移轉土地或房屋的登記，卻一定要到戶政機關申請印鑑證明或戶籍謄本，到地政機關進行土地或房屋的移轉登記。另外，人民可能因為停車需要根據縣市政府的停車管理規則，到停車管理處或到便利商店繳交停車費。或者人民因為教育相關事務，要去自己所在的縣市政府教育局，或者大學生要到教育部跟相關主管機關交涉教育相關事務。此時，人民要瞭解的法律不僅僅是立法院通過的法律，還包括行政機關所發布的各種命令或法規。這時候就要前往相關縣市政府單位或者行政院下的其他單位，瞭解相關法規。而在數位的時代，目前多數行政單位會將自己主管事務的法規放到單位的網頁上。例如：教育部網頁上有數百種跟教育有關的法律與命令。而行政院或者考試院等所屬的各部會及各縣市政府的法規委員會的網站也提供各種重要法律相關信息。建議讀者，如果發現生活所在的地方政府或者你所要聯繫的主管機關的網頁缺乏相關法規與適用資訊，不妨透過網路信箱提出要求。透過人民積極的行動，將可更快速的改善臺灣現階段與法律有關資料的公開狀況並使臺灣的民主法治有所進展。而利用本書進行法學緒論或法學概論等課程教學的教師們也不妨設計相關作業，讓參與課程的學生透過實作，認識臺灣的法律及其實際運用情形，共同推動臺灣社會的法治化。

# 伍、結　論

本章主要引導讀者，瞭解法律與生活的關係，並說明如何透過全國法規資料庫、立法院法律系統，司法院法學資料檢索系統瞭解臺灣現階段各種法

律及其適用情形，希望讀者因此對於臺灣整體法律系統有所瞭解，並進一步關心法律在日常生活的運作情形。讀者在利用網路資源尋找自己關心的法律或相關實務審判或運作時一定要理解，法律是一套自成體系的知識系統，找到特定法律或找到相關的判決文件並不表示找到特定事件解決問題的法律或答案。

　　當代法規範分類繁多，運用法律時，要注意到法律位階理論，理解憲法是最高法規範，法律與命令不可以違背憲法精神，否則無效等等原則。另外，各種不同的法律都內含許多重要原則，這些原則往往影響法律適用的結果。例如：在行政法上有所謂依法行政、法律優位、比例原則及法律保留等，或者刑法與刑事訴訟法有所謂罪刑法定主義原則以及無罪推定原則等等，這些都是在運用法律時要注意的。而在解讀法律時，也需要運用各種法釋義學與法學方法找到最佳的法規範加以適用。法律的解釋與適用往往牽涉到語言運用、邏輯問題、社會傳統思維及當代思潮等。

　　總之，建議讀者在日常生活牽涉到法律問題時，除了自己蒐集相關法律資訊外，還是要尋找法律專家的協助。如果因為經濟狀況不佳，無法負擔聘請法律專家的費用時，可以根據法律扶助法，請求政府成立的法律扶助基金會，協助給予訴訟扶助，保障自己法律上的權利。另外，目前多數地方法院或縣市政府也有提供法律諮詢機制。期待本書讀者在學習運用各種資源保障自己法律的權益外，也可以積極參與，提出建議，修改臺灣的法律，使我們社會的法律，朝向更保障人權，落實民主法治的方向發展。

# 第二編

## 重要的法律

# 第八章
# 憲　法

---

---

## 壹、憲法作為民主法治社會的目標

　　民主法治的社會目前是多數國家所追求的目標。雖然有各種不同的學說討論何謂民主，但民主的基本概念主要認為國家的重要發展要根據人民的公意所形成的共同理念。由於每個國家因為人民的數目、疆域的大小、歷史背景與各種文化因素，影響著人民公意的形成，因此如何在一個國家中落實民主需要公共討論。

　　民主國家的統治與傳統威權國家統治的最大差異，在於傳統威權國家的統治權掌握在少數人手中，而民主國家則主張主權在民，透過定期的選舉，選出比較可以代表民意的國會或地方議會代表訂定法律或自治條例等，保障人民可以有更好的生活。但在日常生活中，如何讓主權在民的理念落實，則

牽涉到國家組織的型態以及人民的主動性。目前在臺灣，重要的中央機關主要是立法院、行政院與司法院。立法院作為一個代議政治機關，由有投票權的人民選出立法委員，在立法院訂定法律及通過政府預算，由行政院及相關機關負責執行。政府的一切措施均要依據立法院所訂出的法律來執行，以確保人民公意的維持，也就是依法行政。法律如果發生是否牴觸憲法的疑慮時，則由司法機關根據憲法的精神與相關規定進行解釋，這是現代民主法治國家的基本結構。目前臺灣的憲法是由憲法序文、本文與憲法增修條文架構而成。憲法除了確立人民的基本權利外，也針對國家中央機關的組織及中央與地方的關係有所規定並設計國家組織之間的權力制衡機制。

## 貳、臺灣的憲政發展與憲法的增修

臺灣目前的憲法是 1947 年在中國大陸通過，1949 年以後繼續在臺灣、金門、馬祖及澎湖適用。這部憲法是在中國脫離清朝兩百多年君主帝國專制統治，經歷了 1912 年的國民革命所制定出來的。憲法的基本精神在於民主、共和與法治。根據 1947 年 1 月 1 日公布，同年 12 月 25 日施行的中華民國憲法第 1 條規定：「中華民國基於三民主義，為民有民治民享之民主共和國。」第 2 條規定：「中華民國之主權屬於國民全體。」1947 年在中國大陸通過的憲法，從 1949 年以來，僅在臺灣、金門、馬祖及澎湖等地施行，但這部憲法中的許多條文曾經由國民黨政府以動員戡亂時期臨時條款凍結長達三十多年。1991 年以來，臺灣開始啟動憲法修正工程。目前臺灣修憲的方式是採取不變動憲法本文，但透過憲法增修條文停止憲法本文某些規定的效力，或訂定新的增修條文。到目前為止，臺灣共歷經七次的修憲，最後一次修憲在 2005 年。

根據憲法增修條文第 12 條規定，憲法的修改機關不再是國民大會，其規定：「憲法之修改，須經立法院立法委員四分之一之提議，四分之三之出席，及出席委員四分之三之決議，提出憲法修正案，並於公告半年後，經中華民

國自由地區選舉人投票複決，有效同意票過選舉人總額之半數，即通過之，不適用憲法第一百七十四條之規定。」因此目前修憲要經由「中華民國自由地區選舉人投票複決，有效同意票過選舉人總額之半數」通過，才能完成，由於修憲門檻如此高，可以預期短期內臺灣不容易通過新的憲法修正案。2022 年 11 月 26 日舉辦的九合一大選同步舉辦十八歲公民權的修憲複決，但最終僅獲得五百六十四萬多張同意票，和選舉人半數的九百六十二萬票門檻還相距將近四百萬票，因此此次修憲複決案沒有通過[1]。

　　從體制上來看，未來臺灣如果想要修憲，主要重點應該放在政府組織、中央與地方的關係以及人權保障體系的建制。另外，在政治上具有重大影響力的政黨角色也有必要在憲法中加以定位。而憲法（本文及增修條文）中有關人權保障的體系與規定也有必要重新加以設計並規定。目前，有關基本人權保障的相關規定主要在憲法第 7 條到第 24 條所規定之人民權利義務，但現行有關人民基本權利規定的結構並不足保障人民基本權利的目標。未來修憲時，有必要將「人性尊嚴不可侵犯」的原則性規範納入憲法中。任何一部憲法中，最重要的是前言與本文，從瑞士新憲法和其他國家憲法可以觀察到，保障人權的基本尊嚴或權利的重要宣示，往往被放進憲法中。瑞士憲法第 2 條特別提到：「瑞士保障人民的自由與權利。……」德國基本法第 1 條第 1 項規定：「人性尊嚴不可侵犯。尊重及保護人性尊嚴為所有國家權力之義務。」臺灣當前的憲法本文或增修條文內並沒有「人性尊嚴不可侵犯」的明文規定，但司法院大法官在解釋憲法時，往往在解釋文中納入「人性尊嚴不可侵犯」的概念[2]。

---

[1] 參考 2022 年 11 月 26 日媒體的報導：報導者，網頁：https://www.twreporter.org/a/2022-referendum-on-lowering-voting-age-to-18-result。

[2] 司法院大法官在 2005 年釋字第 603 號解釋提到：「維護人性尊嚴與尊重人格自由發展，乃自由民主憲政秩序之核心價值。隱私權雖非憲法明文列舉之權利，惟基於人性尊嚴與個人主體性之維護及人格發展之完整，並為保障個人生活私密領域免於他人侵擾及個人資料之自主控制，隱私權乃為不可或缺之基本權利，而受憲法第二十二條所保障（本院釋字第五八五號解釋參照）。……」司法院 111

# 參、臺灣當前有效的憲法：憲法之序文、本文及憲法增修條文

## 一、臺灣當前憲法的結構

　　臺灣的憲法是由憲法的序文、本文及增修條文所構成，憲法本文則包括14章，分別是第1章總綱，規定國家性質、領土範圍；第2章規範人民權利義務；第3章到第9章規定國家重要機關，包括國民大會、總統、行政、立法、司法、考試、監察等機關；第10章規定中央與地方之權限；第11章規定地方制度；第12章規定選舉、罷免、創制、複決；第13章規定基本國策；第14章規定憲法之施行與修改。憲法增修條文則自1991年以來，在國民大會歷經七次增訂改變憲法本文之內容。歷次修憲的目的在於使1947年於中國大陸訂定的這部憲法可以適合臺灣的狀況。憲法增修條文目前共有12條。由於2005年修憲時，增訂憲法增修條文第12條將修憲門檻訂得非常的高，未來臺灣憲法的修改需要社會有很強的共識才有可能完成。在沒有新的憲法修正前，重要憲政議題，要透過大法官的憲法裁判（以前稱為憲法解釋），從尊重憲法民主法治的理念及保障人民權利的精神下進行調整。

## 二、憲法之序文與憲法本文第1章總綱

　　憲法序文說明：「中華民國國民大會受全體國民之付託，依據孫中山先生創立中華民國之遺教，為鞏固國權，保障民權，奠定社會安寧，增進人民福利，制定本憲法，頒行全國，永矢咸遵。」憲法第1章第1條至第6條總綱

---

年憲判字第8號判決也提到：「維護未成年子女最佳利益，為憲法保障未成年子女人格權及人性尊嚴之重要內涵，凡涉及未成年子女之事件，因未成年子女為承受裁判結果之主體，無論法院所進行之程序或裁判之結果，均應以未成年子女最佳利益為最優先之考量。」上述解釋及裁判取自司法院，網頁：https://cons.judicial.gov.tw/judcurrentNew1.aspx?fid=38。

規範國體和主權歸屬及領土的範圍。前面提到第 1 條及第 2 條規定宣示中華民國基於三民主義，為民有、民治、民享之民主共和國以及中華民國之主權屬於國民全體。至於臺灣與中華民國的關係如何，不同的政治立場者各有自己的解讀。臺灣多數人民的基本共識在於將臺灣建立成為一個落實民主、法治及福利的社會，並保障人民的基本權利與人性尊嚴。憲法第 4 條規定：「中華民國領土，依其固有之疆域，非經國民大會之決議，不得變更之。」這個條文是當前中國大陸、臺灣與美國之間現實國際政治的爭議議題。當前憲法不管在序文、本文或增修條文都未明確說明臺灣與中華民國的關係，也沒有定義何謂中華民國的固有疆域。上述的議題是臺灣未來最重要但難以處理的議題。

## 三、人民之基本權利義務

憲法第 2 章規範人民的權利義務。根據憲法第 23 條規定，國家非為防止妨礙他人自由、避免緊急危難、維持社會秩序或增進公共利益所必要者外，不得加以限制權利或擅加義務。憲法有關人民權利義務規定，主要在憲法第 2 章第 7 條至 23 條規定。基本上分為平等權、自由權、社會基本權及參政權。

### （一）平等權

憲法第 7 條規定：「中華民國人民，無分男女、宗教、種族、階級、黨派，在法律上一律平等。」憲法的解釋機關在許多解釋及判決中均強調憲法第 7 條所定之平等權係保障人民在法律地位上之實質平等。

2017 年司法院大法官在釋字第 748 號解釋提到：「民法第 4 編親屬第 2 章婚姻規定，未使相同性別二人，得為經營共同生活之目的，成立具有親密性及排他性之永久結合關係，於此範圍內，與憲法第 22 條保障人民婚姻自由及第 7 條保障人民平等權之意旨有違。有關機關應於本解釋公布之日起 2 年內，依本解釋意旨完成相關法律之修正或制定。至於以何種形式達成婚姻自

由之平等保護，屬立法形成之範圍。逾期未完成相關法律之修正或制定者，相同性別二人為成立上開永久結合關係，得依上開婚姻章規定，持二人以上證人簽名之書面，向戶政機關辦理結婚登記。」可以說是憲法保障人民平等權的落實。大法官作出釋字第 748 號解釋後，立法院在 2019 年訂定司法院釋字第 748 號解釋施行法回應。在第 2 條規定：「相同性別之二人，得為經營共同生活之目的，成立具有親密性及排他性之永久結合關係。」透過大法官解釋確定憲法所保障之平等權係指實質上的平等而非形式上的平等。在實質平等的理念下，國家並非絕對不准對人民為差別待遇。但國家所為差別待遇的目的必須是為了事實上的差異而採差別待遇，以達到實質的平等。國家在立法與行政上要透過差別待遇達到實質平等要特別注意差別待遇是否具有合理性。憲法增修條文第 10 條第 6 項規定：「國家應維護婦女之人格尊嚴，保障婦女之人身安全，消除性別歧視，促進兩性地位之實質平等。」說明臺灣憲法是落實性別實質平等的法律與政策的重要依據。

## （二）自由權

自由權與平等權可以說是近代以來世界各國人民最早爭取到的基本人權，美國的獨立宣言及法國大革命的人權宣言內容都提到此二權利。憲法有多個條文保障人民之自由權。

### 1.人身自由權

憲法第 8 條第 1 項規定：「人民身體之自由應予保障。除現行犯之逮捕由法律另定外，非經司法或警察機關依法定程序，不得逮捕拘禁。非由法院依法定程序，不得審問處罰。非依法定程序之逮捕、拘禁、審問、處罰，得拒絕之。」人身自由乃是人民一切自由之基礎，主要在保障人民身體不受國家非法侵犯。人民之人身自由一旦受到侵害，依憲法的規定，可以聲請提審。提審法第 1 條第 1 項規定：「人民被法院以外之任何機關逮捕、拘禁時，其本人或他人得向逮捕、拘禁地之地方法院聲請提審。但其他法律規定得聲請即時由法院審查者，依其規定。」憲法第 24 條並規定：「凡公務員違法侵害人

民之自由或權利者，除依法律受懲戒外，應負刑事及民事責任。被害人民就其所受損害，並得依法律向國家請求賠償。」警察職權行使法第 19 條第 1 項規定，警察僅能在一定條件下對人民施以管束。例如人民有瘋狂或酒醉，非管束不能救護其生命、身體之危險，或預防他人生命、身體之危險，或意圖自殺，非管束不能救護其生命，或有暴行或鬥毆，非管束不能預防其傷害等等情形。

### 2.居住遷徙之自由

居住遷徙之自由指人民居住之處所，不受到國家或他人非法侵害的自由，人民可自由選擇住所，不受非法干涉。刑法第 306 條也規定：「無故侵入他人住宅、建築物或附連圍繞之土地或船艦者，處一年以下有期徒刑、拘役或九千元以下罰金。無故隱匿其內，或受退去之要求而仍留滯者，亦同。」刑法第 302 條規定：「私行拘禁或以其他非法方法，剝奪人之行動自由者，處五年以下有期徒刑、拘役或九千元以下罰金。因而致人於死者，處無期徒刑或七年以上有期徒刑；致重傷者，處三年以上十年以下有期徒刑。第一項之未遂犯罰之。」由上述刑法規定可知，憲法所保障人民居住遷徙自由，需要透過法律規定具體落實。憲法第 23 條規定，憲法所保障人民之各項自由權利，僅在為了防止妨礙他人自由、避免緊急危難、維持社會秩序或增進公共利益所必要時，始得以法律限制之。

### 3.表現之自由

憲法第 11 條規定人民有言論、講學、著作及出版之自由。我國現行法律對人民之表現自由有所限制者，例如刑法第 153 條規定：「以文字、圖畫、演說或他法，公然為下列行為之一者，處二年以下有期徒刑、拘役或三萬元以下罰金：一、煽惑他人犯罪者。二、煽惑他人違背法令，或抗拒合法之命令者。」

關於表現自由，大法官於釋字第 756 號解釋說明：「監獄行刑法施行細則第 81 條第 3 項規定：『受刑人撰寫之文稿，如題意正確且無礙監獄紀律及信

譽者，得准許投寄報章雜誌。』違反憲法第 23 條之法律保留原則。另其中題意正確及監獄信譽部分，均尚難謂係重要公益，與憲法第 11 條保障表現自由之意旨不符。其中無礙監獄紀律部分，未慮及是否有限制較小之其他手段可資運用，就此範圍內，亦與憲法第 11 條保障表現自由之意旨不符。」

### 4.秘密通訊之自由

憲法第 12 條規定：「人民有秘密通訊之自由。」立法院於 1999 年制定通訊保障及監察法。通訊保障及監察法第 2 條規定：「通訊監察，除為確保國家安全、維持社會秩序所必要者外，不得為之。前項監察，不得逾越所欲達成目的之必要限度，且應以侵害最少之適當方法為之。」同法第 3 條對於通訊做了下面的定義：「本法所稱通訊如下：一、利用電信設備發送、儲存、傳輸或接收符號、文字、影像、聲音或其他信息之有線及無線電信。二、郵件及書信。三、言論及談話。前項所稱之通訊，以有事實足認受監察人對其通訊內容有隱私或秘密之合理期待者為限。」刑法第 315 條之 1 規定：「有下列行為之一者，處三年以下有期徒刑、拘役或三十萬元以下罰金：一、無故利用工具或設備窺視、竊聽他人非公開之活動、言論、談話或身體隱私部位者。二、無故以錄音、照相、錄影或電磁紀錄竊錄他人非公開之活動、言論、談話或身體隱私部位者。」

### 5.宗教信仰之自由

憲法第 13 條規定：「人民有信仰宗教之自由。」大法官在釋字第 490 號解釋說明憲法第 13 條所規定之「人民有信仰宗教之自由」係指人民有信仰與不信仰任何宗教之自由，以及參與或不參與宗教活動之自由；國家不得對特定之宗教加以獎勵或禁制，或對人民特定信仰給予優待或不利益。根據內政部統計，到 2017 年 1 月為止，臺灣地區主要的宗教類別計有二十二個。內政部有關二十二個主要宗教的說明如下：一、世界性宗教：佛教、道教、猶太教、天主教、基督教、伊斯蘭教、東正教。二、可考證之創教年代達五十年以上，源自中國大陸或臺灣之宗教：三一教（夏教）、理教、一貫道、先天救

教（世界紅卍字會）、天德聖教、軒轅教、天道。三、可考證之創教年代達五十年以上，源自世界各地之宗教：耶穌基督後期聖徒教會（摩門教）、天理教、巴哈伊教（大同教）、統一教、山達基、真光教團。四、在臺組織發展達一定規模之宗教：天帝教、彌勒大道[3]。當前臺灣之宗教團體有登記為財團法人、寺廟或社會團體。

### 6.集會結社之自由

憲法第 14 條規定：「人民有集會及結社之自由。」集會遊行法第 2 條規定：「本法所稱集會，係指於公共場所或公眾得出入之場所舉行會議、演說或其他聚眾活動。本法所稱遊行，係指於市街、道路、巷弄或其他公共場所或公眾得出入之場所之集體行進。」

關於集會結社之自由大法官釋字第 718 號解釋中說明：「集會遊行法第八條第一項規定，室外集會、遊行應向主管機關申請許可，未排除緊急性及偶發性集會、遊行部分，及同法第九條第一項但書與第十二條第二項關於緊急性集會、遊行之申請許可規定，違反憲法第二十三條比例原則，不符憲法第十四條保障集會自由之意旨，均應自中華民國一〇四年一月一日起失其效力。本院釋字第四四五號解釋應予補充。」目前集會遊行法第 9 條修正後之規定：「室外集會、遊行，應由負責人填具申請書，載明左列事項，於六日前向主管機關申請許可。但因不可預見之重大緊急事故，且非即刻舉行，無法達到目的者，不受六日前申請之限制：……」

### （三）社會基本權（又稱受益權）

社會基本權是為了讓人民可以真正擁有自由、平等權利的基礎。主要要求國家針對人民的經濟、工作權、社會安全（保險）權、文化教育權等給予保障。憲法增修條文第 10 條第 1 項到第 8 項的規定說明社會基本權的內涵，其規定：「國家應獎勵科學技術發展及投資，促進產業升級，推動農漁業現代

---

3　參考內政部臺灣地區宗教類別統計說明，網頁：https://www.moi.gov.tw/cp.aspx?n=10660。

化，重視水資源之開發利用，加強國際經濟合作。經濟及科學技術發展，應與環境及生態保護兼籌並顧。國家對於人民興辦之中小型經濟事業，應扶助並保護其生存與發展。國家對於公營金融機構之管理，應本企業化經營之原則；其管理、人事、預算、決算及審計，得以法律為特別之規定。國家應推行全民健康保險，並促進現代和傳統醫藥之研究發展。國家應維護婦女之人格尊嚴，保障婦女之人身安全，消除性別歧視，促進兩性地位之實質平等。國家對於身心障礙者之保險與就醫、無障礙環境之建構、教育訓練與就業輔導及生活維護與救助，應予保障，並扶助其自立與發展。國家應重視社會救助、福利服務、國民就業、社會保險及醫療保健等社會福利工作，對於社會救助和國民就業等救濟性支出應優先編列。」

　　除了憲法增修條文外，在憲法本文關於基本國策規定中也談到各種社會基本權，例如第 155 條規定：「國家為謀社會福利，應實施社會保險制度。人民之老弱殘廢，無力生活，及受非常災害者，國家應予以適當之扶助與救濟。」第 156 條規定：「國家為奠定民族生存發展之基礎，應保護母性，並實施婦女兒童福利政策。」第 157 條規定：「國家為增進民族健康，應普遍推行衛生保健事業及公醫制度。」憲法第 152 條至第 154 條規定對於人民的工作權要加以保障，強調要制定保護勞工及農民的法律，實施保護勞工及農民之政策。

### （四）參政權

　　憲法第 17 條規定：「人民有選舉、罷免、創制及複決之權。」公民投票法第 1 條規定：「依據憲法主權在民之原則，為確保國民直接民權之行使，特制定本法。本法未規定者，適用其他法律之規定。公民投票涉及原住民族權利者，不得違反原住民族基本法之規定。」公民投票法第 2 條規定：「本法所稱公民投票，包括全國性及地方性公民投票。」憲法第 18 條則規定人民有應考試、服公職之權；第 85 條規定公務人員之選拔，應實行公開競爭之考試制度，並應按省區分別規定名額，分區舉行考試，非經考試及格者，不得任用。

第 86 條則規定專門職業及技術人員執業資格須經考試院依法考選銓定。

## 四、國家機關之組織

　　1947 年制定的憲法對於國家機關組織的設計，主要受到孫中山先生權能區分及五權分立理論之影響。此外，該部憲法本文主要針對中國大陸廣大的領土與眾多的民眾而設計，因此設有國民大會代表，代表人民行使政權。目前在臺灣的憲法增修條文，將國民大會凍結。既有國民大會的職權主要移轉到立法院。經過七次修憲目前中央政府的組織主要核心為立法、司法、行政及總統。考試院與監察院的功能逐漸縮小，未來修憲時應該對此種變化有所回應。

### （一）總　統

#### 1.總統的選舉

　　憲法本文對於總統、副總統如何產生及職權均有所規定。目前憲法增修條文第 2 條第 1 項規定：「總統、副總統由中華民國自由地區全體人民直接選舉之，自中華民國八十五年第九任總統、副總統選舉實施。」

#### 2.憲法增修條文有關總統權力之規定

⑴任命行政院院長及解散立法院之權限

　　憲法增修條文第 2 條第 2 項規定：「總統發布行政院院長與依憲法經立法院同意任命人員之任免命令及解散立法院之命令，無須行政院院長之副署，不適用憲法第三十七條之規定。」

⑵發布緊急命令權

　　憲法增修條文第 2 條第 3 項規定：「總統為避免國家或人民遭遇緊急危難或應付財政經濟上重大變故，得經行政院會議之決議發布緊急命令，為必要之處置，不受憲法第四十三條之限制。但須於發布命令後十日內提交立法院追認，如立法院不同意時，該緊急命令立即失效。」

⑶決定國家安全有關大政方針

憲法增修條文第 2 條第 4 項規定：「總統為決定國家安全有關大政方針，得設國家安全會議及所屬國家安全局，其組織以法律定之。」

⑷在立法院通過對行政院院長之不信任案時得解散立法院

憲法增修條文第 2 條第 5 項規定：「總統於立法院通過對行政院院長之不信任案後十日內，經諮詢立法院院長後，得宣告解散立法院。但總統於戒嚴或緊急命令生效期間，不得解散立法院。立法院解散後，應於六十日內舉行立法委員選舉，並於選舉結果確認後十日內自行集會，其任期重新起算。」

憲法增修條文第 2 條第 6 項到第 10 項規定，總統、副總統之任期為四年，連選得連任一次。副總統缺位時，總統應於三個月內提名候選人，由立法院補選，繼任至原任期屆滿為止。總統、副總統均缺位時，由行政院院長代行其職權，並依本條第 1 項規定補選總統、副總統，繼任至原任期屆滿為止並規定總統、副總統之罷免案及彈劾案。目前根據憲法增修條文第 5 條第 1 項、第 6 條第 2 項及第 7 條第 2 項規定，總統對於司法院院長、副院長、大法官、考試院院長、副院長、考試委員乃至監察院院長、副院長、監察委員均有提名權。而上述這些提名都要經過立法院同意後，才能任命。只要立法院的多數立委所屬的政黨與總統同一時，根據目前憲法的規定，總統擁有相當大的職權。

## （二）行政院

憲法本文第 53 條規定：「行政院為國家最高行政機關。」而根據憲法增修條文第 3 條第 1 項規定：「行政院院長由總統任命之。行政院院長辭職或出缺時，在總統未任命行政院院長前，由行政院副院長暫行代理。」憲法增修條文第 3 條第 2 項規定行政院與立法院的關係，其規定：「行政院依左列規定，對立法院負責，憲法第五十七條之規定，停止適用：一、行政院有向立法院提出施政方針及施政報告之責。立法委員在開會時，有向行政院院長及行政院各部會首長質詢之權。二、行政院對於立法院決議之法律案、預算案、條約案，如認為有窒礙難行時，得經總統之核可，於該決議案送達行政院十

日內，移請立法院覆議。立法院對於行政院移請覆議案，應於送達十五日內作成決議。如為休會期間，立法院應於七日內自行集會，並於開議十五日內作成決議。覆議案逾期未議決者，原決議失效。覆議時，如經全體立法委員二分之一以上決議維持原案，行政院院長應即接受該決議。三、立法院得經全體立法委員三分之一以上連署，對行政院院長提出不信任案。不信任案提出七十二小時後，應於四十八小時內以記名投票表決之。如經全體立法委員二分之一以上贊成，行政院院長應於十日內提出辭職，並得同時呈請總統解散立法院；不信任案如未獲通過，一年內不得對同一行政院院長再提不信任案。」另外憲法增修條文第 3 條第 3 項及第 4 項並規定：「國家機關之職權、設立程序及總員額，得以法律為準則性之規定。」「各機關之組織、編制及員額，應依前項法律，基於政策或業務需要決定之。」

依 2023 年 4 月 26 日公布之行政院組織法規定（施行日期，由行政院定之），行政院下設十四個部會：分別是內政部、外交部、國防部、財政部、教育部、法務部、經濟部、交通部、勞動部、農業部、衛生福利部、環境部、文化部及數位發展部（第 3 條）及九個委員會，分別是國家發展委員會、國家科學及技術委員會、大陸委員會、金融監督管理委員會、海洋委員會、僑務委員會、國軍退除役官兵輔導委員會、原住民族委員會及客家委員會（第 4 條）。由於憲法增修條文第 3 條第 1 項規定，行政院院長由總統任命之，總統有權力決定行政院長的去留，在當前臺灣的憲政體制下，行政院長在施政時容易受制於總統，其身分類似總統的秘書長或幕僚長角色。

## （三）立法院

立法院依據憲法本文第 62 條規定為國家最高立法機關，由人民選舉出之立法委員組織之，代表人民行使立法權。憲法增修條文第 4 條第 1 項及第 2 項規定：「立法院立法委員自第七屆起一百一十三人，任期四年，連選得連任，於每屆任滿前三個月內，依左列規定選出之，不受憲法第六十四條及第六十五條之限制：一、自由地區直轄市、縣市七十三人。每縣市至少一人。

二、自由地區平地原住民及山地原住民各三人。三、全國不分區及僑居國外國民共三十四人。前項第一款依各直轄市、縣市人口比例分配，並按應選名額劃分同額選舉區選出之。第三款依政黨名單投票選舉之，由獲得百分之五以上政黨選舉票之政黨依得票比率選出之，各政黨當選名單中，婦女不得低於二分之一。」根據憲法本文的規定，立法院職權甚多。憲法第63條規定：「立法院有議決法律案、預算案、戒嚴案、大赦案、宣戰案、媾和案、條約案及國家其他重要事項之權。」目前憲法增修條文還規定，立法院得對於行政院院長提出不信任案（第3條第2項第3款），罷免或彈劾總統、副總統（第2條第9項及第10項）並擁有對於司法、考試、及監察三院的人事同意權（第5條第1項、第6條第2項及第7條第2項）及憲法修正案、領土變更案獨有的提案權（第1條）等等，可見目前選出之一一三位立法委員的權限非常大，也因此對於立法委員職權行使的監督非常重要。有關立法院的監督請參考社團法人公民監督國會聯盟之網頁[4]。

## （四）司法院

憲法第77條規定：「司法院為國家最高司法機關，掌理民事、刑事、行政訴訟之審判及公務員之懲戒。」第78條規定：「司法院解釋憲法，並有統一解釋法律及命令之權。」在司法院的網站可以看到目前臺灣的訴訟制度非常多元，除了傳統的民事、刑事及行政訴訟外，還設有憲法法庭、家事法院、少年法院、勞動法庭、智慧財產及商業法院及懲戒法院等[5]。從2022年1月開始，司法院憲法解釋的進行方式有所變革，目前司法院的釋憲案主要根據憲法訴訟法規定，以憲法法庭的裁判為之。最後一號大法官解釋是釋字第813號解釋[6]。憲法訴訟法第1條規定：「司法院大法官組成憲法法庭，依本

---

4　關於公民監督國會聯盟相關資訊請參考，網頁：https://ccw.org.tw/。

5　有關司法院各種法院的資訊請參考，網頁：https://www.judicial.gov.tw/tw/np-55-1.html。

6　釋字第813號解釋在2021年12月24日做出，是大法官對於文化資產保護法的相關解釋。解釋文如下：「文化資產保存法第9條第1項及第18條第1項關於歷史建築登錄部分規定，於歷史建築所

法之規定審理下列案件：一、法規範憲法審查及裁判憲法審查案件。二、機關爭議案件。三、總統、副總統彈劾案件。四、政黨違憲解散案件。五、地方自治保障案件。六、統一解釋法律及命令案件。」另外「其他法律規定得聲請司法院解釋者，其聲請程序應依其性質，分別適用解釋憲法或統一解釋法律及命令之規定。」

而為了避免刑事案件因為檢察官不斷的上訴，讓案件長期無法定讞。刑事妥速審判法第 5 條規定：「法院就被告在押之案件，應優先且密集集中審理。審判中之延長羈押，如所犯最重本刑為死刑、無期徒刑或逾有期徒刑十年者，第一審、第二審以六次為限，第三審以一次為限。審判中之羈押期間，累計不得逾五年。前項羈押期間已滿，仍未判決確定者，視為撤銷羈押，法院應將被告釋放。」

### （五）考試院

依憲法增修條文第 6 條第 1 項規定：「考試院為國家最高考試機關，掌理左列事項，不適用憲法第八十三條之規定：一、考試。二、公務人員之銓敘、保障、撫卹、退休。三、公務人員任免、考績、級俸、陞遷、褒獎之法制事項。」同條第 2 項規定：「考試院設院長、副院長各一人，考試委員若干人，由總統提名，經立法院同意任命之，不適用憲法第八十四條之規定。」考試院組織法第 3 條規定，考試院考試委員之名額，定為七人至九人。

### （六）監察院

監察院國家最高監察機關，行使同意權、彈劾權、糾舉權及審計權（憲法第 90 條）。透過憲法增修條文第 7 條規定，目前監察院的權限限縮為：彈

---

定著之土地為第三人所有之情形，未以取得土地所有人同意為要件，尚難即認與憲法第 15 條保障人民財產權之意旨有違。惟上開情形之土地所有人，如因定著於其土地上之建造物及附屬設施，被登錄為歷史建築，致其就該土地原得行使之使用、收益、處分等權能受到限制，究其性質，屬國家依法行使公權力，致人民財產權遭受逾越其社會責任所應忍受範圍之損失，而形成個人之特別犧牲，國家應予相當補償。……」，網頁：https://cons.judicial.gov.tw/docdata.aspx?fid=100&id=325335。

劾權、糾舉權及審計權；同意權不再屬於監察院之職權範圍。根據憲法增修條文規定，監察院設監察委員二十九人。究竟監察院在職權限縮後，有無必要設有二十九名委員，值得考量。監察院國家人權委員會組織法第 1 條規定：「監察院為落實憲法對人民權利之維護，奠定促進及保障人權之基礎條件，確保社會公平正義之實現，並符合國際人權標準建立普世人權之價值及規範，依據監察院組織法第三條第二項規定，設國家人權委員會（以下簡稱本會）。」

憲法本文原來是為幅員廣大、人口超過十億的中國而設計，原來的設計是將監察院、國民大會及立法院定位為相當於民主國家的國會（參考釋字第 76 號解釋），但在多次憲法增修條文後，監察委員不再依選舉產生，而是由總統提名、經立法院同意後任命；國民大會也不再是選舉總統、副總統及修憲的功能。當前臺灣的民意機關在中央主要為立法院，在地方則是各縣市的議會[7]。

## 五、中央與地方之權限與地方制度

憲法關於中央地方權限之劃分，原本規定在憲法本文第 107 條至第 111 條。除了劃分中央、省、縣之權限外，憲法本文第 112 條至第 120 條規範地方制度，但 1991 年以來憲法增修條文改變了憲法本文規定。目前臺灣的地方政府相關規定主要是根據地方制度法。

地方制度法第 3 條規定：「地方劃分為省、直轄市。省劃分為縣、市〔以下稱縣（市）〕；縣劃分為鄉、鎮、縣轄市〔以下稱鄉（鎮、市）〕。直轄市及市均劃分為區。鄉以內之編組為村；鎮、縣轄市及區以內之編組為里。村、里〔以下稱村（里）〕以內之編組為鄰。」根據地方制度法第 2 條規定，省已

---

[7] 臺灣在 2022 年 11 月 26 日舉行 22 個縣市政府首長與議員的選舉，選出 22 個市長及 910 個議員。參考社團法人公民監督國會等編，第一次監督地方議會，開學文化，2022 年 11 月，頁 168。

經不是地方自治團體，省政府為行政院派出機關。地方制度法在第 4 章之 1 則針對直轄市山地原住民區加以規定。

# 肆、未來修憲的方向

## 一、加強憲法第 2 章有關人民權利義務之內涵，增加規定人性尊嚴不可侵犯的宣示

我國憲法在第 2 章有關人民權利義務部分保障人民的平等權、自由權及各種受益權、參政權等。由於人民權利的保障面向非常多，未來修憲時可以考慮參考德國基本法第 1 條規定，將人性尊嚴不可侵犯之觀念放入憲法。在司法院大法官的解釋文及憲法法庭的裁判中，經常使用人性尊嚴不可侵犯的用語。而考量臺灣社會的歷史與文化脈絡，可以發現社會一般人對於弱勢者的人權較為忽視。所謂弱勢者，例如學生、未成年人、身心障礙者、高齡者及經濟弱勢者、偏鄉地區人民、原住民以及新移民等。憲法如果有人性尊嚴不可侵犯的規定，將會是臺灣社會重要價值的宣示。

另外，未來修憲時，也有必要將居住正義以及氣候與環境權保障等理念也納入憲法中。21 世紀有關人民權利保障的想法，已經從 20 世紀追求機械式的平等權與自由權之目標，改變為在多元化社會、全球化及氣候變遷情況下，更細緻、實質的保障人權之目標[8]。

## 二、政府組織應配合臺灣社會現況加以修改

臺灣目前重要的中央機關為總統、行政院、立法院與司法院，考試院與監察院在多次憲法修正之後，已經逐漸失去重要功能。考量到憲法本文在

---

8 關於在亞洲各國人性尊嚴、人權及文化變遷的討論，參考 Jimmy Chia-Shin Hsu（許家馨）edited, Human dignity in Asia-dialogue between law and culture, Cambridge University Press，2022 年，頁 1–20，許家馨的導論部分。

1947 年訂定時，主要是為幅員廣大、人口眾多的中國大陸地區所設計，而臺灣目前僅有兩千三百多萬人，是否還需要保有監察院與考試院，值得考量。另外，司法院是否需要十五位大法官、監察院是否需要二十九位監察委員等也都是值得考量的議題。

## 三、釐清政黨在民主社會的角色與功能

憲法本文中並未對於政黨有所規範，但在憲法增修條文與實際生活中，可以看到政黨在臺灣民主政治，尤其是選舉時，占有非常重要角色。憲法增修條文第 4 條提到政黨比率並規定各政黨當選名單中，婦女不得低於二分之一。立法院在 2017 年雖然訂有政黨法並在第 1 條規定：「為建立政黨公平競爭環境，確保政黨之組織及運作符合民主原則，以健全政黨政治，特制定本法。」但其內容主要規範政黨的設立、組織及活動、財務及政黨之處分、解散及合併等。政黨法僅具有一般法律之效果，因此未來如果修憲，有必要在憲法中釐清政黨在憲政民主制度之角色、功能及監督等[9]。

---

9　參考蔡宗珍，我國憲政體制下政黨的定位、發展及其危機，收於憲法與國家（一），元照，2004 年，頁 177–221。

# 第九章
# 行政法（以行政程序法為主）

## 📖 本章重點

1. 何謂行政法。

2. 行政法與行政法學的發展。

4. 依法行政原則。

5. 行政行為明確性原則。

6. 行政行為與不得為差別待遇原則。

7. 行政行為之符合比例原則。

8. 行政行為要注意信賴保護原則。

9. 行政行為之一體注意原則。

10. 行政行為之裁量範圍。

## 壹、前　言

　　在當代憲政國家中，行政法屬於公法的範圍。而在考選部法學緒論的命題大綱中，公法部分列出「憲法及行政法，包括法治國基本原則、權力分立原則、國家權力運用原則、法律保留原則、法律優位原則、比例原則、平等原則、信賴保護原則、行政程序法（第 1～10 條）」，而在法學大意的命題大綱則將公法分兩項：「㈠憲法之基本原則（含民主共和原則、國民主權原則、人權保障、權力分立與制衡原則、釋憲制度），㈡行政法之基本原則（行政程序法第 4～10 條）」。在本書中，則在第 8 章與第 9 章說明憲法與行政法。

臺灣各大學法學院或法律系通常將行政法課程分為行政法總論及行政法各論。行政法總論主要探討國家行政與行政法之關係、行政法的法源、任務、行政行為及行政法的基本原則。有學者認為行政法總論包括：基礎原理原則、行政組織法、行政作用法及行政救濟法[1]。而行政法各論則分別就不同行政法內容加以分析，例如地方制度法、經濟行政法、教育行政法、社會法、社會秩序維護法、警察法、國土計畫法及建築法、勞工行政法、交通法、稅務法及公務員法等[2]。當代行政法主要落實憲法關於國家行政的原則性規定，故有人稱行政法為具體化的憲法。由於行政法的內容繁多，在本章主要分析考選部所公布之法學緒論與法學大意有關行政法的主要內容，也就是行政程序法第 1 到第 10 條規定所呈現之行政法重要原則。本書第 13 章討論之勞動基準法、勞工保險條例、全民健康保險法及第 14 章討論之性別工作平等法與家庭暴力防治法都屬於行政法。

## 貳、行政法與行政法學的發展

行政法學者定義行政法為：「指有關行政組織，行政作用及行政救濟法的公法法規。」[3] 也有學者定義行政法為：「凡是規制行政相關事務的規定，統稱之為行政法。」[4]

傳統中國的行政非常發達，在明朝的《大明會典》或清朝的《大清會典》都對於不同政府組織，例如吏部、戶部、禮部、兵部、刑部及工部等的任務與職權行使有詳細規範[5]，但缺乏類似現代來自歐洲行政法學的論述。

西方社會，在 18、19 世紀被稱為夜警國家。德國的學者認為德國要到

---

1　參考林明鏘，行政法講義，新學林，2018 年，修訂四版，頁 12。
2　參考林明鏘，行政法講義，新學林，2018 年，修訂四版，頁 12。
3　參考黃異，行政法總論，三民書局，2013 年，修訂七版，頁 11。
4　參考黃異，行政法總論，三民書局，2013 年，修訂七版，頁 11。
5　參考陳惠馨，向法規範回歸的清代法制研究，元照，2017 年 5 月，頁 43 以下。書中對於清朝的《吏部則例》,《戶部則例》中的鹽法與關稅，稅則法規範有所分析。

19 世紀末，才因為政治上自由與法治的主張，發展出當代行政法及行政法學，取代了專制體制下的警察法與警察學[6]。當代憲政國家通常將國家的權力區分為立法、司法與行政三權分立。行政法主要是在憲法的基本原則與價值下，為了平衡行政權，而以憲法或立法院通過的法律對國家各種行政機關的組織及行政作用加以規範的法律。而各個國家往往因為憲政內容以及人民與國家間的關係應如何的思維各有不同，而有不同的行政法內容。臺灣的行政法及行政法學主要受到德國的影響，透過多年學習與繼受德國行政法律及行政法學之後，臺灣自上世紀 90 年代開始，立法院開始有落實憲法精神之各種行政法的立法[7]。

　　目前臺灣多數行政行為都有成文法律加以規範，具有代表性的立法是 2001 年 1 月 1 日開始施行的行政程序法。行政程序法第 1 條宣示：「為使行政行為遵循公正、公開與民主之程序，確保依法行政之原則，以保障人民權益，提高行政效能，增進人民對行政之信賴，特制定本法。」過去二十多年來，立法院通過各種行政相關法律，落實憲法宣示的民主、法治精神並具體保障人民憲法上的權益。但臺灣的各種行政相關法律還在面臨變動與挑戰，例如 2022 年 6 月 22 日新修正的行政訴訟法及行政法院組織法、法院組織法等。上述這些法律修改的條文在 2023 年 8 月 15 日開始生效。行政訴訟法第 3 條之 1 規定：「本法所稱高等行政法院，指高等行政法院高等行政訴訟庭；所稱地方行政法院，指高等行政法院地方行政訴訟庭。」行政訴訟法上述的修改主要將原來屬於地方法院之地方行政訴訟，改由高等行政法院地方行政訴訟庭管轄。同時法院組織法第 14 條也改為：「地方法院分設民事庭、刑事庭，其庭數視事務之繁簡定之；必要時得設專業法庭。」[8] 這個修改，將地

---

6　參考德國學者 Peter Badura, Das Verwaltungsrecht des liberalen Rechtsstaates-Methodische Überlegungen zur Entstehung des wissenschaftlichen Verwaltungsrechts，1967 年，Einleitung（導論），頁 11。取自網頁：https://core.ac.uk/download/pdf/12169648.pdf。

7　參考黃異，行政法總論，三民書局，2013 年，修訂七版，頁 13。

8　原來的法院組織法第 14 條規定：「地方法院分設民事庭、刑事庭、行政訴訟庭，其庭數視事務之繁

方行政訴訟庭的管轄由地方法院移轉到高等行政法院。而配合上述法律的修改，行政法院組織法第 2 條修訂為：「行政法院分下列二級：一、高等行政法院。二、最高行政法院。本法所稱高等行政法院，除別有規定外，指高等行政法院高等行政訴訟庭與地方行政訴訟庭。」[9]

從行政程序法第 2 條：「本法所稱行政程序，係指行政機關作成行政處分、締結行政契約、訂定法規命令與行政規則、確定行政計畫、實施行政指導及處理陳情等行為之程序。本法所稱行政機關，係指代表國家、地方自治團體或其他行政主體表示意思，從事公共事務，具有單獨法定地位之組織。受託行使公權力之個人或團體，於委託範圍內，視為行政機關。」可以知道國家行政可能牽涉的各種樣態及行政機關的類型等。

在各種行政行為中，對於人民生活及權益影響最大的應該是行政處分及行政命令等。行政程序法第 92 條第 1 項規定：「本法所稱行政處分，係指行政機關就公法上具體事件所為之決定或其他公權力措施而對外直接發生法律效果之單方行政行為。」例如建築執照的核發、拆除違建的命令、戶籍登記、土地登記、停止營業等。人民如果對於行政機關所為的行政處分認為有違法或不當，損害自身的權利或利益時，可以在行政處分書送達次日起三十日內提起訴願，來保障自身的權益[10]。對於訴願結果不服時，可以根據行政訴訟法第 4 條規定，提起行政訴訟[11]。

---

簡定之；必要時得設專業法庭。」未來臺灣的地方法院不再設置行政訴訟庭，地方法院原有的行政訴訟庭改由高等法院設置。

[9] 行政法院組織法第 2 條原來的規定為：「行政法院分下列二級：一、高等行政法院。二、最高行政法院。」

[10] 參考臺北市政府法制局對於行政處分的說明，網頁：https://www.legalaffairs.gov.taipei/News_Content.aspx?n=00664BCBBAFD730C&s=9C0D94964968C5C3。

[11] 行政訴訟法第 4 條規定：「人民因中央或地方機關之違法行政處分，認為損害其權利或法律上之利益，經依訴願法提起訴願而不服其決定，或提起訴願逾三個月不為決定，或延長訴願決定期間逾二個月不為決定者，得向行政法院提起撤銷訴訟。逾越權限或濫用權力之行政處分，以違法論。訴願人以外之利害關係人，認為第一項訴願決定，損害其權利或法律上之利益者，得向行政法院提起撤銷訴訟。」

行政法還包括行政組織法、行政程序法、行政執行法、行政罰法、行政訴訟法及國家賠償法等對於各種不同的行政權行使的規範。限於篇幅本章僅分析行政程序法第 4 條到第 10 條規定，其中行政程序法第 4 條規定：「行政行為應受法律及一般法律原則之拘束。」如果國家機關的行政行為違反行政程序法第 4 條的規定，人民可以採取救濟手段，進行訴願及行政訴訟。

## 參、依法行政原則：行政行為應受法律的拘束

行政程序法第 4 條所規定法律行為應受法律的拘束，在行政法學被稱為「依法行政原則」，行政法相關書籍將依法行政原則又區分法律優位原則及法律保留原則加以討論。所謂法律優位原則指國家之內由各政府機關所制定之規範，應有層次分明的位階關係，下級規範不得牴觸上級規範，牴觸者無效。憲法第 171 條規定：「法律與憲法牴觸者無效。法律與憲法有無牴觸發生疑義時，由司法院解釋之。」憲法第 172 條：「命令與憲法或法律牴觸者無效。」另外，中央法規標準法第 11 條也規定：「法律不得牴觸憲法，命令不得牴觸憲法或法律，下級機關訂定之命令不得牴觸上級機關之命令。」這裡的命令指各機關依其法定職權或基於法律授權訂定的命令。其名稱根據中央法規標準法規定，可以稱為「規程、規則、細則、辦法、綱要、標準或準則」（中央法規標準法第 3 條及第 7 條）。有關法規命令或法律有無違反憲法，可以根據憲法訴訟法提起憲法訴訟，由司法院大法官組成憲法法庭審理。

所謂法律保留原則主要要求行政機關在進行行政行為時一定要有法律明文規定或經法律授權訂定法規命令。憲法本文第 23 條規定：「以上各條列舉之自由權利，除為防止妨礙他人自由、避免緊急危難、維持社會秩序，或增進公共利益所必要者外，不得以法律限制之。」另外，中央法規標準法第 5 條規定：「左列事項應以法律定之：一、憲法或法律有明文規定，應以法律定之者。二、關於人民之權利、義務者。三、關於國家各機關之組織者。四、其他重要事項之應以法律定之者。」第 6 條規定：「應以法律規定之事項，不

得以命令定之。」大法官釋字第 806 號解釋可以說是法律保留原則的實例，此一解釋又稱「臺北市街頭藝人活動許可證案」此號解釋認為，臺北市政府於 2005 年 4 月 27 日訂定發布施行之臺北市街頭藝人從事藝文活動許可辦法第 4、5 及第 6 條之規定所形成之審查許可制度，其中對人民職業自由與藝術表現自由限制之部分，未經地方立法機關通過，亦未獲自治條例之授權，與法治國法律保留原則有違。另外，大法官在解釋文中提到上開三個規定就街頭藝人之技藝加以審查部分，也已涉及對人民選擇在臺北市公共空間從事街頭藝人職業主觀條件之限制，不符比例原則之要求，與憲法第 15 條保障職業選擇自由之意旨有違[12]。

　　關於法律保留原則實際案例的適用，也可以從司法院大法官在 111 年憲判字第 19 號判決內容中發現。該判決主文摘要如下：全民健康保險停保及復保制度影響被保險人權利義務，並涉及重大公共利益，其重要事項之具體內容，應有法律或法律明確授權之命令為依據，始符法律保留原則之要求。全民健康保險法僅在施行細則第 37 條第 1 項第 2 款及第 39 條第 1 項第 2 款針對停保與復保加以規定未有法律明確授權，即就全民健康保險停保及復保等權利義務關係重要事項逕為規範，違反法律保留原則，至遲於 111 年憲判字第 19 號判決公告之日起屆滿 2 年時，失其效力[13]。

## 肆、行政行為明確性原則

　　在法治國原則要求下，國家行為要符合明確性原則，讓人民可以預見自己的行為是否為國家所禁止。學者認為明確性原則有兩個層次，一為憲法及法律層次的授權明確性原則；一為行政行為明確性原則。行政程序法第 5 條

---

[12] 釋字第 806 號解釋文全文請參考司法院，網頁：https://cons.judicial.gov.tw/docdata.aspx?fid=100&id=310987。

[13] 111 年憲判字第 19 號「全民健保停保復保案」之判決主文參考司法院，網頁：https://cons.judicial.gov.tw/docdata.aspx?fid=38&id=341172。

規定：「行政行為之內容應明確。」行政程序法第 167 條規定：「行政機關對相對人為行政指導時，應明示行政指導之目的、內容、及負責指導者等事項。前項明示，得以書面、言詞或其他方式為之。如相對人請求交付文書時，除行政上有特別困難外，應以書面為之。」

　　司法院在釋字第 690 號、第 767 號及第 807 號解釋，都針對法律明確性原則有所說明。釋字第 807 號解釋提到：「法律明確性要求，非謂法律文義應具體詳盡而無解釋之空間或必要。立法者制定法律時，自得衡酌法律所規範生活事實之複雜性及適用於個案之妥當性，選擇適當之法律概念與用語。如其意義，自立法目的與法體系整體關聯性觀點非難以理解，且個案事實是否屬於法律所欲規範之對象，為一般受規範者所得預見，並可經由法院審查認定及判斷者，即無違反法律明確性原則（本院釋字第 432 號、第 521 號、第 594 號、第 602 號、第 690 號、第 794 號、第 799 號及第 803 號解釋參照）」、「著作權法第 91 條第 2 項規定：『意圖銷售或出租而擅自以重製之方法侵害他人之著作財產權者，處 6 月以上 5 年以下有期徒刑，得併科新臺幣 20 萬元以上 200 萬元以下罰金。』第 3 項規定：『以重製於光碟之方法犯前項之罪者，處 6 月以上 5 年以下有期徒刑，得併科新臺幣 50 萬元以上 500 萬元以下罰金。』同法第 91 條之 1 第 3 項本文規定：『犯前項之罪，其重製物為光碟者，處 6 月以上 3 年以下有期徒刑，得併科新臺幣 20 萬元以上 200 萬元以下罰金。』所稱『重製』，與法律明確性原則尚無違背……。」[14]

　　在最高行政法院的裁判中，可以發現許多案件是有關行政行為是否符合明確性原則，其中有多件牽涉教師升等法規或者都市計畫法[15]。

---

[14] 釋字第 804 號解釋全文請參考司法院，網頁：https://cons.judicial.gov.tw/docdata.aspx?fid=100&id=310985。關於法律明確性原則，亦可參考釋字第 690 號解釋：「傳染病防治法第三十七條第一項規定：『曾與傳染病病人接觸或疑似被傳染者，得由該管主管機關予以留驗；必要時，得令遷入指定之處所檢查，或施行預防接種等必要之處置。』關於必要之處置應包含強制隔離在內之部分，對人身自由之限制，尚不違反法律明確性原則，亦未牴觸憲法第二十三條之比例原則，與憲法第八條依正當法律程序之意旨尚無違背。」

[15] 以「與行政行為明確性原則」可以在司法院法學資料庫系統搜尋到許多相關案例，網頁：

# 伍、行政行為原則上不得為差別待遇

　　行政程序法第 6 條規定：「行政行為，非有正當理由，不得為差別待遇。」不得為差別待遇原則，事實上就是平等原則。最高行政法院在 94 年度判字第 855 號判決中指出：「按平等原則為現代國家憲法上之重要原則。行政程序法第六條規定行政行為，非有正當理由，不得為差別待遇。在一件聲請退還地價稅案件，桃園縣政府做出府法訴字第 0910090228 號撤銷原處分之訴願決定理由更指出……『是原判決未慮及訴願決定機關為訴願決定之行政行為時，負有對於相同案件應為相同處理之作為義務，此即平等原則，是原判決原處分及訴願決定，實有不當，且違反憲法及行政程序法之平等原則……』。故本件上訴為有理由，自應由本院將原判決廢棄，發回原審法院另為適當之處理。」[16]

　　司法院大法官 111 年憲判字第 4 號「原住民與非原住民結婚所生子女之原住民身分案」主文中也提到平等權：「原住民身分法第 4 條第 2 項規定：『原住民與非原住民結婚所生子女，從具原住民身分之父或母之姓或原住民傳統名字者，取得原住民身分。』中華民國 97 年 12 月 3 日修正公布同法第 8 條準用第 4 條第 2 項規定部分，暨 110 年 1 月 27 日修正公布同法第 8 條準用第 4 條第 2 項規定部分，違反憲法保障原住民身分認同權及平等權之意旨，均違憲。相關機關應於本判決宣示之日起 2 年內，依本判決意旨修正之。逾期未完成修法者，上開原住民身分法第 4 條第 2 項及 110 年 1 月 27 日修正公布同法第 8 條準用第 4 條第 2 項規定部分失效，原住民與非原住民結婚所生子女，取得原住民身分，並得辦理原住民身分及民族別登記。」[17]未來只要

---

https://judgment.judicial.gov.tw/FJUD/default.aspx。

[16] 最高行政法院 94 年度判字第 855 號判決全文請參考，網頁：https://judgment.judicial.gov.tw/FJUD/default.aspx。

[17] 111 年憲判字第 4 號「原住民與非原住民結婚所生子女之原住民身分案」之判決主文參考司法院，

是原住民與非原住民結婚所生子女均得取得原住民身分，不需要從父或母之姓或原住民傳統名字。

## 陸、行政行為要符合比例原則

行政程序法第 7 條規定：「行政行為，應依下列原則為之：一、採取之方法應有助於目的之達成。二、有多種同樣能達成目的之方法時，應選擇對人民權益損害最少者。三、採取之方法所造成之損害不得與欲達成目的之利益顯失均衡。」學者稱此一條文為比例原則或適當性原則，並分析條文為三個子原則，分別是：一、適當性原則，又稱合目的性原則，二、必要性原則，也就是選擇對於人民權益損害最少原則，三、均衡性原則，也就是採取之方法所造成之損害不得與欲達成目的之利益顯失均衡。比例原則除了在憲法第 23 條及行政程序法第 7 條有規定外，也在行政程序法第 94 條針對行政機關根據第 93 條作成行政處分且有裁量權時所為的附款規定：「前條之附款不得違背行政處分之目的，並應與該處分之目的具有正當合理之關聯。」[18]

司法院大法官在釋字第 803 號及釋字第 718 號解釋均提到憲法比例原則。在釋字第 803 號「原住民狩獵案」中認定：「原住民族基於傳統文化及祭儀需要獵捕宰殺利用野生動物管理辦法第 4 條第 3 項規定：『申請人應填具申請書……於獵捕活動 20 日前，向獵捕所在地鄉（鎮、市、區）公所申請核轉直轄市、縣（市）主管機關核准。但該獵捕活動係屬非定期性者，應於獵捕活動 5 日前提出申請……』有關非定期性獵捕活動所定之申請期限與程序規定部分，其中就突發性未可事先預期者，欠缺合理彈性，對原住民從事狩獵

---

網頁：https://cons.judicial.gov.tw/docdata.aspx?fid=38&id=309908。

[18] 行政程序法第 93 條規定：「行政機關作成行政處分有裁量權時，得為附款。無裁量權者，以法律有明文規定或為確保行政處分法定要件之履行而以該要件為附款內容者為限，始得為之。前項所稱之附款如下：一、期限。二、條件。三、負擔。四、保留行政處分之廢止權。五、保留負擔之事後附加或變更。」

活動之文化權利所為限制已屬過度，於此範圍內，有違憲法比例原則，應自本解釋公布之日起不再適用。」

大法官在釋字第 718 號解釋在解釋文中也有類似意見，其提到：「集會遊行法第八條第一項規定，室外集會、遊行應向主管機關申請許可，未排除緊急性及偶發性集會、遊行部分，及同法第九條第一項但書與第十二條第二項關於緊急性集會、遊行之申請許可規定，違反憲法第二十三條比例原則，不符憲法第十四條保障集會自由之意旨，均應自中華民國一○四年一月一日起失其效力。本院釋字第四四五號解釋應予補充。」但立法院至今（2023 年 3 月）尚未修改集會遊行法之相關規定。

## 柒、行政行為要注意信賴保護原則

行政程序法第 8 條規定：「行政行為，應以誠實信用之方法為之，並應保護人民正當合理之信賴。」中央法規標準法第 18 條亦有明文規定：「各機關受理人民聲請許可案件適用法規時，除……。但舊法規有利於當事人而新法規未廢除或禁止所聲請之事項者，適用舊法規。」

最高行政法院 111 年度上字第 718 號判決內提到：「……惟所謂信賴保護，必須行政機關之行政處分或其他行政行為，足以引起人民信賴，及人民因信賴該行政行為，而有客觀上具體表現信賴之行為，然嗣後該信賴基礎經撤銷、廢止或變更而不復存在，使當事人遭受不能預見之損失；且當事人之信賴，必須值得保護，不得有行政程序法第 119 條各款所定信賴不值得保護之情形，始足當之。」[19]

司法院大法官在 2014 年做出釋字第 717 號解釋針對「降低公保養老給付優惠存款金額案」作出說明，摘要如下：銓敘部 95 年發布之退休公務人員公

---

[19] 最高行政法院在多個判決中均有類似的用語，例如最高行政法院 107 年度判字第 183 號判決及 111 年度上字第 718 號判決，判決全文請參考司法院，網頁：https://judgment.judicial.gov.tw/FJUD/default.aspx。

保養老給付金額優惠存款要點及教育部 95 年發布之學校退休教職員公保養老給付金額優惠存款要點廢止生效前，退休或在職之公務人員及學校教職員對於原定之優惠存款利息，固有值得保護之信賴利益，惟上開規定之變動確有公益之考量，且衡酌其所欲達成之公益及退休或在職公教人員應受保護之信賴利益，上開規定所採措施尚未逾越必要合理之程度，未違反信賴保護原則及比例原則[20]。

# 捌、行政行為要就有利及不利之情形一體注意

行政程序法第 9 條規定：「行政機關就該管行政程序，應於當事人有利及不利之情形，一律注意。」第 36 條規定：「行政機關應依職權調查證據，不受當事人主張之拘束，對當事人有利及不利事項一律注意。」

# 玖、行政行為之裁量範圍

行政程序法第 10 條規定：「行政機關行使裁量權，不得逾越法定之裁量範圍，並應符合法規授權之目的。」學者提到，所謂行政裁量乃是行政機關在法律授權下就特定構成要件之法律效果有決定權，但裁量權的行使如果有瑕疵，則有待司法介入審查[21]。最高行政法院 110 年度上字第 93 號判決中提到：「行政機關為行使法律所授與裁量權，在遵循法律授權目的及範圍內，必須實踐具體個案正義，惟顧及法律適用之一致性及符合平等原則，乃訂定行政裁量準則作為下級機關行使裁量權之基準，既能實踐具體個案正義，又能實踐行政之平等原則及信賴保護原則（行政程序法第 6 條、第 8 條），自非法所不許。因此，行政機關若依循其行政規則為裁量，經由長期之慣行，基於相同事物應為相同處理之平等原則，對行政機關產生拘束作用，行政行為如

---

20　司法院釋字第 717 號解釋請參考司法院，網頁：https://cons.judicial.gov.tw/docdata.aspx?fid=100&id=310898。

21　參考林明鏘，行政法講義，新學林，2018 年，修訂四版，頁 116。

違反該行政規則，亦屬違法。」

　　另外在最高行政法院 109 年度判字第 349 號判決也提到：「……再者，法律條文結構，通常可以分為構成要件及法律效果二部分，構成要件該當時，即生一定之法律效果。在行政法規中，立法者常授權行政機關於法定要件該當時，得依個別具體情況，決定法律效果之是否發生或如何發生，一般稱之為行政裁量。行政裁量權之行使，雖享有一定程度之裁度推量空間，但非毫無界限，依法治國原則，仍須受到法的制約，不可以逾越法定的裁量範圍，也不可以違背法規授權之目的，即所稱合義務性裁量。行政機關作成裁量之基礎事實及裁量理由，為判斷行政機關之決定是否違法所必要，事實審法院就此等事實，應於審理中調查、認定，並於判決理由說明，否則即有未依法調查證據及理由不備之違背法令。」

　　上述兩個判決均對於行政程序法第 10 條規定在實務上的運用情形有具體的說明。

# 第十章
# 民 法

---

## 📖 本章重點

1. 考選部命題大綱所列民法的範圍。

2. 臺灣民法之變動。

3. 透過案例瞭解民法的運用：玻璃娃娃案。

4. 民法總則之原則與重要規定。

5. 民法的權利主體：自然人與法人。

6. 有關權利能力與行為能力之規定及其意義。

7. 民法關於物的定義與分類。

8. 法律行為的一般通則及意思表示的效力。

9. 民法債編之原則與重要規定。

10. 民法有關買賣及租賃的重要規定。

11. 民法有關侵權行為及特別侵權行為之重要規定。

12. 民法物權編的重要規定。

13. 不動產所有權與動產所有權的取得方式及意義。

14. 民法親屬編的重要規定。

15. 民法有關婚姻的規定。

16. 民法有關繼承的重要規定：法定繼承權、應繼分。

17. 民法有關遺囑的規定與效力：遺贈及特留分。

---

# 壹、前　言

在考選部所公布的法學緒論或法學大意命題大綱中，提到民法時，均說明包括總則、債、物權、親屬與繼承等五編之原則及重要規定。民法在當代法律體系被列為最重要的私法。所謂私法的觀念是相對於公法而言。在學理上公法包括憲法、刑法、行政法及各種訴訟程序法規。而私法則包括普通民法及特別民法。一般民法規定外，特別民法往往針對一般民法之規定，訂定特別的規定，例如：消費者保護法、公司法、海商法、票據法、保險法、智慧財產權法等。過去大學法律系的課程除了憲法、民法、刑法、行政法之外，往往還設有商事法課程。所謂商事法包括公司法、海商法、票據法及保險法等。而目前各大學法律學系的課程中多數以財經法用語取代商事法，主要授課科目為公司法與智慧財產權法等。目前公司法與智慧財產權法都是考選部公告之法學緒論命題大綱中的重要考試科目。公司法主要規範由人組成的不同類型的營利性社團（公司）運作之相關規定。而智慧財產權法主要是有關著作權保護之規定，其內容包含有私法、行政法與刑法的相關規範。

## 貳、臺灣民法的變動

民法的功能在規範一個社會中共同生活的人群之間私人跟私人的權利及義務關係。換句話說，民法主要是針對私人跟私人間，因為生活的接觸所可能產生的衝突，系統性的加以規定。認識一般民法或各種特別民法之規定，則比較可以預測自己在遇到某種牽涉民法的糾紛時，對方可能依據哪些法律規定，做出哪些主張。認識民法的相關規定也可以知道自己在日常生活中與他人接觸相處時，應該注意什麼？可能發生什麼風險？在什麼情況下要負擔特定的責任等等。臺灣的民法是在 1929 年到 1931 年之間在中國大陸公布並施行的。自 1945 年以來，這部普通民法開始在臺灣、金門、馬祖及澎湖等地適用，並自 1949 年以來，僅在臺灣、金門、馬祖、澎湖等地繼續施行[1]。

---

1　中國共產黨於 1949 年 2 月 22 日在「中共中央關於廢除國民黨的六法全書與確定解放區的司法原則

中國大陸在 1930 年代訂定民法時，主要學習德國 1900 年開始施行的民法 (Bürgerliches Gesetzbuch) 的結構及內容，並在某些條文受到瑞士 1907 年民法 (Schweizerisches Zivilgesetzbuch) 及日本 1898 年民法的影響[2]。德國在 1896 年訂定民法時，主要想統一德國當時各個地區統治者所訂定的民法或地方習慣法。當時德國各個地方習慣法各有差異，比較具有同一性的是受到羅馬法理念與精神影響的普通法。1900 年之德國民法分為五編，分別是民法總則編、債編、物權編、親屬編及繼承編等。臺灣現行民法的結構就是德國民法五編的結構。臺灣從解嚴至今，民法各編都歷經多次修法。民法在體系結構上雖然沒有改變，但透過多次的修法，在某些領域，例如民法親屬編或繼承編等已經發展出臺灣自己的民法風貌。

德國民法早在 1945 年二次大戰之前影響臺灣。在日本統治臺灣期間 (1895～1945)，日本民法的規定逐漸在臺灣被落實。1922 年（大正 11 年）日本民法總則編、債編及物權編開始在臺灣適用。當時日本的民法是 1898 年訂定的。這部民法受到法國民法及德國民法的影響。1922 年以敕令第 406 號公布在臺灣施行之民事相關法律。指定日本民法、商法、民事訴訟法、人事訴訟手續法、非訟事件手續法、不動產登記法等日本法律，自 1923 年 1 月 1 日起施行於臺灣。而同年以敕令第 407 號公布在臺灣施行法律特例之相關規定，針對已經在臺灣施行的日本內地法律，制定若干適用於臺灣的「特別法」。例如，規定僅涉及臺灣人的親屬繼承事項，不適用日本民法親屬繼承兩編之規定，而要「依臺灣舊慣」[3]。而所謂臺灣舊慣是指，日本人統治臺灣之前，

---

的指示」提到：「在無產階級領導的工農聯盟為主體的人民民主專政政權下，國民黨的六法全書應該廢除。人民的司法工作，不能再以國民黨的六法全書為依據，而應該以人民的新的法律作依據。」關於這個指示的全文可在維基網頁查到。

[2] 關於德國民法全文請見，網頁：https://www.gesetze-im-internet.de/bgb/，瑞士民法全文請見，網頁：https://www.fedlex.admin.ch/eli/cc/24/233_245_233/de。

[3] 參考陳宛妤，日治時期土地法律關係之法源——最高法院一〇五年度台上字第一九八〇號判決評析，收於月旦裁判時報，第 63 期，2017 年 9 月，網頁：https://www.angle.com.tw/news/post.aspx?ip=1665。

清朝法律對於有關契約（今日債編部分），土地（今日物權編部分）及親屬、繼承關係之規定。其主要規範在清朝《吏部》、《戶部》、《禮部》、《兵部》、《刑部》及《工部》等則例及《大清律例》之中[4]。

　　臺灣解嚴後，為了因應社會變遷，民法五編各歷經修法，其中修正最多的是民法親屬編。民法總則編在臺灣第一次修正是 1982 年，當時主要修正民法第 8 條有關失蹤人死亡宣告之規定，將一般人、老年人及遭遇特別災難人的失蹤期間，分別從十年、五年、三年改為七年、三年及一年[5]。民法債編則在 1999 年有重大修改，主要針對民法債編在實務的運用不足之處有所變動。例如增加民法第 227 條之 1 有關債務人因債務不履行，致債權人之人格權受侵害者，準用侵權行為之規定（民法第 192 條至第 195 條及第 197 條之規定）負損害賠償責任。民法第 227 條之 2 規範所謂情事變更原則，讓契約當事人可以主張因為時代變遷所產生的不公平狀況，聲請法院增、減其給付或變更原有之效果。民法物權編在 2007 年及 2009 年也有較多的修正，其中 2007 年的修正主要牽涉抵押權的相關規定，在條文中說明抵押權所擔保者是債權。2009 年民法物權編有更大幅的修改，第 757 條修改為：「物權除依法律或習慣外，不得創設。」改變了物權法定原則。修法時並未說明哪些習慣可以創設物權，除此之外並增訂「農育權」、修改地上權及權利質權等規定。

　　民法親屬編的變動最多，除了 1985 年有關夫妻財產制的修改外，經由大法官於 1994 年作出的釋字第 365 號解釋，啟動至今一連串的修法[6]。這一連

---

4　關於清朝統治臺灣時期，各種跟民法有關的法規範以及其運作情形可以從目前保存在臺灣大學圖書館的淡新檔案內容瞭解。「淡新檔案」是清乾隆 41 年（1776 年）至光緒 21 年（1895 年）淡水廳、臺北府及新竹縣的行政與司法檔案。全文可在下面網頁取得：https://dl.lib.ntu.edu.tw/s/Tan-Hsin/page/home。

5　民法第 8 條現在規定：「失蹤人失蹤滿七年後，法院得因利害關係人或檢察官之聲請，為死亡之宣告。失蹤人為八十歲以上者，得於失蹤滿三年後，為死亡之宣告。失蹤人為遭遇特別災難者，得於特別災難終了滿一年後，為死亡之宣告。」

6　關於民法親屬編的修法詳細歷程參考陳惠馨，民法親屬編──理論與實務，元照，2019 年，修訂 2 版，頁 15–22。

串修法讓臺灣婚姻中有關夫妻關係的規定朝向平等的原則發展。而在父母子女關係的相關規定中也以「兒童最佳利益」的觀念強化對於未成年子女權利的保障。釋字第 365 號解釋於解釋文中提及：「民法第一千零八十九條，關於父母對於未成年子女權利之行使意思不一致時，由父行使之規定部分，與憲法第七條人民無分男女在法律上一律平等，及憲法增修條文第九條第五項消除性別歧視之意旨不符，應予檢討修正，並應自本解釋公布之日起，至遲於屆滿二年時，失其效力。」可以說是啟動臺灣民法親屬編在過去二十多年來修法的動力。

1996 年民法親屬編的重要修正主要牽涉父母在婚姻中或離婚後對於未成年子女的共同保護教養權利與義務的規定。民法第 1055 條第 1 項規定：「夫妻離婚者，對於未成年子女權利義務之行使或負擔，依協議由一方或雙方共同任之。未為協議或協議不成者，法院得依夫妻之一方、主管機關、社會福利機構或其他利害關係人之請求或依職權酌定之。」[7] 目前這個規定改變過去在臺灣離婚後，原則上由父親取得對於未成年子女的保護教養權規定。在有關結婚方式及夫妻法定財產制部分，民法之規定也有重大改變。目前夫妻法定財產制主要規定在民法第 1017 條及第 1030 條之 1。原則上夫妻之財產各自所有，僅對於離婚或另訂約定財產制時，對彼此間婚後財產有所謂剩餘財產分配請求權。民法繼承編也在 2009 年之後有重大變動，其中最重要的是將過去子女必須繼承父母的債務，修改為限定繼承原則。

臺灣的民法原來參考日本、瑞士及德國的民法典，有系統的規範私人與私人間的關係。民法各編在經過二十多年來的修改後，雖然法律體系沒有大變動，但很多細部規定有了原則性的修正。

---

7 未修正前的民法第 1055 條規定為：「判決離婚者，關於子女之監護，適用第一千零五十一條之規定。但法院得為其子女之利益，酌定監護人。」第 1051 條刪除前之規定為：「兩願離婚後，關於子女之監護，由夫任之。但另有約定者，從其約定。」

# 參、透過案例瞭解民法的運用：玻璃娃娃案

## 一、案例在學習法律的重要意義

　　早期臺灣法律的教學往往著重法律結構與條文的分析。近幾年來，大學法學院的課程開始發展案例教學法。案例教學的好處在於讓學生透過具體的案件瞭解抽象的法律規定跟生活的關係。學生透過具體案例比較可以瞭解抽象的法律文字如何在日常生活中落實。透過案例的討論，學生也可以瞭解，一個生活中的案例可能牽涉多種法律且不當然僅有一種解決糾紛的可能。學習法律時，可以到司法院法學資料庫系統搜尋正在學習的法律及關於該法律有關的各級法院判決。

## 二、由玻璃娃娃案瞭解民法侵權行為與無因管理等相關規定[8]

　　2006 年 7、8 月間，臺灣媒體報導「玻璃娃娃案」，引起社會大眾的廣泛討論。由於案件中死亡的顏姓學生先天罹患「成骨不全」病症，而民間俗稱這種患者為「玻璃娃娃」，此案件即被稱玻璃娃娃案。這個案件牽涉民法債編的各項規定。下面分析這個案件的事實與法律規定間的關係，藉此說明民法在日常生活中具體案例的運作。

### （一）案件事實[9]

　　玻璃娃娃案發生於 2000 年臺灣北部某高中校園。該案牽涉因先天罹患「成骨不全」疾病而行動不便的顏姓學生死亡。在事情發生當日，顏姓同學的體育課老師因為下雨，決定臨時更換體育課上課地點，改到學校地下室上課。據報導，當天顏姓同學本來不想到新的上課地點參加體育課，想要回到

---

8　參考陳惠馨，談「案例教學法」──以玻璃娃娃案為例，收於月旦法學雜誌，第 149 期，2007 年
　　10 月，頁 106–120。
9　關於此一案件的事實，乃是本書作者綜合媒體報導與法院判決整理而成。

班級教室。但有位陳姓同學主動表示願意協助顏姓同學上下樓梯（這個學校當時缺乏無障礙空間）。很不幸的是，在陳同學抱著行動不便的顏同學上下樓梯時，兩人一起摔下樓梯，顏姓同學因而死亡。

## （二）事件發生後的法律訴訟及社會的反應

顏姓同學的父母親在顏姓同學死亡後，對學校以及陳姓同學提出共同侵權行為損害賠償之請求，要求陳姓同學跟學校共同根據民法侵權行為之規定，負擔損害賠償責任。由於陳姓同學尚未成年，因此，陳姓同學的母親也同時成為被告。臺灣高等法院以 93 年度上字第 433 號民事判決，判決陳姓同學及其母親與學校要共同負擔對於顏姓同學父母的損害賠償金額，金額高達百萬元。這個案件在媒體披露後，成為轟動的社會案件。媒體的討論集中在陳姓同學基於善意幫助行動不便的同學，雖然造成該同學死亡，但要跟學校共同負擔百萬的損害賠償金額，似乎並不合常理。

## （三）95 年度上更㈠字第 6 號民事判決改變 93 年度上字第 433 號民事判決之論述

### 1.最終確定判決關於陳姓同學與其母親對於顏姓同學死亡之損害賠償責任部分之論述

臺灣高等法院在 93 年度上字第 433 號民事判決原本要求陳姓同學及其母親要跟學校一起共同負擔對於顏姓同學父母百萬元之損害賠償金，引起社會譁然。這個案件在經過最高法院發回高等法院更審後，臺灣高等法院在 95 年度上更㈠字第 6 號民事判決確定陳姓同學不需要對於顏姓同學的死亡負擔損害賠償責任。臺灣高等法院 95 年度上更㈠字第 6 號民事判決有所說明[10]：「⑴被上訴人丙〇〇（陳姓同學）於事故發生時，僅係未成年人，如課以善良管理人較重注意義務，顯失衡平，被上訴人丙〇〇之過失注意義務，僅應

---

10 下面論述取自臺灣高等法院 95 年度上更㈠字第 6 號民事判決，全文請見，網頁：
https://judgment.judicial.gov.tw/FJUD/default.aspx#tabresult。

以同年齡、具有相當智慧及經驗之未成年人所具注意能力為標準，以及出於熱心無償助人且攸關公共利益者之特性，應從輕酌定，以免傷及青少年學生愛心之滋長。(2)被上訴人丙○○（陳姓同學）基於熱心，主動負責推送抱負庚○○（顏姓同學），嗣並單獨抱負庚○○下樓梯，均係無償之行為。按過失之責任，依事件之特性而有輕重，如其事件非予債務人以利益者，應從輕酌定，民法第 220 條第 2 項定有明文。本件既屬無償協助，得參酌上開立法之精神，自應從輕酌定被上訴人丙○○之善良管理人之注意義務。(3)末按管理人為免除本人之生命、身體或財產上之急迫危險，而為事務之管理者，對於因其管理所生之損害，除有惡意或重大過失者外，不負賠償之責，民法第 175 條有明文。查被上訴人丙○○緊抱庚○○下樓，因學生所穿鞋子印濕樓梯，致樓梯溼滑，被上訴人丙○○抱著庚○○連同自己同時滑落至樓梯間，顯見丙○○之行為，並無惡意或重大過失之情形，自不負賠償責任。」

從上面臺灣高等法院的判決內容可知關於陳姓同學的法律責任主要從民法第 175 條無因管理等相關規定出發。判決認為陳姓同學協助顏姓同學屬於無償行為，故根據民法第 175 條規定，其並無惡意或重大過失，因此不需要對於顏姓同學的死亡負擔損害賠償責任。

**2.最終確認判決認定顏姓同學就讀之高中對於其死亡應該負擔賠償責任之論述**

臺灣高等法院在判決中提到下面幾點[11]：「(1)被上訴人己○高中曾依據特殊教育法、特殊教育法施行細則、臺北市高級中等學校身心障礙學生輔導實施計劃之規定，訂定 88 學年度身心障礙學生輔導實施計劃，其輔導對象為『就讀本校並領有身心障礙手冊、重大傷病卡或經臺北市特殊學生鑑定安置及就學輔導委員會分發之身心障礙學生』，此亦為被上訴人己○高中所不爭

---

[11] 下面論述取自臺灣高等法院 95 年度上更㈠字第 6 號民事判決，全文請見，網頁：https://judgment.judicial.gov.tw/FJUD/default.aspx#tabresult。

執。庚○○既係由『臺北市特殊學生鑑定安置及就學輔導委員會』分發至被上訴人己○高中就讀之身心障礙學生，且領有身心障礙手冊（見原審卷第197頁之資料），即屬該『輔導實施計劃』所定之輔導對象，則被上訴人己○高中即應遵守『輔導實施計劃』協助庚○○順利完成學業，不得違反。(2)於89年9月13日下午1時40分，該班原定於操場上體育課，嗣因天雨，該班之體育老師辛○○即將上課地點改在該校王○樓地下室，此為兩造所不爭執之事實，則被上訴人己○高中之王○樓地下室既為下雨時學生上體育課之替代場地，即須配合身體障礙學生上課時使用，而應提供無障礙設備，以求完善。而系爭王○樓地下室經現場履勘，並未提供電梯無障礙設備以供身體障礙之學生使用，有現場圖及照片可考（見本院上更(一)卷第58、82、83頁），亦未對殘障之庚○○實施個別化體育教學，致發生須由丙○○抱負走下地下室，而因樓梯溼滑不慎跌倒，致庚○○受創死亡，被上訴人己○高中顯有違反保護他人之法律，致生損害於庚○○，其又未能舉證證明無過失，依民法第184條第2項之規定，應負賠償責任。是上訴人請求被上訴人己○高中負賠償責任，自屬有據。(3)次依民法第192條及第194條規定，本件被上訴人己○高中對於支出殯葬費之人應負損害賠償責任；被害人對於第三人負有法定扶養義務者，加害人對於該第三人亦應負損害賠償責任；不法侵害他人致死者，被害人之父、母雖非財產上之損害，亦得請求相當之賠償。(4)被上訴人己○高中違反保護他人之法律應負損害賠償責任，為侵權之獨立原因，尚難據此令丙○○負共同責任。而由於庚○○及其父戊○○均不願由到校之救護車送醫，而欲自行送醫，導致延誤醫治。因此認為己○高中雖有過失，然顏姓學生的父母亦與有過失。」因此，判決：「被上訴人臺北市私立己○高級中學應各給付上訴人戊○○新臺幣壹佰零柒萬肆仟壹佰壹拾柒元、上訴人丁○○新臺幣陸拾肆萬捌仟柒佰零伍元，及均自民國九十一年十月十六日起，至清償日止，按年息百分之五計算之利息。」

　　本書藉由玻璃娃娃案說明在一個個案中，可能牽涉到不同的人與各種可

能的相關法律。個別案件要如何根據法律解決往往有多個可能方案，不當然僅有一個絕對的答案。臺灣在過去幾百年來，歷經清朝、日本與國民政府的統治，法律變動頻繁，生活中的案例在不同時期有不同的法律規定。人民對於一件事應該如何處理也有多種不同的期待。

# 肆、民法總則編的原則與重要規定

民法總則編分為七章，下面討論幾個重點。讀者若想瞭解民法總則全部條文，可以上網在全國法規資料庫查到民法總則編全部之條文。

## 一、平等權原則：區分權利能力與行為能力

民法第 6 條規定：「人之權利能力，始於出生，終於死亡。」民法第 7 條規定：「胎兒以將來非死產者為限，關於其個人利益之保護，視為既已出生。」所謂權利能力指的是享受權利，負擔義務的能力。民法第 6 條宣示任何人在法律上的權利義務是一樣的，不可有奴隸制度，有了這個條文的規定，剛出生的嬰兒有可能透過贈與或者繼承，取得各種權利，例如：債權或土地或房屋的所有權。

由於人的成長與成熟度不同，因此，現行民法將人的行為能力區分為三種，分別是完全行為能力、限制行為能力與無行為能力等。民法第 12 條規定：「滿十八歲為成年。」第 13 條規定：「未滿七歲之未成年人，無行為能力。滿七歲以上之未成年人，有限制行為能力。」第 15 條規定：「受監護宣告之人，無行為能力。」由於很多受到監護宣告的成年人並非完全沒有能力為自己處理事務，因此民法總則修改第 14 條有關監護宣告的程序，並增加第 15 條之 1 及第 15 條之 2 有關「輔助宣告」之規定[12]。

---

12 民法第 15 條之 1 第 1 項規定：「對於因精神障礙或其他心智缺陷，致其為意思表示或受意思表示，或辨識其意思表示效果之能力，顯有不足者，法院得因本人、配偶、四親等內之親屬、最近一年有同居事實之其他親屬、檢察官、主管機關或社會福利機構之聲請，為輔助之宣告。」

## 二、對於在自己權利上睡覺者不給予保障：消滅時效

民法總則在第 125 條至 147 條規範消滅時效。民法消滅時效之設計，主要考量當有人對於自己擁有的權利在一定時間內不加以行使時，要讓該權利因為超過了一定時間，就不能再主張或行使。但當一個權利因為過了時間而消滅時，就成為「自然債務」。所謂自然債務指如果債務人出於主動，自己返還債務時，那麼已經取得償還的債權人不需要因為債務人的後悔償還而要退還已經取得的債權。民法第 125 條規定：「請求權，因十五年間不行使而消滅。但法律所定期間較短者，依其規定。」民法第 127 條針對某些請求權設立短期時效，其規定：「左列各款請求權，因二年間不行使而消滅：一、旅店、飲食店及娛樂場之住宿費、飲食費、座費、消費物之代價及其墊款。二、運送費及運送人所墊之款。三、以租賃動產為營業者之租價。四、醫生、藥師、看護生之診費、藥費、報酬及其墊款。五、律師、會計師、公證人之報酬及其墊款。六、律師、會計師、公證人所收當事人物件之交還。七、技師、承攬人之報酬及其墊款。八、商人、製造人、手工業人所供給之商品及產物之代價。」

## 三、民事私法關係法律淵源：成文法、習慣及法理

民法條文繁多，但雖然有這麼多條文，還不足以規範人與人間所有的關係，為此民法第 1 條規定：「民事，法律所未規定者，依習慣；無習慣者，依法理。」這個規定跟刑法所談的罪刑法定主義有所差別。當審判機關要根據刑法規定對於犯罪行為者加以處罰時，必須根據行為人行為時已經有的成文法律加以判決。但在民法上，法院之判決可以在法律沒規定時，依據習慣或法理加以判決。民法第 1 條所謂的法律，包括民法五編及各種民事特別法，例如：司法院釋字第 748 號解釋施行法、公司法、智慧財產權法、消費者保護法、票據法、海商法、保險法、土地法及動產擔保交易法等等。但要注意，

民法第 2 條規定:「民事所適用之習慣,以不背於公共秩序或善良風俗者為限。」在臺灣各級法院較少引用習慣作為判決依據。但最高法院 106 年度台上字第 187 號判決,肯定事實上處分權的存在就是根據習慣法、習慣。其提到:「按民法第一百八十四條第一項前段所稱之權利,係指既存法律體系所明認之權利。所謂既存法律體系,應兼指法典(包括委任立法之規章)、習慣法、習慣、法理及判例。受讓未辦理所有權第一次登記之建物,受讓人雖因該建物不能為所有權移轉登記,而僅能取得事實上處分權,但該事實上處分權,具占有、使用、收益、事實上處分及交易等支配權能,長久以來為司法實務所肯認,亦為社會交易之通念,自屬民法第一百八十四條第一項前段所稱之權利。」

## 四、民法所規定之權利主體:自然人與法人

現行民法規定享受權利能力的主體為人。民法所稱的人並非僅指活生生的人。根據民法總則第 2 章所規定的人包括自然人與法人。民法區分法人為人的集合體(社團)及財產的集合體(財團)。根據公司法規定所成立的法人為社團法人。現行民法所規定的法人制度是參考德國 19 世紀末創設的制度。法人跟傳統中國社會的祭祀公業或神明會有點類似,但又有所不同。民法創設法人制度,主要給予人民透過創設法人,發展具有超越自然人有限生命的事業,讓一個人或多個人可以透過財產或勞力成立超越個人生命的組織,以營利法人或非營利法人實現特定目標。在法律上,法人除了無法享有自然人的身體、生命、自由等人格權外,可以跟自然人一樣以法人名義取得財產、訂定契約。民法第 26 條規定:「法人於法令限制內,有享受權利負擔義務之能力。但專屬於自然人之權利義務,不在此限。」第 25 條規定:「法人非依本法或其他法律之規定,不得成立。」由此可知,法人的設立必須有法律規定。牽涉法人成立的法律包括公司法、銀行法、私立學校法、醫療法等。不論法人是財團或社團,其法律行為的發生都要靠自然人,例如董事或有代表

權之人來執行。民法第 28 條規定：「法人對於其董事或其他有代表權之人因執行職務所加於他人之損害，與該行為人連帶負賠償之責任。」

## 五、權利客體：物

民法的權利客體除了物之外，還包括人之行為、無體財產權（如商標權、專利權、著作權等）。民法總則將物分為不動產及動產。民法第 66 條規定：「稱不動產者，謂土地及其定著物。不動產之出產物，尚未分離者，為該不動產之部分。」民法第 67 條規定：「稱動產者，為前條所稱不動產以外之物。」民法物權編對於不動產物權及動產物權的取得有不同的規定。例如民法第 758 條規定：「不動產物權，依法律行為而取得、設定、喪失及變更者，非經登記，不生效力。前項行為，應以書面為之。」而民法第 761 條規定：「動產物權之讓與，非將動產交付，不生效力。但受讓人已占有動產者，於讓與合意時，即生效力。讓與動產物權，而讓與人仍繼續占有動產者，讓與人與受讓人間，得訂立契約，使受讓人因此取得間接占有，以代交付。讓與動產物權，如其動產由第三人占有時，讓與人得以對於第三人之返還請求權，讓與於受讓人，以代交付。」此時要注意，民用航空法及船舶登記法是上述兩個規定的特別規定。民用航空法第 20 條規定：「航空器所有權移轉、抵押權設定及其租賃，非經登記不得對抗第三人。」

臺灣民法對於動物的屬性並未加以特別規定，一般認為動物為動產。德國民法第 90a 條特別規定：「動物不是物，要以特別法加以保護。在無特別規定時，準用關於物的規定。」

## 六、有關法律行為與意思表示之一般通則

法律行為通常要由人以意思表示為之，只要人的意思表示有效，該法律行為原則上也會有效。所謂意思表示指表意人以發生一定私法上效果為目的所為之表示行為。民法在第 71 條到 74 條規定法律行為，在第 86 條到 98 條

規範意思表示。下面僅列出重要法律規定。

## （一）法律行為無效或得撤銷之規定

1.民法第 71 條規定：「法律行為，違反強制或禁止之規定者，無效。但其規定並不以之為無效者，不在此限。」

2.民法第 72 條規定：「法律行為，有背於公共秩序或善良風俗者，無效。」

3.民法第 73 條規定：「法律行為，不依法定方式者，無效。但法律另有規定者，不在此限。」

4.民法第 74 條規定：「法律行為，係乘他人之急迫、輕率或無經驗，使其為財產上之給付或為給付之約定，依當時情形顯失公平者，法院得因利害關係人之聲請，撤銷其法律行為或減輕其給付。前項聲請，應於法律行為後一年內為之。」

## （二）意思表示無效或得撤銷之規定

1.民法第 87 條規定：「表意人與相對人通謀而為虛偽意思表示者，其意思表示無效。但不得以其無效對抗善意第三人。虛偽意思表示，隱藏他項法律行為者，適用關於該項法律行為之規定。」

2.民法第 88 條規定：「意思表示之內容有錯誤，或表意人若知其事情即不為意思表示者，表意人得將其意思表示撤銷之。但以其錯誤或不知事情，非由表意人自己之過失者為限。當事人之資格或物之性質，若交易上認為重要者，其錯誤，視為意思表示內容之錯誤。」

3.民法第 89 條規定：「意思表示，因傳達人或傳達機關傳達不實者，得比照前條之規定撤銷之。」

4.民法第 92 條規定：「因被詐欺或被脅迫而為意思表示者，表意人得撤銷其意思表示。但詐欺係由第三人所為者，以相對人明知其事實或可得而知者為限，始得撤銷之。被詐欺而為之意思表示，其撤銷不得以之對抗善意第三人。」

5.錯誤或受詐欺之意思表示可以撤銷。民法第 91 條規定：「依第八十八條及第八十九條之規定撤銷意思表示時，表意人對於信其意思表示為有效而受損害之相對人或第三人，應負賠償責任。但其撤銷之原因，受害人明知或可得而知者，不在此限。」

# 伍、民法債編之原則與重要規定

民法債編及物權編通稱為民事財產法。民法債編在 1999 年經過大修改。在債編中增加旅遊契約、合會制度及人事保證等規定。德國民法的設計，認為債是發生在特定人與特定人間的法律關係，例如 A 與 B 訂立買賣電視的契約，是債的一種。A 僅能對於 B 請求給付電視的價金，B 也僅能對 A 請求交付電視。A 與 B 都是特定之人，除非有特別的因素，例如特別約定，否則債的關係僅發生在 A 與 B（特定人）之間。

民法債編共分二章，第 1 章通則，規定債之發生等，第 2 章各種之債，規定二十八種契約及兩種單獨行為。下面也僅簡單說明債編的重要規定。

## 一、債的發生

民法從債的發生角度，對於私人跟私人間發生債權關係的態樣加以規定。民法債編第 1 章通則所規定之債的發生種類如下：1.契約、2.代理權的授與、3.無因管理、 4.不當得利、 5.侵權行為。

在生活中，多數債的發生主要經由契約或侵權行為。在法院審判實務中，常見的契約糾紛例如買賣、租賃、借貸、醫療或承攬（房屋的裝潢或改建等）等。而在當代社會，由於汽機車的使用頻繁，容易發生車禍事件並因此發生侵權行為的損害賠償訴訟。

### （一）契約：基於雙方自由的意思表示成立之債的關係

民法第 153 條第 1 項規定：「當事人互相表示意思一致者，無論其為明示或默示，契約即為成立。」所謂互相表示意思一致，指要約的意思表示與承

諾的意思表示一致。日常生活中，人們購買東西，或者到百貨公司、商店等實體店面，或者在網路上，根據陳列的商品價格（要約）決定是否購買。當雙方買與賣的意思表示一致時，買賣契約就成立。契約成立後便產生效力，買方與賣方都要負擔履行契約的責任。除了民法債編規定外，消費者保護法也發揮了保障商品使用者的功能。消費者保護法第 7 條規定：「從事設計、生產、製造商品或提供服務之企業經營者，於提供商品流通進入市場，或提供服務時，應確保該商品或服務，符合當時科技或專業水準可合理期待之安全性。商品或服務具有危害消費者生命、身體、健康、財產之可能者，應於明顯處為警告標示及緊急處理危險之方法。企業經營者違反前二項規定，致生損害於消費者或第三人時，應負連帶賠償責任。但企業經營者能證明其無過失者，法院得減輕其賠償責任。」

## （二）侵權行為

契約之外，生活中往往因為侵權行為而發生債的關係。民法第 184 條規定：「因故意或過失，不法侵害他人之權利者，負損害賠償責任。故意以背於善良風俗之方法，加損害於他人者亦同。違反保護他人之法律，致生損害於他人者，負賠償責任。但能證明其行為無過失者，不在此限。」在生活中常見的侵權行為，例如因為開車導致他人生命、身體或財產受到損害。在本章提到之玻璃娃娃案，法院主要依據民法第 184 條判決學校要對於死亡之顏姓同學的父母負擔損害賠償責任。

民法除了在第 184 條規定一般侵權行為責任外，也在第 185 條到第 191 條之 3 規定特別侵權行為責任。讀者可以透過在司法院的法學資料檢索系統查到各級法院有關侵權行為案件之民事判決書。所謂特別侵權行為，例如共同侵權行為、公務人員之侵權行為、法定代理人之損害賠償責任、僱用人之損害賠償責任、定作人之損害賠償責任、動物占有人之損害賠償責任、土地建築或其他工作物所有人之責任、商品製造人責任、動力車駕駛人責任及一般危險製造人之損害賠償責任等。民法第 192 條到第 195 條規定侵權行為損

害賠償的範圍，例如：醫療費及增加生活上需要之費用或殯葬費、喪失或減少勞動能力或增加生活上之需要及精神上的損害（非財產上的損害）等。

## 二、債的效力

民法第 219 條至第 270 條規定債的效力。例如 A 與 B 不管是因契約或侵權行為而發生債的關係，只要履行了義務，例如交付價金、買賣物或給付損害賠償金額等，其彼此間債的關係便因履行而消滅。但如果有一方不履行義務，就會產生債務不履行的問題。民法將債務不履行分為下面幾個樣態加以規定：

### （一）給付不能

所謂給付不能指債務人因主觀或客觀之因素無法履行債務。民法第 225 條規定，因不可歸責於債務人之事由，致給付不能者，債務人免給付之義務。例如 A 將房子賣給 B，但在交屋前夕，A 的房子因地震而倒塌。A 無法交屋與 B，此時，A 依法不用交屋與 B。而依民法第 266 條之規定，因不可歸責於雙方當事人之事由，致一方之給付全部不能者，他方免為對待給付之義務。因此 B 也不用交房屋買賣款給 A，此時由 A 承擔地震的後果。

民法第 226 條規定，因可歸責於債務人之事由致給付不能者，債權人得請求損害賠償。例如 A 今天向 B 買一車子準備作長途旅行。B 將車賣給 A，並約定隔天 B 交車給 A，但 B 尚未交付前，因 C 願提供更高的車價，於是 B 將車再賣給 C，並即時交車給 C。這導致 A 在第二天取車時，B 已經無車可以交付給 A。在此情形 B 雖然車子賣到更高價格，但依法必須賠償 A 的損害。

### （二）不完全給付

民法第 227 條規定：「因可歸責於債務人之事由，致為不完全給付者，債權人得依關於給付遲延或給付不能之規定行使其權利。因不完全給付而生前項以外之損害者，債權人並得請求賠償。」所謂不為完全給付，例如：只給付一部分，像是在買屋時，買房之價款只付三分之一即不再給付；或所給付

的東西有問題。例如 A 向 B 買一頭種牛以繁殖其所養的牛，B 交付了一頭有病的種牛，以致 A 所有的牛均受傳染，此時 A 得向 B 請求損害賠償。

### （三）給付遲延

　　根據民法第 229 條規定，給付有確定期限者，債務人自期限屆滿時起，負遲延責任。給付無確定期限者，債務人於債權人得請求給付時，經其催告而未為給付，自受催告時起，負遲延責任。所謂遲延責任指債權人得請求因遲延所生之損害，遲延後之給付對債權人無利益者，債權人得拒絕其給付並得請求因不履行而生之損害賠償，債權人甚至得請求依法定利率計算之遲延利息（民法第 231 條至第 233 條）。例如 A 結婚當天需要向租車公司租車，但結婚當天租車公司並未如期交車。租車公司表示隔天可以再交車給 A，但隔天交車對 A 已經毫無意義，則 A 可以請求租車公司賠償。

### （四）債務不履行的損害賠償包括人格權的損害

　　民法第 227 條之 1 規定：「債務人因債務不履行，致債權人之人格權受侵害者，準用第一百九十二條至第一百九十五條及第一百九十七條之規定，負損害賠償責任。」過去因為民法僅在侵權行為部分訂定人格權的損害賠償規定，發生債務不履行而產生人格權損害時，往往要根據侵權行為之規定請求賠償。現在民法規定已經改變，債務不履行產生的人格權損害可以依民法第 227 條之 1，請求賠償。

### （五）契約成立後之情事變更：得申請法院增減給付

　　民法第 227 條之 2 規定：「契約成立後，情事變更，非當時所得預料，而依其原有效果顯失公平者，當事人得聲請法院增、減其給付或變更其他原有之效果。前項規定，於非因契約所發生之債，準用之。」

## 三、生活中重要的契約：以買賣契約為例

　　民法債編在第 2 章規範二十八種契約及兩種單獨行為。二十八種契約主要是生活中比較常見的契約，學理上稱法律有明文規定的契約為有名契約。

由於契約可以由當事人透過意思表示合致而成立，因此當事人自行創造民法債編沒有規定的契約時，也會受到民法債編規定的保障。下面簡單說明民法債編有關買賣與租賃之規定。

## （一）買賣契約

民法第 345 條規定：「稱買賣者，謂當事人約定一方移轉財產權於他方，他方支付價金之契約。當事人就標的物及其價金互相同意時，買賣契約即為成立。」在生活中，每日都會進行各種買賣行為，小從買一份十元的報紙，大到買一棟價值三千萬元的房屋，都屬於民法買賣契約。在買賣契約中買受人最關心的是買到的東西是否符合自己想要的品質？而出賣人則希望可以盡快收到價金。民法因此有下列規定：

### 1.出賣人的瑕疵擔保責任

民法在買賣規定瑕疵擔保責任，分為權利的瑕疵擔保責任及物的瑕疵擔保責任。民法第 349 條規定：「出賣人應擔保第三人就買賣之標的物，對於買受人不得主張任何權利。」第 350 條規定：「債權或其他權利之出賣人，應擔保其權利確係存在。有價證券之出賣人，並應擔保其證券未因公示催告而宣示無效。」例如 A 賣 B 房屋，B 事後發現 A 之房屋設有抵押權，而 A 事先未告知 B 此事。此時 B 可主張 A 之給付不完全而請求損害賠償，或主張 A 有詐欺之情事而撤銷買房屋之意思表示。民法第 354 條規定物的瑕疵擔保，要求物之出賣人，對於買受人應擔保其物依民法第 373 條之規定，危險移轉於買受人時，無滅失或減少其價值之瑕疵，亦無滅失或減少其通常效用或契約預定效用之瑕疵[13]。例如：買冰箱或冷氣機時，交付的冰箱無法冷凍食物或冷氣機不能發揮冷氣的效果時，買受人在拿到出賣人所交付的物品時，應盡快檢查受領之物，並在發現有應由出賣人負擔瑕疵擔保責任時，立即通知

---

13 民法第 373 條：「買賣標的物之利益及危險，自交付時起，均由買受人承受負擔，但契約另有訂定者，不在此限。」

出賣人並要求其負起責任，買受人可以要求的包括解除契約、減少價金、另行交付無瑕疵之物或請求損害賠償（民法第 359 條至第 364 條）。

## 2.買受人的價金交付

民法第 369 條規定：「買賣標的物與其價金之交付，除法律另有規定或契約另有訂定或另有習慣外，應同時為之。」

## （二）租賃契約

租賃指當事人約定，一方以物租與他方使用、收益，他方支付租金之契約（民法第 421 至第 463 條之 1）。租賃契約之內容可以是租音響、家具、車子或房屋甚至某種權利。

## 1.不動產租賃契約之方式及期限

民法第 422 條規定：「不動產之租賃契約，其期限逾一年者，應以字據訂立之，未以字據訂立者，視為不定期限之租賃。」租賃契約一旦訂有期限，則除非出租人、承租人同意，否則至期限屆滿時，契約關係始消滅。民法第 451 條規定：「租賃期限屆滿後，承租人仍為租賃物之使用收益，而出租人不即表示反對之意思者，視為以不定期限繼續契約。」第 452 條：「承租人死亡者，租賃契約雖定有期限，其繼承人仍得終止契約。但應依第四百五十條第三項之規定，先期通知。」

我國土地法第 100 條對於房屋承租人特別加以保護。土地法第 100 條規定：「出租人非因左列情形之一，不得收回房屋。一、出租人收回自住或重新建築時。二、承租人違反民法第四百四十三條第一項之規定轉租於他人時。三、承租人積欠租金額，除擔保金抵償外，達二個月以上時。四、承租人以房屋供違反法令之使用時。五、承租人違反租賃契約時。六、承租人損壞出租人之房屋或附著財物，而不為相當之賠償時。」

## 2.出租人之義務

依民法規定出租人之義務包括租賃物之交付及保持義務（民法第 423 條），出租人負擔租賃物之稅捐（民法第 427 條）、修繕義務（民法第 429 條

及 430 條)。

### 3.承租人之義務

承租人依法有下列義務:對租賃物負善良管理人之保管義務,對於同居人或承租人允許為租賃物使用、收益之第三人導致租賃物毀損滅失者,應負損害賠償責任(民法第 433 條)。根據民法第 438 條到第 440 條規定,承租人應該依約定方法使用、收益租賃物,在租賃關係中,如租賃物有修繕必要或有其他情事應通知出租人。

### 4.買賣不破租賃

民法第 425 條規定:「出租人於租賃物交付後,承租人占有中,縱將其所有權讓與第三人,其租賃契約,對於受讓人仍繼續存在。前項規定,於未經公證之不動產租賃契約,其期限逾五年或未定期限者,不適用之。」這樣的規定主要在保護承租人。例如:A 與 B 訂定租賃契約並將租賃物交與 B,之後不久又將租賃物賣給 C。此時依民法規定存在於 A 與 B 之租賃契約仍繼續存在於 B 與 C 之間。C 不可主張與 B 無租賃關係,要求 B 交回租賃物。

臺灣在過去常常發生為他人做保證,結果自己所擁有的財產被拍賣的情形。因此,民法在 1999 年修法時訂定了第 756 條之 1 到第 756 條之 5 規定,限縮保證人的責任。根據目前民法規定人事保證之保證人,以僱用人不能依他項方法受賠償者為限,負其責任。人事保證契約的效力不得超過三年。除此之外還規定保證人有終止契約之權利等等。

## 陸、民法物權編

民法物權編主要規範各種跟物有關的權利,例如:所有權與抵押權。由於物權編所規定的各項權利可以對抗任何人,因此又稱為對世權。例如 A 擁有一棟房屋,A 可以禁止任何人踏進他的房屋之內。下面僅討論物權編的重要原則。

## 一、物權依據法定或習慣成立

民法第 757 條規定：「物權除依法律或習慣外，不得創設。」這個規定改變原來物權僅能依據法定之規定。除了民法規定之物權外，漁業法也在第 20 條規定：「漁業權視為物權，除本法規定者外，準用民法關於不動產物權之規定。」

## 二、物權變動原則

所謂物權的變動係指物權的發生、變更及消滅。民法第 758 條規定：「不動產物權，依法律行為而取得、設定、喪失及變更者，非經登記，不生效力。前項行為，應以書面為之。」民法第 761 條規定：「動產物權之讓與，非將動產交付，不生效力。但受讓人已占有動產者，於讓與合意時，即生效力。讓與動產物權，而讓與人仍繼續占有動產者，讓與人與受讓人間，得訂立契約，使受讓人因此取得間接占有，以代交付。讓與動產物權，如其動產由第三人占有時，讓與人得以對於第三人之返還請求權，讓與於受讓人，以代交付。」舉例說明，A 向 B 買動產時（書或電器），B 應該基於讓與將動產交付給 A。若 A 在買該動產時，已經先向 B 借用該動產加以使用，那麼只要有讓與的合意就好，B 不需要再做交付動產給 A 的行為。

## 三、所有權

所有權是最重要的物權。民法第 765 條規定：「所有人，於法令限制之範圍內，得自由使用、收益、處分其所有物，並排除他人之干涉。」民法第 767 條規定：「所有人對於無權占有或侵奪其所有物者，得請求返還之。對於妨害其所有權者，得請求除去之。有妨害其所有權之虞者，得請求防止之。前項規定，於所有權以外之物權，準用之。」例如 A 為一房屋之所有權人，因該屋空著無人使用，B 乃趁 A 不知情之際，在該空屋居住，此時 A 可依民

法第 767 條請求 B 返還該屋。民法在第 773 至第 798 條規定土地所有權之範圍及土地的相鄰關係。民法第 773 條規定：「土地所有權，除法令有限制外，於其行使有利益之範圍內，及於土地之上下。如他人之干涉，無礙其所有權之行使者，不得排除之。」民法所規定的土地相鄰關係內容豐富，例如相鄰之土地所有人之間應注意防免鄰地之損害，例如：自然流水之排水權及承水義務等。還有管線安設權、各種通行權、他人土地之侵入禁止及其例外，氣響侵入鄰地之禁止及損害鄰地地基或工作物危險之預防及越界建築房屋的解決方法等等。

　　民法第 801 條至第 816 條則規定動產所有權之取得途徑，包括善意取得、無主物之先占、遺失物之取得、埋藏物之發現、漂流物或沉沒物之處理，動產與不動產附合或動產與動產附合，動產因與他人動產混合或加工之所有權狀態等等。

　　臺灣目前多數人居住在與別人共同享有同一出入口的公寓大廈，民法第 799 條規定，稱區分所有建築物者，謂數人區分一建築物而各專有其一部，就專有部分有單獨所有權，並就該建築物及其附屬物之共同部分共有之建築物。民法第 799 條之 1 並規定區分所有建築物共有部分的修繕費及其他費用負擔。住在公寓大廈的人目前除了要注意民法物權編之規定外，也要注意公寓大廈管理條例。多數公寓大廈目前都設有管理委員會，對於公寓大廈的共有部分進行管理、修繕與維護。

## 四、抵押權

　　抵押權的概念跟傳統中國社會典權制度類似。臺灣多數人民在購置不動產時（買賣房屋或土地）會運用抵押權制度向銀行貸款。民法有關抵押權的規定包括普通抵押權及最高限額抵押權。民法第 860 條規定：「稱普通抵押權者，謂債權人對於債務人或第三人不移轉占有而供其債權擔保之不動產，得就該不動產賣得價金優先受償之權。」第 881 條之 1 第 1 項規定，「稱最高限

額抵押權者，謂債務人或第三人提供其不動產為擔保，就債權人對債務人一定範圍內之不特定債權，在最高限額內設定之抵押權。」最高限額抵押權所擔保之債權，以由一定法律關係所生之債權或基於票據所生之權利為限。目前有關抵押權或最高限額的抵押權的運用在臺灣日常生活中非常普遍。不動產所有人在設定抵押權後，縱將不動產讓與他人，其抵押權並不因此受影響。因此在買賣不動產時，要至地政機關請求影印土地或房屋及他項權利登記謄本，以便瞭解欲買土地或房屋是否已設定抵押權（民法第 867 條）。

# 柒、民法親屬編

## 一、民法親屬編的內容

　　民法親屬與繼承編在各大學法律學系的課程又稱為身分法或家族法。民法親屬編主要規範人跟人之間的婚姻與家庭關係。在 2019 年司法院釋字第 748 號解釋施行法施行後，臺灣法律承認的婚姻有兩種，一是根據民法親屬編成立的婚姻關係，一是根據司法院釋字第 748 號解釋施行法（以下簡稱第 748 號解釋施行法）成立的婚姻。民法親屬編與第 748 號解釋施行法關於婚姻的登記、要件或效力大致相同。本書僅分析民法親屬編有關婚姻的規定[14]。牽涉父母子女關係的部分請讀者自行參考法律規定。在高齡化社會，尤其要注意對於失智或失能老人的監護制度。另外，關於父母子女關係部分，民法第 1118 條之 1 規定也值得注意。此一條文規定如果父母因為各種原因沒有照顧幼年的子女，那麼當這些父親或母親年老無法自己維持生活時，已經成年的子女可以要求法院減少或免除其對於父親或母親的扶養義務。限於篇幅下面主要分析民法親屬編有關婚姻之規定。

---

[14] 有關民法親屬編之內容請參考陳惠馨，民法親屬編——理論與實務一書，元照，2019 年，修訂二版。

## 二、婚姻成立之形式要件：登記

民法第 982 條規定：「結婚應以書面為之，有二人以上證人之簽名，並應由雙方當事人向戶政機關為結婚之登記。」第 748 號解釋施行法第 4 條規定：「成立第二條關係應以書面為之，有二人以上證人之簽名，並應由雙方當事人，依司法院釋字第七四八號解釋之意旨及本法，向戶政機關辦理結婚登記。」兩個法律對於婚姻規定都要求當事人要到戶政機關辦理登記，不再要求要有結婚儀式。

## 三、婚姻成立之其他要件：否則婚姻無效或可被撤銷

㈠結婚要滿十八歲。民法第 980 條規定：「男女未滿十八歲者，不得結婚。」

㈡一定親屬之間不得結婚。民法第 983 條規定：「與左列親屬，不得結婚：一、直系血親及直系姻親。二、旁系血親在六親等以內者。但因收養而成立之四親等及六親等旁系血親，輩分相同者，不在此限。三、旁系姻親在五親等以內，輩分不相同者。前項直系姻親結婚之限制，於姻親關係消滅後，亦適用之。第一項直系血親及直系姻親結婚之限制，於因收養而成立之直系親屬間，在收養關係終止後，亦適用之。」

㈢不得重婚。民法第 985 條規定：「有配偶者，不得重婚。一人不得同時與二人以上結婚。」

㈣須非監護關係。民法第 984 條規定：「監護人與受監護人，於監護關係存續中，不得結婚。但經受監護人父母之同意者，不在此限。」

㈤須非不能人道。民法第 995 條規定：「當事人之一方，於結婚時不能人道而不能治者，他方得向法院請求撤銷之。但自知悉其不能治之時起已逾三年者，不得請求撤銷。」

㈥須非在無意識中或精神錯亂中。民法第 996 條規定：「當事人之一方，

於結婚時係在無意識或精神錯亂中者，得於常態回復後六個月內向法院請求撤銷之。」

㈦須非被詐欺或脅迫。民法第 997 條規定：「因被詐欺或被脅迫而結婚者，得於發見詐欺或脅迫終止後，六個月內向法院請求撤銷之。」

結婚違反上面各項規定時，婚姻可能無效或可撤銷。根據民法第 998 條規定，結婚撤銷之效力，不溯及既往。因此婚姻在被撤銷確定後才不存在。但婚姻如果根據法律是無效的，在法律上的意義則代表婚姻從未有效存在。

三種結婚無效之情形包括婚姻不具備民法第 982 條的法定登記方式、違反民法第 983 條禁止近親結婚的規定、違反民法第 985 條重婚規定，將依據民法第 988 條規定婚姻無效。而如果重婚的雙方當事人因善意且無過失信賴一方前婚姻消滅的兩願離婚登記或離婚確定判決而結婚者，前婚姻視為消滅（民法第 988 條之 1）

臺灣民法親屬編關於近親結婚禁止規定比日本或德國規定範圍廣，有必要思考是否要修改。在當代社會是否還有必要禁止旁系血親六親等的表兄弟姊妹或堂兄弟姊妹結婚，或者因為輩分不同，五親等內的姻親不得結婚，都值得考量。在沒有民法第 988 條之 1 的規定以前，過去根據民法親屬編之規定，有些人可以同時擁有兩個合法有效的婚姻。目前臺灣民法親屬編透過修法已經排除這個可能[15]。

## 四、結婚的效果

結婚的效果主要分為身分上的效果與財產上的效果。

當夫妻結婚後，彼此間的身分關係主要規定在民法第 1000 條到第 1003 條之 1、第 1116 條之 1 及第 1138 條。至於同性婚姻的身分關係主要規定在第 748 號解釋施行法第 11 條到第 15 條。以下簡要說明：

---

[15] 第 988 條之 1 第 1 項規定：「前條第三款但書之情形，前婚姻自後婚姻成立之日起視為消滅。」

㈠夫妻各保有其本姓。但得書面約定以其本姓冠以配偶之姓,並向戶政機關登記。冠姓之一方得隨時回復其本姓。但於同一婚姻關係存續中以一次為限(民法第 1000 條)。

㈡夫妻互負同居之義務,但有不能同居之正當理由者,不在此限。例如:夫或妻,或同性伴侶與人通姦或同居(民法第 1001 條)。

㈢夫妻住所由雙方共同協議為原則(民法第 1002 條)。

㈣夫妻在日常家務中互為代理(民法第 1003 條)。

㈤夫妻互負扶養之義務(民法第 1116 條之 1)。

㈥夫妻間互為繼承人(民法第 1138 條)。

㈦夫妻共同分擔家庭生活費用(民法第 1003 條之 1)

㈧法律對於夫妻財產關係有特別規定(民法第 1004 條至第 1046 條)

下面特別說明夫妻財產制。民法在第 1004 條到第 1046 條規定夫妻法定財產制與約定財產制。原則上當一對夫妻結婚前,結婚時或結婚後沒有根據法律約定夫妻財產契約並向法院登記時,夫妻彼此間的財產關係主要依據民法有關通常法定財產制的規定。一對夫妻也可以根據民法親屬編規定,約定以分別財產制或共同財產制為其夫妻財產制。下面僅說明通常法定財產制規定:

㈠通常法定夫妻財產,分為婚前財產與婚後財產,並明確規定法定財產制關係消滅時,夫妻彼此有剩餘財產分配請求權(民法第 1017 條、第 1030 條之 1)。

㈡夫妻各自管理、使用、收益及處分自己的財產(民法第 1018 條)。

㈢自由處分金之設置:夫妻於家庭生活費用外,得協議一定數額之金錢,供夫或妻自由處分(民法第 1018 條之 1)。

㈣夫妻互負婚後財產報告義務(民法第 1022 條)。

㈤夫妻各依其經濟能力、家事勞動或其他情事分擔家庭生活費(民法第 1003 條之 1)。

㈥夫妻間的債務清償責任及補償請求(民法第 1023 條)。

㈦夫妻間有剩餘財產分配請求權（民法第 1030 條之 1 及以下之規定）。

民法對於夫妻間剩餘財產分配的保全或追加計算及分配價額如何計算，均有詳細規定（民法第 1020 條之 1 到第 1030 條之 4）。建議要走入婚姻者要先認識民法第 1030 條之 1 的規定，此一規定主要牽涉到當夫妻離婚時，彼此間的婚後財產可能發生的變動：

1. 法定財產制關係消滅時，夫或妻現存之婚後財產，扣除婚姻關係存續所負債務後，如有剩餘，其雙方剩餘財產之差額，應平均分配。但下列財產不在此限：一、因繼承或其他無償取得之財產。二、慰撫金。
2. 夫妻之一方對於婚姻生活無貢獻或協力，或有其他情事，致平均分配有失公平者，法院得調整或免除其分配額。
3. 法院為前項裁判時，應綜合衡酌夫妻婚姻存續期間之家事勞動、子女照顧養育、對家庭付出之整體協力狀況、共同生活及分居時間之久暫、婚後財產取得時間、雙方之經濟能力等因素。
4. 剩餘財產分配請求權，不得讓與或繼承。但已依契約承諾，或已起訴者，不在此限。
5. 剩餘財產差額之分配請求權僅短期時效（因情況為二年或五年）。

## 五、離 婚

在臺灣結婚的夫妻如要離婚，可以以兩願離婚、調解離婚或判決離婚方式進行。目前大約百分之九十以上的夫妻是以兩願離婚結束婚姻。兩願離婚要有書面及二人以上之證人的簽名並應向戶政機關為離婚之登記（民法第 1050 條）。

夫妻中如果僅有一人想離婚，就要透法院調解或和解或經法院判決離婚。民法第 1052 條規定幾種可以請求判決離婚的要件。目前在臺灣最常見的判決離婚理由是主張對方有不堪同居之虐待、以惡意遺棄他方在繼續狀態中或者主張有重大事由，難以維持婚姻為理由，向法院聲請判決離婚。目前多數法

院對於施暴者或者外遇者的離婚請求，通常不予同意，但如果是由家庭暴力受害者或被外遇者請求離婚，法院通常會准予判決離婚。依民法第1052條之1規定：「離婚經法院調解或法院和解成立者，婚姻關係消滅。法院應依職權通知該管戶政機關。」

夫妻離婚後，彼此婚姻上的法律關係消滅，通常上法院訴訟，主要往往是因為剩餘財產分配請求或者在對於未成年子女的保護或教養的權利義務上無法取得共識。民法第1055條規定可以說是臺灣婦女運動的結果。這條規定重點如下：

㈠夫妻離婚者，對於未成年子女權利義務之行使或負擔，依協議由一方或雙方共同任之。未為協議或協議不成者，法院得依夫妻之一方、主管機關、社會福利機構或其他利害關係人之請求或依職權酌定之。

㈡夫妻的協議如果不利於子女，法院得依主管機關、社會福利機構或其他利害關係人之請求或依職權為子女之利益改定之。

㈢行使、負擔權利義務之一方未盡保護教養之義務或對未成年子女有不利之情事者，他方、未成年子女、主管機關、社會福利機構或其他利害關係人得為子女之利益，請求法院改定之。

㈣針對前面三種情形，法院得依請求或依職權，為子女之利益酌定權利義務行使負擔之內容及方法。

㈤法院得依請求或依職權，為未行使或負擔權利義務之一方酌定其與未成年子女會面交往之方式及期間。但其會面交往有妨害子女之利益者，法院得依請求或依職權變更之。

民法第1055條規定改變了過去臺灣有些婦女面對家庭暴力，擔心一旦離婚後，家暴或外遇的配偶取得對於未成年子女的保護教養權，讓婦女不能再看到自己的小孩的狀況。民法第1055條之1規定法院在遇到夫妻離婚時，對於有關未成年子女該由父親或母親取得保護教養之權利有所爭執時，在裁判時要考量的重要原則：「子女最佳利益原則」。民法第1055條之1規定：「法

院為前條裁判時，應依子女之最佳利益，審酌一切情狀，尤應注意下列事項：一、子女之年齡、性別、人數及健康情形。二、子女之意願及人格發展之需要。三、父母之年齡、職業、品行、健康情形、經濟能力及生活狀況。四、父母保護教養子女之意願及態度。五、父母子女間或未成年子女與其他共同生活之人間之感情狀況。六、父母之一方是否有妨礙他方對未成年子女權利義務行使負擔之行為。七、各族群之傳統習俗、文化及價值觀。前項子女最佳利益之審酌，法院除得參考社工人員之訪視報告或家事調查官之調查報告外，並得依囑託警察機關、稅捐機關、金融機構、學校及其他有關機關、團體或具有相關專業知識之適當人士就特定事項調查之結果認定之。」

# 捌、民法繼承編

## 一、限定繼承的原則

臺灣民法繼承之規定在 2009 年修法後，跟舊規定最大不同在於子女僅在特定情況下繼承父母的債務。根據民法第 1148 條第 2 項規定：「繼承人對於被繼承人之債務，以因繼承所得遺產為限，負清償責任。」為了避免有人死亡前脫產逃避債務，民法第 1148 條之 1 規定：「繼承人在繼承開始前二年內，從被繼承人受有財產之贈與者，該財產視為其所得遺產。前項財產如已移轉或滅失，其價額，依贈與時之價值計算。」

## 二、法定繼承人

民法繼承編主要規範一個人死亡且留有財產時，他的財產由誰繼承。根據民法規定，法定繼承人除了配偶外，必要跟被繼承人具有法律上的親屬關係（例如婚生子女，非婚生子女及養子女）。可以繼承的人之間是有先後順序的，只要有前順序的繼承人存在，後順序的繼承人就無法繼承。民法第 1138 條規定：「遺產繼承人，除配偶外，依左列順序定之：一、直系血親卑親屬。

二、父母。三、兄弟姊妹。四、祖父母。」值得特別留意的是,「直系血親卑親屬」包括男性與女性的子女、孫子女們。

## 三、應繼分

民法繼承編對於繼承人之間如何分配被繼承人的遺產有所規定。民法第 1144 條規定:「配偶有相互繼承遺產之權,其應繼分,依左列各款定之:一、與第一千一百三十八條所定第一順序之繼承人同為繼承時,其應繼分與他繼承人平均。二、與第一千一百三十八條所定第二順序或第三順序之繼承人同為繼承時,其應繼分為遺產二分之一。三、與第一千一百三十八條所定第四順序之繼承人同為繼承時,其應繼分為遺產三分之二。四、無第一千一百三十八條所定第一順序至第四順序之繼承人時,其應繼分為遺產全部。」

發生繼承事件時(被繼承人死亡)要注意民法有關代位繼承(第 1140 條)及喪失繼承的規定(第 1145 條)。

## 四、如何訂定有效遺囑及遺囑的效力

民法從第 1189 條到 1198 條規定如何訂一個有效的遺囑。訂遺囑的方式有五種:自書遺囑、公證遺囑、密封遺囑、代筆遺囑及口授遺囑。如果要訂定遺囑要特別注意這些規定。但多數人不瞭解,一個人在死前縱使訂了有效的遺囑並不表示他死後,財產就可以根據他的想法來處理。由於民法沒有給予人民根據自己的意思設定意定繼承人的規定,因此當一個人以遺囑表示要將財產給某些特定人時,這些人在法律上僅是受遺贈人。民法有保障法定繼承人特留分的權利。民法第 1223 條規定特留分,例如:直系血親卑親屬、父母及配偶的特留分是其應繼分的二分之一。兄弟姊妹及祖父母的特留分是其應繼分的三分之一。目前臺灣各級法院有許多關於繼承的糾紛案件,想進一步瞭解者請到司法院網站查詢[16]。

---

16 有關民法繼承編之內容請參考陳惠馨,民法繼承編——理論與實務一書,元照,2017 年。

# 第十一章
# 刑　法

---

## 📖 本章重點

1. 刑法的種類。

2. 刑法的變革。

3. 刑法總則的重要基本原則及理論：罪刑法定主義。

4. 犯罪階層理論與實際運作及刑法之因果關係。

5. 刑法有關故意與過失之規定。

6. 刑法總則有關犯罪型態的規定。

7. 刑的酌科，免除、減輕及緩刑規定。

8. 刑法所保護之法益：國家法益、社會法益與個人法益。

9. 刑法分則第 4 章公務員瀆職罪之犯罪類型。

10. 最高法院有關民意代表職務上之行為與實質影響力說之統一見解。

11. 貪污治罪條例立法目的、賄賂罪之不法核心、立法重點及特性。

---

# 壹、前　言

　　考選部所公布的法學緒論命題大綱提到刑法考試範圍為「刑法總則、刑法分則（與公務員執行職務有關之部分）」，在法學大意還增加貪污治罪條例。廣義的刑法指稱所有規範犯罪類型及其效果的法律。最重要的是普通刑法。在普通刑法之外，還有特別刑法與附屬刑法[1]。臺灣的普通刑法於 1935 年在

---

1　參考林東茂，刑法總則，一品文化，2021 年，三版，頁 3-5。王皇玉，刑法總則，新學林，2018

中國大陸訂定，現在繼續在臺灣、澎湖、金門及馬祖等地區有效。刑法分為總則與分則。最近幾年立法院針對刑法進行多次的修法。這部刑法在體例上雖然沒有太多變遷，但不少條文有重大修改，例如新增加第 5 章之 1 的沒收規定，或有關保安處分相關規定的修法等。特別刑法有少年事件處理法、陸海空軍刑法、洗錢防制法、貪污治罪條例、毒品危害防制條例、槍砲彈藥刀械管制條例、組織犯罪防制條例及懲治走私條例等。而附屬刑法則是指在其他非專屬刑法領域有關刑罰的規定，最常見的是智慧財產權法、公司法、公平交易法、證券交易法、藥事法、醫療法等均附有刑罰的規定。普通刑法中刑法總則所規範的基本原則，亦適用特別刑法與附屬刑法[2]。

## 貳、刑法的變革

刑法乃是規範人類犯罪行為之法律。所謂犯罪行為乃是指人類之一種偏差行為，而刑罰是國家針對人民犯罪行為所做的制裁手段。在不同時代或不同地區，國家對犯罪的定義有所不同。臺灣當前法學界在探討刑法或刑法學的變遷時，往往著重在影響臺灣及東亞各國當代刑法制度深遠的德國刑法與刑法學為中心；較少討論影響臺灣社會深遠的傳統中國處罰犯罪法律的歷史發展[3]。

在傳統中國春秋時代（西元前 536 年）已經出現鄭國刑鼎上所鑄的《刑書》，戰國時代魏國李悝收集當時七個國家的刑法典，編成《法經》六編，其內容有盜法、賊法、囚法、捕法、雜法、具法。《法經》六編在漢朝時，由蕭何增加了興律、廄律、戶律三編成為《漢律九章》。《漢律九章》的內容在經歷了魏、晉及南北朝的修改演變，最後發展出隋律及唐律的結構與內容[4]。

---

年，四版，頁 6。

2　參考林東茂，刑法總則，一品文化，2021 年，三版，頁 8。

3　參考王皇玉，刑法總則，新學林，2018 年，四版，頁 3–9。陳惠馨，德國近代刑法史，元照，2016 年，修訂二版。

4　參考沈家本，歷代律令，上冊，臺灣商務印書館，1976 年，「律令一」、「律令二」（該書出版時頁數

唐律是目前流傳最完整的中國古代跟刑罰有關的法律，市面上可以看到各種不同唐律的版本，多數都以《唐律疏議》為名，其內容包括唐律五百條（或五百零二條）之律文及唐朝的太尉長孫無忌編撰之《律疏》[5]。唐律分十二篇，第一篇名例篇共五十七條，內容相當於現代之刑法總則。而從第二至十篇分為衛禁篇（三十三條）、職制篇（五十九條）、戶婚篇（四十六條）、廄庫篇（二十八條）、擅興篇（二十四條）、賊盜篇（五十四條）、鬥訟篇（六十條）、詐偽篇（二十七條）、雜律篇（六十二條），類似今日刑法分則的規定。第十一篇捕亡篇，規範逃亡的刑法及追捕人犯的規定。第十二篇斷獄篇，則規範有關監禁囚犯及審判的法律，內容相當於現代刑事訴訟法及監獄行刑法之規定[6]。唐律之內容影響中國之後世，如五代、宋、遼、金、元、明、清等朝代的律典[7]。清朝末年為了取消領事裁判權，命刑部左侍郎沈家本及伍庭芳修訂法律，將《大清律例》的刑事部分修改為《大清現行刑律》，全文分為總則與分則二編。民國成立後，訂定中華民國暫行新刑律及中華民國刑法。1935 年訂定了現在在臺灣施行的這部刑法。過去二十多年，立法院有關刑法的修正超過三十次。目前在臺灣施行的刑法已經跟 1935 年開始施行的刑法有很大的不同，臺灣現行刑法目前的修法著重考量是否合乎憲法保障人民之自由與平等權以及維護人民的主體性與人性尊嚴。

　　由於刑罰是國家對於人民最嚴厲的處罰，當代刑法理論認為國家不可以隨意發動刑罰權。為了確保刑法的適用不會有疏漏因而侵害人民的基本權，當代刑法學乃發展出犯罪階層理論，給予法官在決定是否發動國家刑罰處罰人民時，透過較為周延的檢驗，避免因為擅斷對人民科處刑罰[8]。上述這些

---

不明）。

5　參考陳惠馨，中國法律史：比較法觀點，元照，2020 年，初版，頁 141–170。

6　有關傳統中國法律請參考陳惠馨，中國法律史：比較法觀點，元照，2020 年。

7　參考陳惠馨，清代法制新探，元照，2022 年。

8　王皇玉，刑法總則，新學林，2018 年，四版，頁 37。

當代刑法學的理論呈現出當代刑法與君主專制時期處罰人民之刑律不同之處。

# 參、刑法總則的重要基本原則及理論

## 一、罪刑法定主義

許多人認為罪刑法定主義是德國刑法學發展出來的，傳統中國沒有這個制度。事實上，傳統中國很早就要求審判者要根據法律進行審判，唐律第一篇第六卷「斷罪無正條」規定：「諸斷罪而無正條，其應出罪者，則舉重以明輕，其應入罪者，則舉輕以明重。」由於這條規定舉重以明輕及舉輕以明重，被認為法條可以類推適用，不符合當代罪刑法定原則。事實上當代罪刑法定的概念開始於西歐 17 世紀末以來的啟蒙思想，但一直到 19 世紀初才逐漸成為明文法律規定。刑法學者談到罪刑法定原則時，最常提到的是德國費爾巴哈的「無法律即無犯罪，無法律即無刑罰」的名言。但費爾巴哈當時提出罪刑法定原則主要呼應他提出的「心理強制論」，他認為法律如果能將犯罪要件及效果明文訂定，才能對於潛在可能的犯罪者產生威嚇效果，刑法學者稱此為一般預防思想[9]。罪刑法定原則的提出改變了德國原來刑法屬於習慣法的狀態。

罪刑法定原則在歷經百年來的刑法學者的討論，目前不再僅以威嚇人民，壓抑其犯罪動機為主要目標。19 世紀末德國學者封‧李斯特 (Von Liszt) 提倡特別預防理論，認為刑法除了以刑罰嚇阻人民犯罪之心理外，應具有教化功能，透過教育及感化矯正治療犯罪者，使其再社會化。當代刑法除了以傳統刑罰制裁犯罪者外，還發展出保安處分制度，希望透過教化，減少人民再犯的危險性。多數臺灣刑法學者會在刑法相關書籍中提到刑罰應該兼採應報主

---

9　王皇玉，刑法總則，新學林，2018 年，四版，頁 38。

義、一般預防理論及特別預防之理論。目前臺灣刑法除了規定傳統的刑罰，例如：死刑、無期徒刑、有期徒刑、拘役、罰金外，並在刑法總則第 12 章規定各種保安處分，希望透過感化教育、監護、禁戒等等處分，讓犯罪之行為人受到矯治教化。除了引入沒收制度外，近年來更引入認罪協商、社會勞動等制度，希望讓輕微犯罪之人有機會回到社會生活。

## （一）罪刑法定原則的重要意義

罪刑法定原則在現代刑法下的意涵有所變動。基本上可以分為下面幾種意義：

### 1. 習慣法不得作為論罪科刑的依據

習慣法不得作為論罪科刑依據的理論跟德國刑法的發展史有關。德國在 1532 年的《卡洛琳那法典》還承認刑法的法源可以是習慣法[10]。習慣法在罪刑法定主義原則下本來是不可以作為刑法的法源的。但如果習慣法對於犯罪行為人具有減輕刑罰的效果時，可以被考量作為有利於犯罪行為人的適用。例如在德國，習慣法可以被當成「超法規的緊急避難」加以適用。臺灣在審判實務上曾經認為某種習慣如果對於行為人是有利，可以納入考量判刑或刑度的減輕參考[11]。

### 2. 禁止類推適用

刑法的規定不能透過類推適用創造新的犯罪類型。最有名的例子是早期德國刑法規定的竊盜罪僅為對於「物」的偷竊行為。而在 19 世紀初，當有了電能與電器設備後，針對一個人竊取他人的電能是否為竊盜罪在德國曾經有非常激烈的討論。法院基於罪刑法定原則，認為法律沒有明文規定竊電是竊盜，因此對於竊電行為不予處罰。德國刑法後來增加有關竊電的處罰規定。臺灣現行刑法訂定於 1935 年，在刑法第 320 條規定動產竊盜罪，並在第 323

---

[10] 有關德國卡洛琳那法典的內容與發展，請參考陳惠馨，德國近代刑法史，元照，2016 年，修訂二版，頁 62。

[11] 王皇玉，刑法總則，新學林，2018 年，四版，頁 42。

條規定：「電能、熱能及其他能量，關於本章之罪，以動產論。」

### 3.罪刑明確性原則

　　司法院大法官在釋字第 636 號解釋中，針對檢肅流氓條例是否符合法律明確性原則加以解釋，其中提到：「……第二條第三款關於霸佔地盤、白吃白喝與要挾滋事行為之規定，雖非受規範者難以理解，惟其適用範圍，仍有未盡明確之處，相關機關應斟酌社會生活型態之變遷等因素檢討修正之。第二條第三款關於欺壓善良之規定，以及第五款關於品行惡劣、遊蕩無賴之規定，與法律明確性原則不符。」

　　司法院大法官在釋字第 777 號解釋中說明，刑法第 185 條之 4 規定：「駕駛動力交通工具肇事，致人死傷而逃逸者，處六月以上五年以下有期徒刑。」中「肇事」的用語不是一般受規範者所得理解或預見，於此範圍內，其文義有違法律明確性原則，此違反部分，應自本解釋公布之日起失其效力[12]。

### 4.不溯及既往原則

　　所謂不溯及既往原則係指刑法只適用於其生效以後的行為，對於生效以前的行為不得加以適用。近年來刑法有所修改，新修正的刑法認為如果新修正的刑法規定對於行為人較為有利時，則應適用新的刑法規定。

### （二）罪刑法定原則的成文規定

　　刑法第 1 條規定：「行為之處罰，以行為時之法律有明文規定者為限。拘束人身自由之保安處分，亦同。」第 2 條規定：「行為後法律有變更者，適用行為時之法律。但行為後之法律有利於行為人者，適用最有利於行為人之法律。沒收、非拘束人身自由之保安處分適用裁判時之法律。處罰或保安處分之裁判確定後，未執行或執行未完畢，而法律有變更，不處罰其行為或不施以保安處分者，免其刑或保安處分之執行。」此一規定可以說是罪刑法定原則的落實。

---

[12] 關於大法官這幾號解釋請見司法院，網頁：https://cons.judicial.gov.tw/judcurrent.aspx?fid=2195。

## 二、犯罪階層理論與實際運作

當代刑法學透過犯罪階層理論來確認一個人行為是否已經犯罪，國家是否應該動用刑罰權對於行為人加以處罰。學說上有所謂的三階理論與二階理論。不管是哪種理論，都主張要確認一個人的行為是否屬於刑法所規範的犯罪行為，都要經過三個或兩個層次加以審查。以三階理論為例，就是要審查行為人的行為是否符合犯罪構成要件該當性、違法性與有責性等三個層面。二階理論則是將犯罪構成要件及違法性結合為一，加上有責性則為二階理論[13]。

所謂犯罪構成要件該當性，指行為人的行為是否符合刑法所描述的犯罪行為，例如客觀上是否有殺人或竊盜的行為，主觀上是否有故意殺人或竊盜的行為。在三階理論將故意或過失放在犯罪構成要件與罪責加以檢驗。

所謂違法性則是檢查犯罪是否有阻卻違法事由，一個人的犯罪如果沒有阻卻違法事由，那麼就具有違法性。刑法第 21 條規定：「依法令之行為，不罰。依所屬上級公務員命令之職務上行為，不罰。但明知命令違法者，不在此限。」依法執行死刑的人（傳統稱為劊子手）是根據法令而為，雖然有殺人的事實，但有阻卻違法事由，因此不會受到殺人罪的處罰。刑法第 22 條規定：「業務上之正當行為，不罰。」醫生為病人治病動手術，不會構成傷害罪，因為開刀動手術屬於業務上的正當行為。

有責性部分，除了在確認行為人的故意與過失外，還確認行為人是否具備責任能力。例如刑法第 18 條規定：「未滿十四歲人之行為，不罰。十四歲以上未滿十八歲人之行為，得減輕其刑。滿八十歲人之行為，得減輕其刑。」刑法第 19 條規定：「行為時因精神障礙或其他心智缺陷，致不能辨識其行為

---

13　參考林東茂，刑法總則，一品文化，2021 年，三版。王皇玉，刑法總則，新學林，2018 年，四版，頁 119。

違法或欠缺依其辨識而行為之能力者，不罰。行為時因前項之原因，致其辨識行為違法或依其辨識而行為之能力，顯著減低者，得減輕其刑。前二項規定，於因故意或過失自行招致者，不適用之。」上述未滿十四歲等人雖然不會受到刑罰的制裁，但卻要被施以感化教育或監護處分。

## 三、因果關係：行為與結果的關係

所謂犯罪乃指有刑事責任能力的人，在無阻卻違法的事由時，因為故意或過失，所為符合犯罪構成要件之侵害法益的不法行為。不管是人或法人都可以是犯罪的主體。而所謂犯罪構成要件則是立法者在刑法中對某些行為之禁止或要求。但一個人的行為是否造成刑法要處罰的效果，還要注意因果關係。以刑法第 271 條第 1 項規定為例，其規定「殺人者，處死刑、無期徒刑或十年以上有期徒刑」。假設 A 開車撞傷 B 後，B 因大腿折斷住院，住院當天醫院發生火災，B 逃避不及，而被煙燻死，A 是否觸犯刑法第 271 條第 1 項之規定而要受殺人罪之制裁？在此情形下，要考量的是 A 之行為與 B 的死亡之間究竟有無相當因果關係。如果沒有因果關係，那麼 A 可能要受到傷害罪的制裁，而非故意或過失殺人罪的制裁。

又例如 A 與 B 在 C 的藝術古董店中觀看陳列的古董花瓶，B 突然自 A 的背後推 A 一下，致使 A 撞倒 C 古董店中價值一百萬元的古董花瓶。此時 A 是否有觸犯刑法第 354 條毀損器物之罪需要加以討論。如果 A 在被 B 推撞之際，毫無可能控制自己不去撞到古董花瓶，此時 A 若撞倒古董花瓶應該是在他沒有辦法控制的情況下發生。因此，雖然 A 撞毀該古董花瓶，但 A 不必受到毀損器物罪之制裁。而如果 B 是故意推 A 去撞古董花瓶，那麼 B 之行為就如同拿一個物品撞壞古董花瓶般，故 B 可能觸犯刑法第 354 條之毀損器物罪。

由上述二個例子，可以知道犯罪行為成立與否要考量之因素甚多，最重要的是要有行為，而且此一行為應該與結果之間有一定因果關係。所謂行為

乃指由意思發動的舉動。因此，如果僅是心中的考量並未表現於行為，則不構成犯罪。如果不是基於自由意志的行為，例如：夢中的動作或被強制的行為（如因前面車輛的緊急剎車，強迫後車亦緊急剎車或轉道）也不是刑法要處罰的行為。比較需要討論的是，哪些消極的不作為行為是刑法處罰的對象？例如：有父母不餵嬰兒飲食或不帶生病的兒童就醫，任其餓死或病死，屬於刑法所要處罰的行為。

　　行為與結果間要有一定之關係。但要如何確定行為與結果之間具有關係呢？學說上有因果關係論、目的行為論及社會行為理論等學說。這些理論主要處理比較特別的事實，用以決定一個人的行為是否要為特定結果負責。前面提到的案例，A 開車撞傷 B，B 因而住院，在住院當晚 B 因為醫院火災而死亡。A 是否應該為 B 的死亡負殺人罪責任？從社會行為理論的觀點，由於醫院的失火並非經常發生且不是 A 所能控制的事情，因此 A 僅應對 B 負傷害罪責，但非殺人罪之罪責。

## 四、故意與過失

　　刑法主要處罰故意和過失的行為。至於何謂故意？何謂過失？刑法有明確規定。刑法第 12 條規定：「行為非出於故意或過失者，不罰。過失行為之處罰，以有特別規定者，為限。」刑法規定的故意，學理上區分為直接故意與間接故意。刑法第 13 條規定：「行為人對於構成犯罪之事實，明知並有意使其發生者，為故意。行為人對於構成犯罪之事實，預見其發生而其發生並不違背其本意者，以故意論。」直接故意的情形，例如：甲基於讓乙死亡的故意，知道朝乙的心臟開槍，乙必然會死亡，甲舉槍射擊乙，乙當場死亡，那麼甲成立故意殺人既遂罪。

　　間接故意的情形，則例如：A 在一百公尺外想射殺 C，此時 B 跟 C 同時站在一起談話，A 明知可能會射中 B 仍然開槍，且射中 B 亦不違背 A 的本意，B 因中槍而死亡。一般認為此時 A 之行為應該以（間接）故意論，因此

為故意殺人罪。又例如，如果 A 是朝不特定的群眾開槍，殺人時並未有特定目標，但如果有人被槍擊中，則 A 雖然沒有殺死任何一人，但仍成立殺人未遂罪。

　　刑法第 14 條規定：「行為人雖非故意，但按其情節應注意，並能注意，而不注意者，為過失。行為人對於構成犯罪之事實，雖預見其能發生而確信其不發生者，以過失論。」當 A 夜間開車，行經斑馬線，未能注意著深色衣服過街的行人 B，而將 B 撞死，若 A 能減速慢行必然會注意到 B，但 A 卻疏於注意，撞死 B，A 應負過失殺人罪責。又例如 A 在狹小的巷內開車，路旁有一群兒童，A 自認駕車技術高超，必能閃過小孩，但不料 B 卻突然從路邊衝出，A 乃撞死行人 B。此時 A 在看到一群兒童時，原應減速慢行，但卻確信不會有事，因此，此時 A 將成立過失致人於死罪。刑法第 16 條規定：「除有正當理由而無法避免者外，不得因不知法律而免除刑事責任。但按其情節，得減輕其刑。」第 17 條規定：「因犯罪致發生一定之結果，而有加重其刑之規定者，如行為人不能預見其發生時，不適用之。」

## 五、刑法總則對於犯罪型態的規定

　　刑法根據各種不同的犯罪構成要件將行為區分不同的犯罪型態，說明如下：

### （一）既遂犯及未遂犯

　　所謂既遂犯指行為人所實施之犯罪行為，已發生一定之結果。例如：偷竊他人動產，已經取得對該動產之占有。未遂犯則指已著手於犯罪行為之實行，但沒有完成者。刑法所規定的未遂犯分為三種類型。刑法第 25 條規定普通未遂：「已著手於犯罪行為之實行而不遂者，為未遂犯。未遂犯之處罰，以有特別規定者為限，並得按既遂犯之刑減輕之。」刑法第 26 條規定不能未遂：「行為不能發生犯罪之結果，又無危險者，不罰。」刑法第 27 條第 1 項規定中止未遂：「已著手於犯罪行為之實行，而因己意中止或防止其結果之發

生者，減輕或免除其刑。結果之不發生，非防止行為所致，而行為人已盡力為防止行為者，亦同。」例如：甲著手燒乙的房子，於火燃燒之際，甲突然心生悔意，主動將火熄滅，則屬於第 27 條所規定之未遂犯。

## （二）共同正犯、教唆犯、幫助犯

過去臺灣刑法區分共犯與從犯，立法者基於近代刑法之個人責任原則及法治國人權保障之思想，修正為正犯、教唆犯及幫助犯等。刑法第 28 條規定：「二人以上共同實行犯罪之行為者，皆為正犯。」所謂共同實行犯罪行為，雖不以參與全部犯罪行為為限，但須分擔實施一部分始為共同正犯。例如：甲與乙共同將丙拉出毆打，丁並在丙擬逃走之際，將之抱住不放，使乙得下手殺死丙，此時甲、乙及丁成立共同殺人之正犯。

刑法第 29 條規定：「教唆他人使之實行犯罪行為者，為教唆犯。教唆犯之處罰，依其所教唆之罪處罰之。」刑法第 30 條將原來的幫助犯為從犯之規定改為：「幫助他人實行犯罪行為者，為幫助犯。雖他人不知幫助之情者，亦同。幫助犯之處罰，得按正犯之刑減輕之。」刑法第 31 條規定：「因身分或其他特定關係成立之罪，其共同實行、教唆或幫助者，雖無特定關係，仍以正犯或共犯論。但得減輕其刑。因身分或其他特定關係致刑有重輕或免除者，其無特定關係之人，科以通常之刑。」

## （三）累犯、想像競合犯等

### 1. 累犯

刑法第 47 條規定兩種型態之累犯，一種為：「受徒刑之執行完畢，或一部之執行而赦免後，五年以內故意再犯有期徒刑以上之罪者，為累犯，加重本刑至二分之一。」另一種為：「第九十八條第二項關於因強制工作而免其刑之執行者，於受強制工作處分之執行完畢或一部之執行而免除後，五年以內故意再犯有期徒刑以上之罪者，以累犯論。」

### 2. 一行為觸犯數罪名：想像競合犯

刑法第 55 條規定：「一行為而觸犯數罪名者，從一重處斷。但不得科以

較輕罪名所定最輕本刑以下之刑。」現行刑法將原來第 55 條後段的牽連犯以及第 56 條的連續犯規定加以刪除。立法者認為連續犯具有數罪之本質，基於刑罰公平原則之考量應予刪除。

### （四）刑的酌科，免除、減輕或緩刑

#### 1.刑之酌科

刑法第 57 條設計各種科刑考量，讓審判者可以在量刑時針對個案的狀況，給予減輕或加重之判決。其規定：「科刑時應以行為人之責任為基礎，並審酌一切情狀，尤應注意下列事項，為科刑輕重之標準：一、犯罪之動機、目的。二、犯罪時所受之刺激。三、犯罪之手段。四、犯罪行為人之生活狀況。五、犯罪行為人之品行。六、犯罪行為人之智識程度。七、犯罪行為人與被害人之關係。八、犯罪行為人違反義務之程度。九、犯罪所生之危險或損害。十、犯罪後之態度。」

#### 2.免刑、減輕

刑法第 61 條針對特定犯罪給予免刑之可能，例如：最重本刑為三年以下有期徒刑、拘役或專科罰金之罪（但有例外），竊盜罪、侵占罪、詐欺罪、背信罪、恐嚇罪、贓物罪等及情節輕微，顯可憫恕，認為依刑法第 59 條規定減輕其刑仍嫌過重者，得免除其刑。

#### 3.緩刑

刑法第 74 條第 1 項規定：「受二年以下有期徒刑、拘役或罰金之宣告，而有下列情形之一，認以暫不執行為適當者，得宣告二年以上五年以下之緩刑，其期間自裁判確定之日起算：一、未曾因故意犯罪受有期徒刑以上刑之宣告者。二、前因故意犯罪受有期徒刑以上刑之宣告，執行完畢或赦免後，五年以內未曾因故意犯罪受有期徒刑以上刑之宣告者。」

刑法第 74 條第 2 項規定，緩刑宣告，得斟酌情形，命犯罪行為人為幾種行為，例如：向被害人道歉；立悔過書；向被害人支付相當數額之財產或非財產上之損害賠償；向公庫支付一定之金額；向指定之政府機關、政府機構、

行政法人、社區或其他符合公益目的之機構或團體，提供四十小時以上二百四十小時以下之義務勞務等等。

刑法第 75 條之 1 規定，緩刑在特定情形下，如果難收預期效果，而有執行刑罰之必要者，得撤銷緩刑宣告。

### （五）假　釋

刑法第 77 條規定：「受徒刑之執行而有悛悔實據者，無期徒刑逾二十五年，有期徒刑逾二分之一、累犯逾三分之二，由監獄報請法務部，得許假釋出獄。」第 78 條則規定假釋的撤銷，例如假釋中因故意更犯罪，受逾六月有期徒刑之宣告確定者，撤銷其假釋。

# 肆、刑法分則所保護之法益：國家法益、社會法益與個人法益

刑法存在的目的在於保護社會共同生活者的各種利益，例如：生命、身體、健康、自由、名譽及財產等。因此將刑法分則各章之犯罪所要保護的利益稱為法益。學說上區分刑法所保護之法益為國家法益、社會法益及個人法益等。事實上犯罪可能同時危害國家、社會與個人，上面有關法益的分類，是為了強調該規定主要保護的法益，並未排除有保護其他法益的可能。

## 一、侵害國家法益之罪

刑法分則首先規範保護國家的存在及國家統治的運作。刑法分則第 1 章至第 10 章的內亂罪、外患罪、瀆職罪、妨害國交罪、妨害公務罪、妨害投票罪、妨害秩序罪、脫逃罪、藏匿人犯及湮滅證據罪、偽證及誣告罪等均在針對侵害國家權力作用運作之行為加以規範，因此，學者將刑法分則第 1 章到第 10 章的規定稱為規範侵害國家法益之犯罪。除了刑法分則各章規定外，陸海空軍刑法、洗錢防制法、貪污治罪條例、懲治走私條例等法規都屬於保護國家法益之刑法規定。

## 二、侵害社會法益之罪

所謂侵害社會法益之罪指侵害人類社會共同生活之安全、交易信用、經濟秩序、性秩序、家庭生活的犯罪行為。這些犯罪行為往往也侵害個人之法益。刑法分則第 11 章至第 15 章及第 16 章之 1 至第 21 章的公共危險罪（放火、決水、危險物、妨害交通、妨害公眾衛生等行為）、偽造貨幣罪、偽造有價證券罪、偽造度量衡罪、偽造文書印文罪、妨害風化罪、妨害婚姻及家庭罪（重婚、詐術結婚、和誘、略誘）、褻瀆祀典及侵害墳墓屍體罪、妨害農工商罪、鴉片罪、賭博罪等均屬於侵害社會法益之犯罪。當然這種犯罪往往也同時侵害特定個人。在時代變遷中，當前侵害社會法益的犯罪類型增加，各種特別刑法希望嚇阻此類犯罪。例如：毒品危害防制條例、槍砲彈藥刀械管制條例、組織犯罪防制條例等都屬於侵害社會法益之犯罪。其中槍砲彈藥刀械管制條例，對於未經許可製造、販賣、運輸、持有、寄藏或陳列槍砲、刀械者處以重刑。又例如毒品危害防制條例對於販賣、運輸、製造第一級毒品者處死刑或無期徒刑；對於意圖製造毒品而栽種罌粟者，處無期徒刑或七年以上有期徒刑，得併科新臺幣七百萬元以下罰金。都是希望透過刑罰阻止人民做出侵害社會大眾的各項權利。

## 三、侵害個人法益之罪

侵害個人法益之罪又可分為侵害生命、健康、身體及人格權之犯罪及侵害財產之犯罪。刑法分則第 16 章、第 22 章至第 28 章規定之妨害性自主罪、殺人罪（普通殺人、殺害直系血親尊親屬、加工自殺、過失致死等）、傷害罪、墮胎罪、遺棄罪、妨害自由罪、妨害名譽及信用罪、妨害秘密罪等主要會侵害個人生命、身體及人格權之犯罪。而刑法分則第 29 章至第 35 章之竊盜罪（普通竊盜、加重竊盜等）、搶奪強盜及海盜罪、侵占罪（普通侵占、公務侵占、侵占遺失物）、詐欺罪（普通詐欺、準詐欺、背信、重利等）、恐嚇

及擄人勒贖罪、贓物罪及毀棄損壞罪則較屬於侵害個人財產之犯罪。

　　2023 年 2 月立法院新增修刑法分則第 28 章之 1 以刑法第 319 條之 1 至第 319 條之 6，共六條條文規範妨害性隱私及不實性影像罪，值得特別關注[14]。

# 伍、與公務員執行職務有關之刑法規定

　　刑法分則共有三十六章，考試院所公布的國家考試法學緒論或法學大意刑法科目的考試範圍主要是刑法分則跟公務員執行職務有關的規定為主。其所牽涉的規定如下：

## 一、與公務員執行職務有關的刑法規定

　　所謂與公務員執行職務有關的刑法規定，可以分為狹義定義與廣義定義兩種。狹義指針對具有公務員身分之人，主要規範在刑法分則第 4 章瀆職罪（刑法第 120 條到第 134 條）及貪污治罪條例等特別刑法之規定。刑法分則第 4 章瀆職罪的規定，可以分為兩項：1. 對特定職務公務員的犯罪處罰規定，例如刑法第 124 條：「有審判職務之公務員或仲裁人，為枉法之裁判或仲裁者，處一年以上七年以下有期徒刑。」這條規定主要針對有審判職務的公務員及仲裁人。2. 對所有公務員的犯罪處罰規定：刑法第 121 條：「公務員或仲裁人對於職務上之行為，要求、期約或收受賄賂或其他不正利益者，處七年以下有期徒刑，得併科七十萬元以下罰金。」這條規定處罰所有公務員及仲裁人。

　　與公務員執行職務有關規定的廣義解釋，則除了上述提到的狹義定義之

---

14 例如，刑法第 319 條之 1 規定：「未經他人同意，無故以照相、錄影、電磁紀錄或其他科技方法攝錄其性影像者，處三年以下有期徒刑。意圖營利供給場所、工具或設備，便利他人為前項之行為者，處五年以下有期徒刑，得併科五十萬元以下罰金。意圖營利、散布、播送、公然陳列或以他法供人觀覽，而犯第一項之罪者，依前項規定處斷。前三項之未遂犯罰之。」

刑法規定外，還包含人民對於公務員在執行職務時，加以妨害的各種犯罪類型。例如：刑法分則第 5 章妨害公務罪，第 6 章妨害投票罪等等。本書作者認為考選部法學緒論之大綱應僅指狹義的與公務員執行職務有關之刑法規定。也就是刑法分則第 4 章及貪污治罪條例之規定。貪污治罪條例第 2 條規定：「公務員犯本條例之罪者，依本條例處斷。」貪污治罪條例是特別法，當公務員的犯罪同時觸犯刑法分則瀆職罪與貪污治罪條例之罪則時，根據特別法優於普通法原則，優先適用貪污治罪條例。

## 二、公務員之定義

針對何謂公務員？刑法總則第 10 條第 2 項定義如下：「稱公務員者，謂下列人員：一、依法令服務於國家、地方自治團體所屬機關而具有法定職務權限，以及其他依法令從事於公共事務，而具有法定職務權限者。二、受國家、地方自治團體所屬機關依法委託，從事與委託機關權限有關之公共事務者。」根據行政院人事總局的統計顯示，全國公教人力實有人數在中央政府，包括總統府所屬，行政院，立法院，司法院，考試院，監察院總共有 194,886 人，其中行政院所屬公教人力實有人數就有 176,337 人[15]。而各地方政府所屬公教人力實有人數則有 383,983 人。2022 年全國公立學校教師人數則有 185,174 人[16]。刑法所定義的公務員是否包含上述統計之所有公教人數，值得討論。大法官在 1992 年作出釋字第 308 號解釋，其中針對公立學校聘任的教師是否為公務員，有下面論述：「公立學校聘任之教師係基於聘約關係，擔任教學研究工作，與文武職公務員執行法令所定職務，服從長官監督之情形有所不同，故聘任之教師應不屬於公務員服務法第二十四條所稱之公務員。惟

---

[15] 參考行政院人事行政總處之統計資料，網頁：https://www.dgpa.gov.tw/information?uid=499&pid=10939，表一：近十年行政院所屬公教人力實有人數。

[16] 以上資料取自行政院人事行政總處之統計資料，網頁：https://www.dgpa.gov.tw/information?uid=499&pid=10939 的各項表，例如近十年行政院所屬公教人力實有人數表等等。

此類教師如兼任學校行政職務，就其兼任之行政職務，仍有公務員服務法之適用。」

釋字第 308 號解釋主要確認兼學校行政職務的教師有公務員服務法之適用。有學者針對刑法第 10 條第 2 項所規定之公務員區分為身分公務員及授權公務員或委託公務員。所謂身分公務員指的就是刑法第 10 條第 2 項第 1 款所稱之「依法令服務於國家、地方自治團體所屬機關而具有法定職務權限，以及其他依法令從事於公共事務，而具有法定職務權限者。」其職務包含行政、立法與司法等高權事務，涵蓋干預行政、計畫行政、給付行政等[17]。而授權公務員或委託公務員則為刑法第 10 條第 2 項第 2 款所稱之「受國家、地方自治團體所屬機關依法委託，從事與委託機關權限有關之公共事務者。」例如：在營造物、公法社團、公法財團及行政法人等行政主體服務而從事於公共事務的人[18]。

# 陸、最高法院有關民意代表職務上之行為與實質影響力說之統一見解

最高法院針對民意代表（立法委員或地方議會議員）是否為刑法上的公務員有不同的意見，2022 年 6 月 22 日最高法院以 110 年度台上大字第 5217 號刑事裁定提案，請求最高法院刑事大法庭針對民意代表是否為公務員達成統一見解，提案說明如下[19]：

「下列法律問題，本庭（徵詢時為刑事第八庭）經評議後，本院先前裁判之法律見解已有歧異，爰提案予刑事大法庭裁判：

---

17 參考許澤天，刑法分則，新學林，2021 年，下冊三版，頁 471。
18 參考許澤天，刑法分則，新學林，2021 年，下冊三版，頁 472。
19 參考司法院裁判書系統中之「最高法院刑事提案裁定 110 年度台上大字第 5217 號」，網頁：https://judgment.judicial.gov.tw/FJUD/default.aspx，最高法院於 2022 年 6 月 22 日做出此一刑事提案裁定。

　　本案提案之法律問題：

　　一、民意代表受託於議場外對行政機關或公營事業機構承辦人員為關說、請託或施壓等特定行為，是否屬民意代表『職務上之行為』？得否即援引一般公務員所謂『實質影響力說』作為認定之標準？

　　二、民意代表違反公職人員利益衝突迴避法（下稱利益衝突迴避法）第12條禁止假借職權圖利之規定，是否該當貪污治罪條例第6條第1項第5款非主管或監督事務圖利罪所稱『違背法律、法律授權之法規命令、職權命令、自治條例、自治規則、委辦規則或其他對多數不特定人民就一般事項所作對外發生法律效果之規定』（下稱違背法令）之要件？」

　　經過刑事大法庭受理、辯論後，最高法院在2023年3月2日以110年度台上大字第5217號裁定達成統一見解，在司法院所發布最高法院審理110年度台上大字第5217號林益世違反貪污治罪條例案件新聞稿（112-刑04）提到[20]：

　　「㈠本件所涉民意代表受託於議場外對行政機關或公營事業機構人員為關說、請託或施壓等行為，是否屬民意代表『職務上之行為』？民意代表違反公職人員利益衝突迴避法（下稱利益衝突迴避法）第12條禁止假借職權圖利之規定，是否該當貪污治罪條例第6條第1項第5款圖利罪所稱之違背法律？此二項法律爭議，本院刑事大法庭受理、辯論後，於112年3月2日以110年度台上大字第5217號裁定宣示主文：民意代表受託於議場外對行政機關或公營事業機構人員為關說、請託或施壓等行為，實質上係運用其職務或身分地位之影響力，使該管承辦人員為積極之行為或消極不為行為，如形式上又具公務活動之性質者，即與其職務具有密切關連，該當於貪污治罪條例第5條第1項第3款公務員職務受賄罪之職務上之行為。民意代表違反公職人員利益衝突迴避法第12條之規定，該當貪污治罪條例第6條第1項第5款圖利

---

[20] 關於此一司法院新聞稿請見司法院，網頁：https://www.judicial.gov.tw/tw/cp-1888-822088-f3d86-1.html，上網日期：2023年3月4日。

罪所稱之『違背法律』。」達成統一見解[21]。

# 柒、刑法分則第 4 章公務員瀆職罪之犯罪類型

刑法第 120 條到第 134 條規範瀆職罪，學說上區分為一般受賄罪、加重受賄罪、枉法之裁判或仲裁者等[22]。

## 一、一般受賄罪

一般受賄罪指的是刑法第 121 條規定之犯罪。其規定：「公務員或仲裁人對於職務上之行為，要求、期約或收受賄賂或其他不正利益者，處七年以下有期徒刑，得併科七十萬元以下罰金。」這條規定的犯罪者必須要具有公務員或仲裁人身分。如果一個人還沒有取得公務員或仲裁人的身分預先以職務之行為，要求、期約或收受賄賂或其他不正利益時，則屬於刑法第 123 條所規定之準受賄罪[23]。這個條文必須是公務員或仲裁人對於職務行為要求、期

---

[21] 在此一新聞稿中還提到下面意見：「(二)第二審判決認被告上載關說、請託及施壓等行為非屬民意代表職務上之行為所採之判準，不僅有違本院前揭統一之法律見解，且就被告發揮影響力行為之來源究係運用其職權關係或係豐沛之地方勢力及政黨關係，其事實之記載與理由說明互相歧異，有適用法則不當及理由矛盾之違誤。(三)第二審判決對於被告是否明知違反利益衝突迴避法第 12 條之規定，及就所認某憑藉職權關係對中鋼公司、中聯公司高層人事選派之影響力，所為關說、請託或施壓等行為，能否謂係利用其職權機會或身分而為影響？俱未及審酌說明，並根究明白，此攸關被告是否成立貪污治罪條例非主管或監督事務圖利罪，影響所犯罪名之認定及本件適用法律之基礎，遽行判決，有調查未盡及理由欠備之違法。(四)第二審判決認定被告係向鄒若齊、翁朝棟為請託、施壓等行為，理由以公股代表擔任之公司董事長、總經理並非公務員，所為公司經營事項之決定非有關公務決定或執行，認被告對其等所為請託或施壓等行為，非屬立法委員職務上之行為等之說明，與證人張家祝、鄒若齊所證情節未盡相合，並有理由欠備及調查未盡之違失。(五)第二審判決所認被告假借職務上之權力及機會，故意犯恐嚇得利犯行之事實，與起訴基本社會事實同一，僅起訴法條有異，除未依法變更起訴法條，遽改論上開罪名，復就起訴罪名不另為無罪諭知，其法則之適用，難謂適法。上述違背法令，影響於事實之確定，本院無可據以為裁判，應認此部分有撤銷發回更審之原因。」關於此一司法院新聞稿請見司法院，網頁：https://www.judicial.gov.tw/tw/cp-1888-822088-f3d86-1.html，上網日期：2023 年 3 月 4 日。

[22] 參考許澤天，刑法分則，新學林，2021 年，下冊三版，頁 469–527。

[23] 刑法第 123 條規定：「於未為公務員或仲裁人時，預以職務上之行為，要求期約或收受賄賂或其他不正利益，而於為公務員或仲裁人後履行者，以公務員或仲裁人要求期約或收受賄賂或其他不正利

約或收受賄賂或其他不正利益。最高法院 110 年度台上大字第 5217 號刑事提案裁定中針對何謂公務員職務？有下面描述[24]：

「參、本庭擬採之法律見解：一、法律問題一，擬採甲-2 說，理由補充如下：㈠公務員之職務難於法令逐一列舉，尤其在政務官，大抵祇有概括規定，而民意代表之立法委員、議會議員及代表會之代表等，係合議制，原則上其個人並無特定之職權。本院判決先例（58 年台上字第 884 號）且認『公務員賄賂罪所謂職務上之行為，係指公務員在其職務範圍內所應為或得為之行為』，因此所謂職務行為，不以法令所列舉之職務為限，其『得為之行為』同包括在內，此概括之規定，在無法逐一列舉之情形下，我國實務近年來於文義射程範圍內採廣義解釋，除於本院 103 年度第 8 次刑事庭會議決議，就『職務上之行為』擴張及於一般職務權限行為，不以公務員實際上所具體負擔之事務為限，亦即在法令上係屬該公務員之一般職務權限，即該當賄賂罪之『職務性』要件，並引進日本實務及學界已形成共識之『與職務密切關連的行為』概念以為補充，肯認『職務密切關連行為』得涵攝於『職務上之行為』文義範圍內，亦屬職務行為之範圍，此有本院 107 年度台上字第 1563 號等判決，均採相同見解。」

## 二、加重受賄罪

加重受賄罪又可以稱為違背職務受賄罪，刑法第 122 條第 1 項及第 2 項規定：「公務員或仲裁人對於違背職務之行為，要求、期約或收受賄賂或其他不正利益者，處三年以上十年以下有期徒刑，得併科二百萬元以下罰金。因而為違背職務之行為者，處無期徒刑或五年以上有期徒刑，得併科四百萬元以下罰金。」所謂違背職務之行為，例如：違反職務之義務，也就是牴觸法

---

益論。」

24 參考司法院裁判書系統中之「最高法院刑事提案裁定 110 年度台上大字第 5217 號」，網頁：https://judgment.judicial.gov.tw/FJUD/default.aspx，上網日期：2023 年 3 月 4 日。

律、法規命令、行政規則、方針等之行為。違反的方式可以是作為或不作為[25]。

## 三、針對特定公務員的枉法裁判或仲裁罪

刑法第 124 條規定：「有審判職務之公務員或仲裁人，為枉法之裁判或仲裁者，處一年以上七年以下有期徒刑。」這個規定主要針對有審判權的公務員。目前臺灣司法院有審判權的公務員範圍擴張，各個不同種類法院有審判權的公務員應該都屬之。

## 四、針對特定公務員濫用職權或違法追訴之行為或圖利行為罪

刑法第 125 條規定：「有追訴或處罰犯罪職務之公務員，為左列行為之一者，處一年以上七年以下有期徒刑：一、濫用職權為逮捕或羈押者。二、意圖取供而施強暴脅迫者。三、明知為無罪之人，而使其受追訴或處罰，或明知為有罪之人，而無故不使其受追訴或處罰者。因而致人於死者，處無期徒刑或七年以上有期徒刑。致重傷者，處三年以上十年以下有期徒刑。」

刑法第 126 條到第 130 條都屬於針對有特定職務之公務員訂定的瀆職罪，例如第 128 條規定：「公務員對於訴訟事件，明知不應受理而受理者，處三年以下有期徒刑。」第 129 條第 1 項、第 2 項規定：「公務員對於租稅或其他入款，明知不應徵收而徵收者，處一年以上七年以下有期徒刑，得併科二十一萬元以下罰金。公務員對於職務上發給之款項、物品，明知應發給而抑留不發或剋扣者，亦同。」

## 五、主管或有監督權之公務員之圖利罪

刑法第 131 條規定：「公務員對於主管或監督之事務，明知違背法令，直接或間接圖自己或其他私人不法利益，因而獲得利益者，處一年以上七年以

---

[25] 參考許澤天，刑法分則，新學林，2021 年，下冊三版，頁 505。

下有期徒刑，得併科一百萬元以下罰金。」

## 六、廢弛職務釀成災害者

刑法第 130 條規定：「公務員廢弛職務釀成災害者，處三年以上十年以下有期徒刑。」

## 七、洩漏或交付秘密罪

刑法第 132 條第 1 項與第 2 項規定：「公務員洩漏或交付關於中華民國國防以外應秘密之文書、圖畫、消息或物品者，處三年以下有期徒刑。因過失犯前項之罪者，處一年以下有期徒刑、拘役或九千元以下罰金。」

## 八、對於公務員之加重處罰規定

刑法第 134 條規定：「公務員假借職務上之權力、機會或方法，以故意犯本章以外各罪者，加重其刑至二分之一。但因公務員之身分已特別規定其刑者，不在此限。」

# 捌、貪污治罪條例

## 一、貪污治罪條例為刑法之特別法及其立法目的

貪污治罪條例第 1 條規定：「為嚴懲貪污，澄清吏治，特制定本條例。」第 2 條規定：「公務員犯本條例之罪者，依本條例處斷。」由此可知貪污治罪條例是刑法分則瀆職罪的特別規定。以「公務員違背職務」作為關鍵字，在司法院判決書查詢系統可以看到裁判書的案由幾乎都是「違反貪污治罪條例等罪」。最高法院在 110 年度台上大字第 5217 號刑事裁定說明了貪污治罪條例的立法目的：「貪污治罪條例第 1 條規定其立法目的在於『嚴懲貪污，澄清吏治』，公務員賄賂罪之保護法益係要求公務員公正執行職務兼及保護國民對

於公務員職務行使公正性之信賴，而公務員（違背）職務受賄罪（下稱本罪），其可罰性基礎，係就公務員以對價方式出賣其（違背）職務行為，已破壞國家公務執行之公正及人民之信賴，或具侵害的危險性。」

## 二、貪污治罪條例有關賄賂罪之不法核心

最高法院 110 年度台上字第 1487 號刑事判決提到：「賄賂罪之不法核心在於公務員以其職務上或違背職務行為作為圖謀不法利益的工具，此類收受賄賂或不正利益犯行因公務員實施或允諾實施特定職務上或違背職務行為，係作為相對人現在或未來交付財物或利益之報償，其間之不法對價關係，既已提升國家體制功能遭受破壞之風險，為維護國家體制功能健全無虞，貪污治罪條例第 4 條第 1 項第 5 款、第 5 條第 1 項第 3 款之公務員對於違背職務或職務上行為收受賄賂或不正利益罪，及同法第 11 條第 4 項、第 1 項與第 2 項之非公務員對於公務員關於違背職務或不違背職務之行為交付賄賂或不正利益罪之成立，乃以行賄者對於公務員違背職務或職務上行為，基於行賄意思交付賄賂或不正利益，冀求買通公務員踐履（或不執行）所賄求之違背職務或職務上行為；公務員明知行賄者賄求上情，仍收受該賄賂或不正利益，允以相關違背職務或職務上行為作為報償，則該賄賂或不正利益之收受與交付間即具相當對價關係，而足當之。至該公務員已否踐履對方賄求之違背職務或職務上行為，以及究係事前或事後交付賄賂或不正利益，均非所問。不論行賄者交付賄賂或不正利益，係在公務員被賦予職權之事前、事中或事後，皆不影響前揭犯罪之成立。」

## 三、貪污治罪條例之立法重點

最高法院 110 年度台上字第 5217 號刑事判決：「貪污治罪條例立法目的在於『嚴懲貪污，澄清吏治』，該條例第 5 條第 1 項第 3 款公務員職務受賄罪（下稱受賄罪）規定之『職務上之行為』究何所指，觀察我國實務之運作，

本院早期判決先例（67 年台上字第 473 號）見解，就所謂職務上之行為，多採取必須屬該公務員實際所負擔之職務（即具體職務權限）始有受賄罪適用，且認僅具一般職務權限者，不該當職務上之行為要件，而成立圖利罪。嗣本院 103 年度第 8 次刑事庭會議決議變更先前見解，闡述擴張及於公務員之一般職務權限，不以實際具體負擔之事務（內部事務分配）為限。又本院基於法之續造，於相關案例，就公務員『職務上之行為』之意涵範圍迭有提出：『所謂職務上之行為，係指公務員在其職務範圍內所應為或得為之行為而言，祇要該行為與其職務具有關連性，實質上為該職務影響力所及者，即屬相當』之見解，將『實質影響力之職務密切關連行為』概念涵攝於『職務上之行為』文義範圍內。可知所謂公務員『職務上之行為』，包括雖非法令上所列舉之職務權限，但實質上與其職務具有密切關連之行為。」

## 四、貪污治罪條例的特性：加重處罰公務員的犯罪

　　貪污治罪條例在關於犯罪構成要件的內容與所保護的法益幾乎跟刑法分則瀆職罪相同，但在處罰上比刑法分則的瀆職罪更為加重。這造成實務審判上，審判者往往採取嚴格要求或運用減刑條款，又或者將何謂公務員、何謂職務上行為、對價關係採取較為嚴格之認定標準，以避免公務員被依據貪污治罪條例規定判處重刑。有學者呼籲應該將貪污治罪條例之規定納入刑法分則瀆職罪中。因為貪污治罪條例的加重處罰規定有違反比例原則之虞。貪污治罪條例僅有二十個條文，透過第 4 條規定可以瞭解貪污治罪條例如何加重對於公務員瀆職行為之處罰。貪污治罪條例第 4 條規定：「有下列行為之一者，處無期徒刑或十年以上有期徒刑，得併科新台幣一億元以下罰金：一、竊取或侵占公用或公有器材、財物者。二、藉勢或藉端勒索、勒徵、強占或強募財物者。三、建築或經辦公用工程或購辦公用器材、物品，浮報價額、數量、收取回扣或有其他舞弊情事者。四、以公用運輸工具裝運違禁物品或漏稅物品者。五、對於違背職務之行為，要求、期約或收受賄賂或其他不正

利益者。前項第一款至第四款之未遂犯罰之。」只要公務員有竊取或侵占公用或公有器材、財務者,就可能被處無期徒刑或十年以上有期徒刑,得併科新台幣一億元以下罰金。如果比較刑法分則第 131 條規定:「公務員對於主管或監督之事務,明知違背法令,直接或間接圖自己或其他私人不法利益,因而獲得利益者,處一年以上七年以下有期徒刑,得併科一百萬元以下罰金。」可以看到兩種相類似的犯罪行為,卻因為適用不同的法律而產生差異非常之大之處罰結果。貪污治罪條例的規定有無違反比例原則,實在值得檢討。

## 五、貪污治罪條例第 6 條之 1 規定:財產來源不明罪

貪污治罪條例第 6 條之 1 規定:「公務員犯下列各款所列罪嫌之一,檢察官於偵查中,發現公務員本人及其配偶、未成年子女自公務員涉嫌犯罪時及其後三年內,有財產增加與收入顯不相當時,得命本人就來源可疑之財產提出說明,無正當理由未為說明、無法提出合理說明或說明不實者,處五年以下有期徒刑、拘役或科或併科不明來源財產額度以下之罰金:一、第四條至前條之罪。二、刑法第一百二十一條第一項、第一百二十二條第一項至第三項、第一百二十三條至第一百二十五條、第一百二十七條第一項、第一百二十八條至第一百三十條、第一百三十一條第一項、第一百三十二條第一項、第一百三十三條、第二百三十一條第二項、第二百三十一條之一第三項、第二百七十條、第二百九十六條之一第五項之罪。三、組織犯罪防制條例第九條之罪。四、懲治走私條例第十條第一項之罪。五、毒品危害防制條例第十五條之罪。六、人口販運防制法第三十六條之罪。七、槍砲彈藥刀械管制條例第十六條之罪。八、藥事法第八十九條之罪。九、包庇他人犯兒童及少年性剝削防制條例之罪。十、其他假借職務上之權力、機會或方法所犯之罪。」目前有關財產來源不明罪在實務上案例並不多,有學者認為此條規定違背刑事訴訟程序上有關被告有不自證己罪之憲法權利[26]。

---

26 參考許澤天,刑法分則,新學林,2021 年,下冊三版,頁 481。

# 第十二章
# 財經相關法律（以著作權法、公司法及消費者保護法為主）

---

## 📖 本章重點

1.著作權法的重要規定。

2.公司法的重要規定。

3.消費者保護法的重要規定。

---

# 壹、前　言

　　考選部在法學緒論命題大綱列有財經法作為考試科目，並且列出「以著作權法、公司法及消費者保護法」為主。在法學大意的命題大綱則無財經相關法律科目。財經相關法律的名詞近幾年才出現，早期臺灣各大學法律學系的財經相關法律稱為商事法，包括公司法、保險法、海商法及票據法等。但在科技發展與商業方式的改變後，增加許多跟財政、經濟有關的法律領域。多數大學目前的課程以財經法取代商事法之用語。許多大學法學院設有財經法研究中心。而在律師考試中智慧財產權法、勞動社會法、財稅法及海商法與海洋法成為選考科目，由此可見著作權法的重要性。下面分析著作權法，公司法及消費者保護法等。

# 貳、著作權法

## 一、臺灣著作權法的發展[1]

　　著作權法屬於智慧財產權法之一種。在當代社會人類的智慧結晶如著作權、專利權及商標權等都受到保障。智慧財產權又稱為無體財產權。在傳統中國的法律中缺少著作權法的相關規範與概念。從目前立法院法律系統中，可以看到 1928 年在中國大陸訂定之著作權法全文。當時的著作權法所保護之著作範圍較小且要依法註冊。當時著作權法第 1 條規定：「就左列著作物，依本法註冊專有重製之利益者，為有著作權。一、書籍論著及說部。二、樂譜劇本。三、圖畫字帖。四、照片雕刻模型。五、其他關於文藝學術或美術之著作物。就樂譜劇本有著作權者，並得專有公開演奏或排演之權。」第 2 條規定：「著作物之註冊，由國民政府內政部掌管之。內政部對於依法令應受大學院審查之教科圖書，於未經大學院審查前，不予註冊。」

　　1985 年修改後的著作權法保障的範圍增加到十七種，在第 6 條還是規定著作要經註冊才能享有著作權[2]。1992 年 6 月著作權法再度經過全文修正，此時不再規定著作權要經過註冊，著作權法第 13 條僅規定：「著作人於著作完成時享有著作權。」1992 年 6 月至今（2023 年 3 月）臺灣的著作權法在立法院又已經歷經十六次的修法。2022 年 5 月著作權法的修法主要為臺灣未來簽署「跨太平洋夥伴全面進步協定」(Comprehensive and Progressive Agreement for Trans-Pacific Partnership, CPTPP) 而準備。而從著作權的修法理

---

[1] 有關著作權法的各項知識請參考章忠信，著作權筆記，網頁：http://www.copyrightnote.org/。

[2] 1985 年著作權法第 6 條還規定：「第四條第一項所定之著作，得申請著作權註冊。但有左列情事之一者，不適用之：一、不合法本法規定者。二、依法應受審查而未經該管機關審查核准者。三、經依法禁止出售或散布者。著作權經註冊者，應發給執照。著作權經註冊後，發現有第一項情事之一者，應撤銷其註冊。」目前此一條文已經刪除。

由，可知影響臺灣著作權法的修法除了國際公約因素外，還受到科技變遷的影響。在 2022 年 5 月的修法理由中提到刪除第 91 條第 3 項加重光碟刑責，是因考量過去有關著作權的侵害主要以實體物為主，也就是書本及光碟的盜版。但目前比較常見的著作權侵害案件多數屬於非法下載或少量網拍等案件，而且這類案件多數為非營利或不具商業規模之行為，因此立法院在此次修法時刪除關於加重光碟刑責的規定[3]。另外，值得注意的是臺灣從 2008 年設有智慧財產法院（現更名為智慧財產及商業法院），專門負責智慧財產權的相關爭訟。如果想知道著作權法在法院實務的運作，可在司法院法學資料庫系統或判決書系統以「著作權法」為關鍵字查詢。另外，經濟部智慧財產局網頁也有著作權法相關資料庫[4]。

## 二、著作權法之立法目的與專責機關

著作權法第 1 條規定：「為保障著作人著作權益，調和社會公共利益，促進國家文化發展，特制定本法。本法未規定者，適用其他法律之規定。」基於這個規定，可知著作權法除了要保障著作人的著作權益外，還要兼顧社會公共利益與促進國家文化發展。著作權法除了規定著作權保護的著作財產權與著作人格權外，更在著作權法第 44 條到第 66 條規定著作財產權之限制，這些限制包括合理使用，非營利性質或者特定機關的使用等。另外有必要說明的是早期智慧財產法的主管機關為內政部，現在依據著作權法第 2 條規定：「本法主管機關為經濟部。著作權業務，由經濟部指定專責機關辦理。」目前經濟部指定的專責機關為智慧財產局。

---

3 立法院在 2022 年 5 月著作權法的修法理由中提到過去臺灣光碟年產製造量占全球八成，以及夜市、夾報販賣盜版光碟猖獗等問題，參考立法院法律系統網頁，https://lis.ly.gov.tw/lglawc/lglawkm。
4 智慧財產局民眾經常諮詢著作權案例 Q&A，網頁：https://topic.tipo.gov.tw/copyright-tw/cp-410-897853-2eb67-301.html。

## 三、著作權法所謂的著作及其例示

　　著作權法首先在第 3 條第 1 款定義著作為：「屬於文學、科學、藝術或其他學術範圍之創作。」在第 5 條第 1 項規定：「本法所稱著作，例示如下：一、語文著作。二、音樂著作。三、戲劇、舞蹈著作。四、美術著作。五、攝影著作。六、圖形著作。七、視聽著作。八、錄音著作。九、建築著作。十、電腦程式著作。」在第 2 項規定：「前項各款著作例示內容，由主管機關訂定之。」智慧財產局對於各種著作內容做了下面的公告：「本法第 5 條第 1 項所定之各款著作，其內容例示如左：㈠語文著作：包括詩、詞、散文、小說、劇本、學術論述、演講及其他之語文著作。㈡音樂著作：包括曲譜、歌詞及其他之音樂著作。㈢戲劇、舞蹈著作：包括舞蹈、默劇、歌劇、話劇及其他之戲劇、舞蹈著作。㈣美術著作：包括繪畫、版畫、漫畫、連環圖（卡通）、素描、法書（書法）、字型繪畫、雕塑、美術工藝品及其他之美術著作。㈤攝影著作：包括照片、幻燈片及其他以攝影之製作方法所創作之著作。㈥圖形著作：包括地圖、圖表、科技或工程設計圖及其他之圖形著作。㈦視聽著作：包括電影、錄影、碟影、電腦螢幕上顯示之影像及其他藉機械或設備表現系列影像，不論有無附隨聲音而能附著於任何媒介物上之著作。㈧錄音著作：包括任何藉機械或設備表現系列聲音而能附著於任何媒介物上之著作。但附隨於視聽著作之聲音不屬之。㈨建築著作：包括建築設計圖、建築模型、建築物及其他之建築著作。㈩電腦程式著作：包括直接或間接使電腦產生一定結果為目的所組成指令組合之著作。」[5]

---

[5]　參考經濟部智慧財產局網站：https://topic.tipo.gov.tw/copyright-tw/cp-441-856398-f4867-301.html。

## 四、著作權的內容：著作財產權與著作人格權

### （一）著作人格權

　　著作權法第 15 條到第 21 條規範關於著作人格權的規定。分析這些規定可以確認著作人格權包括下面幾種[6]：

#### 1. 公開發表權

　　著作權法第 15 條第 1 項規定：「著作人就其著作享有公開發表之權利。但公務員，依第十一條及第十二條規定為著作人，而著作財產權歸該公務員隸屬之法人享有者，不適用之。」

#### 2. 姓名表示權

　　著作權法第 16 條第 1 項規定：「著作人於著作之原件或其重製物上或於著作公開發表時，有表示其本名、別名或不具名之權利。著作人就其著作所生之衍生著作，亦有相同之權利。」

#### 3. 禁止不當修改權

　　著作權法第 17 條規定：「著作人享有禁止他人以歪曲、割裂、竄改或其他方法改變其著作之內容、形式或名目致損害其名譽之權利。」

　　著作權法第 21 條規定：「著作人格權專屬於著作人本身，不得讓與或繼承。」但在臺灣實務上有出現「著作人不行使其著作人格權」的約定條款。這樣的約定效力如何，學者有不同的見解。有學者認為著作人格權中的公開發表權與姓名表示權等的讓與約定，可能帶給著作人一定的財產利益，因此應可被承認。但有關著作權法第 17 條禁止醜化權不行使的約定，將讓著作人在人格受到污衊時無法保護自己，因此，這樣的約定應該因違反公序良俗而無效，本書作者認同這樣的見解[7]。

---

6　參考王怡蘋，契約自由與著作人格權之保護，收於著作權法與商標法論文集，元照，2018 年，頁 33–36。

7　參考王怡蘋，契約自由與著作人格權之保護，收於著作權法與商標法論文集，元照，2018 年，頁

### （二）著作財產權種類及其存續期間

著作權法在第 22 條到第 71 條規定著作財產權的各種事項，內容包括著作財產權之種類，著作財產權之存續期間，著作財產權之讓與、行使及消滅，著作財產權之限制及著作利用之強制授權。有關著作財產權存續期間主要規定在著作權法第 30 條第 1 項：「著作財產權，除本法另有規定外，存續於著作人之生存期間及其死亡後五十年。」及第 34 條第 1 項：「攝影、視聽、錄音及表演之著作財產權存續至著作公開發表後五十年。」

至於著作財產權的種類主要規定在著作權法第 22 條到第 29 條之 1。包括下面幾種[8]：

#### 1. 重製權

著作權法第 3 條第 1 項第 5 款規定：「重製：指以印刷、複印、錄音、錄影、攝影、筆錄或其他方法直接、間接、永久或暫時之重複製作。於劇本、音樂著作或其他類似著作演出或播送時予以錄音或錄影；或依建築設計圖或建築模型建造建築物者，亦屬之。」著作權法第 22 條規定：「著作人除本法另有規定外，專有重製其著作之權利。表演人專有以錄音、錄影或攝影重製其表演之權利。前二項規定，於專為網路合法中繼性傳輸，或合法使用著作，屬技術操作過程中必要之過渡性、附帶性而不具獨立經濟意義之暫時性重製，不適用之。但電腦程式著作，不在此限。前項網路合法中繼性傳輸之暫時性重製情形，包括網路瀏覽、快速存取或其他為達成傳輸功能之電腦或機械本身技術上所不可避免之現象。」

#### 2. 改作權

例如翻譯、編曲、改寫、拍攝影片或其他方法就原著作另為創作。例如將外文小說翻譯為中文或者將小說拍成電影等。

---

36–40。

8　參考智慧財產局之「著作權基本概念篇 11～20」，網頁：https://www.tipo.gov.tw/tw/cp-180-219595-56bdc-1.html。

### 3.編輯權

出版社或期刊將作者來稿加以編排後出版就是編輯，要得到作者同意。另外還有出租權、散布權、公開播送權、公開傳輸權、公開口述權、公開上映權、公開演出權或公開展示權等。

## 五、不得作為著作權的標的及著作權不保護的部分

著作權法第 9 條規定：「下列各款不得為著作權之標的：一、憲法、法律、命令或公文。二、中央或地方機關就前款著作作成之翻譯物或編輯物。三、標語及通用之符號、名詞、公式、數表、表格、簿冊或時曆。四、單純為傳達事實之新聞報導所作成之語文著作。五、依法令舉行之各類考試試題及其備用試題。前項第一款所稱公文，包括公務員於職務上草擬之文告、講稿、新聞稿及其他文書。」這條規定中，比較不確定的是「公文」一詞。智慧財產局在 2011 年以電子郵件 1001115 號令函認為判決係屬公務員職務上制作之文書或處理公務之文書，屬著作權法第 9 條第 1 項第 1 款所稱「公文」，應不得為著作權之標的[9]。著作權法第 10 條之 1 規定：「依本法取得之著作權，其保護僅及於該著作之表達，而不及於其所表達之思想、程序、製程、系統、操作方法、概念、原理、發現。」根據這個規定馬戲團所發展出來的雜耍特技本身，屬於運用身體技巧的「概念、操作方法」，不是著作權法保護之對象。另外，例如菜餚的烹調方式或瑜伽的運動方式等屬於「操作方法或製程」，所以也不是著作權法所保護的對象。但如果這些特技、烹調方式或瑜伽的運動方式被寫成書，那麼該本出版的書就成為著作權保護的對象[10]。

---

9　智慧財產局電子郵件 1001115，網頁：https://topic.tipo.gov.tw/copyright-tw/cp-407-853463-6375f-301.html。

10　智慧財產局民眾經常諮詢著作權案例 Q&A，網頁：https://topic.tipo.gov.tw/copyright-tw/cp-410-897853-2eb67-301.html。

## 六、著作財產權之限制

　　著作權法一方面要保障著作人的權利，另一方面為了「調和社會公共利益，促進國家文化發展」，在第 44 條到第 66 條規定著作權財產權的行使限制。也就是透過規定，給予特定人在特定原因下，合理使用他人的著作。要合法使用他人的著作有兩個途徑，一是受到著作權人合法的授權，另一個就是基於合理使用。著作權法在第 65 條規定：「著作之合理使用，不構成著作財產權之侵害。著作之利用是否合於第四十四條至第六十三條所定之合理範圍或其他合理使用之情形，應審酌一切情狀，尤應注意下列事項，以為判斷之基準：一、利用之目的及性質，包括係為商業目的或非營利教育目的。二、著作之性質。三、所利用之質量及其在整個著作所占之比例。四、利用結果對著作潛在市場與現在價值之影響。著作權人團體與利用人團體就著作之合理使用範圍達成協議者，得為前項判斷之參考。前項協議過程中，得諮詢著作權專責機關之意見。」

　　著作權法在 2022 年 6 月的修法中擴大智慧財產權的限制規定。例如第 46 條第 1 項及第 2 項修正規定：「依法設立之各級學校及其擔任教學之人，為學校授課目的之必要範圍內，得重製、公開演出或公開上映已公開發表之著作。前項情形，經採取合理技術措施防止未有學校學籍或未經選課之人接收者，得公開播送或公開傳輸已公開發表之著作。」在增訂的第 46 條之 1 規定：「依法設立之各級學校或教育機構及其擔任教學之人，為教育目的之必要範圍內，得公開播送或公開傳輸已公開發表之著作。但有營利行為者，不適用之。前項情形，除符合前條第二項規定外，利用人應將利用情形通知著作財產權人並支付適當之使用報酬。」除此之外，第 47 條也修改規定：「為編製依法規應經審定或編定之教科用書，編製者得重製、改作或編輯已公開發表之著作，並得公開傳輸該教科用書。前項規定，除公開傳輸外，於該教科用書編製者編製附隨於該教科用書且專供教學之人教學用之輔助用品，準用

之。前二項情形，利用人應將利用情形通知著作財產權人並支付使用報酬；其使用報酬率，由主管機關定之。」

　　著作權法第 46 條之 1 及第 47 條規定要求教學之人或者編製教科用書的人在利用他人著作時，要通知該著作財產權人並支付使用報酬。目前智慧財產局訂定有「著作權法第四十七條第三項之使用報酬率」，根據這個報酬率規定，語文著作：以字數為計算標準，每千字新臺幣一千二百五十元，不滿一千字者以一千字計算，或者音樂著作：詞曲分開計算，每首新臺幣二千五百元[11]。新修正的著作權法第 48 條規定，供公眾使用之圖書館、博物館、歷史館、科學館、藝術館、檔案館或其他典藏機構，在特定情形下得就其收藏之著作重製之權利，並在第 6 章之 1 針對特定網路服務提供者給予民事免責事由之可能。

## 七、違反著作權法時的後果：民事及刑事效果

　　違反著作權法可能產生民事上責任，規定在著作權法第 84 條到第 90 條之 3，主要針對著作權利受侵害時的救濟有所規定，例如請求排除或防止侵害之權利（第 84 條）或請求損害賠償（第 85 條規定）。而著作權法第 91 條到第 103 條規定著作權法的罰則。第 91 條規定：「擅自以重製之方法侵害他人之著作財產權者，處三年以下有期徒刑、拘役，或科或併科新臺幣七十五萬元以下罰金。意圖銷售或出租而擅自以重製之方法侵害他人之著作財產權者，處六月以上五年以下有期徒刑，得併科新臺幣二十萬元以上二百萬元以下罰金。著作僅供個人參考或合理使用者，不構成著作權侵害。」要特別注意的是著作權法多數的刑罰規定是需要告訴乃論，但第 100 條有例外規定。其規定：「本章之罪，須告訴乃論。但有下列情形之一，就有償提供著作全部原樣利用，致著作財產權人受有新臺幣一百萬元以上之損害者，不在此限：

---

11　智慧財產局，網頁：https://topic.tipo.gov.tw/copyright-tw/cp-441-856399-11825-301.html。

一、犯第九十一條第二項之罪，其重製物為數位格式。二、意圖營利犯第九十一條之一第二項明知係侵害著作財產權之重製物而散布之罪，其散布之重製物為數位格式。三、犯第九十二條擅自以公開傳輸之方法侵害他人之著作財產權之罪。」[12]

　　本書主要討論著作權法的基本規範，如果要瞭解生活中著作權法的運作，可以到智慧財產局網頁查看各種資訊，例如「民眾經常諮詢著作權案例Q&A」的案例，可以更清楚著作權法跟生活的關係[13]。

# 參、公司法

## 一、公司定義與種類

　　公司法第 1 條規定：「本法所稱公司，謂以營利為目的，依照本法組織、登記、成立之社團法人。公司經營業務，應遵守法令及商業倫理規範，得採行增進公共利益之行為，以善盡其社會責任。」由此可知公司法所規定的公司是由人所組成，以營利為目的的社團法人。根據公司法第 2 條第 1 項規定，公司法所規定的公司有以下四種：1.無限公司：指二人以上股東所組織，對公司債務負連帶無限清償責任之公司。2.有限公司：由一人以上股東所組織，就其出資額為限，對公司負其責任之公司。3.兩合公司：指一人以上無限責任股東，與一人以上有限責任股東所組織，其無限責任股東對公司債務負連帶無限清償責任；有限責任股東就其出資額為限，對公司負其責任之公司。4.股份有限公司：指二人以上股東或政府、法人股東一人所組織，全部資本分為股份；股東就其所認股份，對公司負其責任之公司。

---

[12] 著作權法雖然在 2022 年 5 月 4 日修正公布第 91 條、第 91 條之 1、第 100 條、第 117 條並刪除第 98 條、第 98 條之 1，但由於修法時規定，施行日期由行政院定之，行政院至今（2023 年 3 月）尚未訂施行日期。

[13] 參考智慧財產局，網頁：https://topic.tipo.gov.tw/copyright-tw/cp-410-897853-2eb67-301.html。

　　但公司法在 2015 年修法時，在第 5 章股份有限公司增加第 13 節標題為閉鎖性股份有限公司，主要規定在公司法第 356 條之 1 到 356 條之 14。有些教科書認為公司法的公司種類有五種，事實上閉鎖性股份有限公司屬於股份有限公司之一種，因此在經濟部統計處的統計資料中並沒有「閉鎖性股份有限公司」的統計[14]。

　　由於公司法第 2 條第 2 項規定，公司名稱，應標明公司之種類。因此要瞭解一家公司的性質，可以從公司的名稱得知。根據經濟部統計處的資料顯示，2022 年 11 月臺灣共有 751,325 家公司，其中無限公司僅有 5 家，兩合公司 5 家，有限公司 563,673 家，股份有限公司 181,958 家，外國公司 5,640 家，大陸地區在臺許可公司 44 家[15]。基於上面統計資料，可知臺灣目前公司類型主要是有限公司及股份有限公司。

## 二、公司的登記：取得法人資格

　　公司法第 6 條規定：「公司非在中央主管機關登記後，不得成立。」第 7 條規定：「公司申請設立登記之資本額，應經會計師查核簽證；公司應於申請設立登記時或設立登記後三十日內，檢送經會計師查核簽證之文件。公司申請變更登記之資本額，應先經會計師查核簽證。前二項查核簽證之辦法，由中央主管機關定之。」經濟部商業司根據公司法第 387 條第 1 項規定訂定有公司登記辦法，共有六個條文。公司登記辦法第 2 條規定：「公司應於下列情事完成後十五日內，向主管機關申請設立之登記。但經目的事業主管機關核准應於特定日期登記者，不在此限。一、無限、兩合及有限公司：章程訂立。

---

[14] 公司法第 356 條之 1 規定：「閉鎖性股份有限公司，指股東人數不超過五十人，並於章程定有股份轉讓限制之非公開發行股票公司。前項股東人數，中央主管機關得視社會經濟情況及實際需要增加之；其計算方式及認定範圍，由中央主管機關定之。」

[15] 參考經濟部統計處有關現有公司登記家數——按組織別分資料，網頁：https://dmz26.moea.gov.tw/GA/common/Common.aspx?code=F&no=1。

二、股份有限公司：代表公司之負責人就任。」[16]公司法第 17 條規定：「公司業務，依法律或基於法律授權所定之命令，須經政府許可者，於領得許可文件後，方得申請公司登記。前項業務之許可，經目的事業主管機關撤銷或廢止確定者，應由各該目的事業主管機關，通知中央主管機關，撤銷或廢止其公司登記或部分登記事項。」關於哪些公司業務需要經過許可及其條件，可在公司與商業登記前應經許可業務暨項目查詢服務平台查詢[17]。

## 三、公司的負責人及其責任

　　由於公司是法人，成立公司的法人跟出資的股東在法律上屬於兩種不同的人，彼此原則上不必對於他方的行為負責。但是由於公司並非真正的人，因此有關公司業務的執行需要自然人來做，這個自然人往往是出資成立公司之人或者由出資成立公司之人聘請來為公司做事的人。為保護公司之其他小股東及社會大眾，公司法對於公司負責人或經理人之責任有所規定。在股份有限公司還包括發起人、監察人等在執行職務範圍內為公司負責人。公司法第 8 條針對不同種類公司的負責人有所規定：「本法所稱公司負責人：在無限公司、兩合公司為執行業務或代表公司之股東；在有限公司、股份有限公司為董事。公司之經理人、清算人或臨時管理人，股份有限公司之發起人、監察人、檢查人、重整人或重整監督人，在執行職務範圍內，亦為公司負責人。公司之非董事，而實質上執行董事業務或實質控制公司之人事、財務或業務經營而實質指揮董事執行業務者，與本法董事同負民事、刑事及行政罰之責任。但政府為發展經濟、促進社會安定或其他增進公共利益等情形，對政府指派之董事所為之指揮，不適用之。」

　　公司法對於公司的股款收取，不得營業的事務及負責人執行業務之責任

---

[16] 公司登記辦法請見經濟部商業司，網頁：https://gcis.nat.gov.tw/elaw/lawDtlAction.do?method=viewLaw&pk=52。

[17] 查詢平台，網頁：https://gcis.nat.gov.tw/ALWB/homeClass。

有所規定。公司一旦有違反公司法規定之行為，公司負責人往往要負起民事、行政或刑事責任。舉例說明如下：

## （一）公司未實際收取、發還股東股款或任由股東收回股款

公司法第9條第1項規定：「公司應收之股款，股東並未實際繳納，而以申請文件表明收足，或股東雖已繳納而於登記後將股款發還股東，或任由股東收回者，公司負責人各處五年以下有期徒刑、拘役或科或併科新臺幣五十萬元以上二百五十萬元以下罰金。」[18]

## （二）公司不得為他公司無限責任股東或合夥事業之合夥人

公司法第13條第1項及第2項規定：「公司不得為他公司無限責任股東或合夥事業之合夥人。公開發行股票之公司為他公司有限責任股東時，其所有投資總額，除以投資為專業或公司章程另有規定或經代表已發行股份總數三分之二以上股東出席，以出席股東表決權過半數同意之股東會決議者外，不得超過本公司實收股本百分之四十。」第13條第6項規定：「公司負責人違反第一項或第二項規定時，應賠償公司因此所受之損害。」

## （三）公司資金原則上不得貸與股東或任何他人

公司法第15條規定：「公司之資金，除有左列各款情形外，不得貸與股東或任何他人：一、公司間或與行號間有業務往來者。二、公司間或與行號間有短期融通資金之必要者。融資金額不得超過貸與企業淨值的百分之四十。公司負責人違反前項規定時，應與借用人連帶負返還責任；如公司受有損害者，亦應由其負損害賠償責任。」

## （四）公司原則上不得為保證人

公司法第16條規定：「公司除依其他法律或公司章程規定得為保證者外，不得為任何保證人。公司負責人違反前項規定時，應自負保證責任，如公司

---

[18] 參考最高法院112年度台上字第257號刑事判決，在此判決中確定某公司之唯一股東兼董事，依公司法第9條第1項前段之未繳納股款罪處有期徒刑四月，並諭知如易科罰金，以一千元折算一日。

受有損害時，亦應負賠償責任。」

### （五）公司負責人應忠實執行業務並盡善良管理人之注意義務

公司法第 23 條規定：「公司負責人應忠實執行業務並盡善良管理人之注意義務，如有違反致公司受有損害者，負損害賠償責任。公司負責人對於公司業務之執行，如有違反法令致他人受有損害時，對他人應與公司負連帶賠償之責。公司負責人對於違反第一項之規定，為自己或他人為該行為時，股東會得以決議，將該行為之所得視為公司之所得。但自所得產生後逾一年者，不在此限。」

## 四、公司經理人之聘用與責任

公司法第 29 條到第 36 條規定公司經理人的聘任、資格及責任。

### （一）公司得依章程聘任經理人

公司法第 29 條第 1 項規定：「公司得依章程規定置經理人，其委任、解任及報酬，依下列規定定之。但公司章程有較高規定者，從其規定：一、無限公司、兩合公司須有全體無限責任股東過半數同意。二、有限公司須有全體股東表決權過半數同意。三、股份有限公司應由董事會以董事過半數之出席，及出席董事過半數同意之決議行之。」

### （二）經理人之消極資格

公司法第 30 條規定：「有下列情事之一者，不得充經理人，其已充任者，當然解任：一、曾犯組織犯罪防制條例規定之罪，經有罪判決確定，尚未執行、尚未執行完畢，或執行完畢、緩刑期滿或赦免後未逾五年。二、曾犯詐欺、背信、侵占罪經宣告有期徒刑一年以上之刑確定，尚未執行、尚未執行完畢，或執行完畢、緩刑期滿或赦免後未逾二年。三、曾犯貪污治罪條例之罪，經判決有罪確定，尚未執行、尚未執行完畢，或執行完畢、緩刑期滿或赦免後未逾二年。四、受破產之宣告或經法院裁定開始清算程序，尚未復權。五、使用票據經拒絕往來尚未期滿。六、無行為能力或限制行為能力。七、

受輔助宣告尚未撤銷。」

### （三）經理人之職權

公司法第 31 條規定：「經理人之職權，除章程規定外，並得依契約之訂定。經理人在公司章程或契約規定授權範圍內，有為公司管理事務及簽名之權。」

### （四）經理人不得為之行為

公司法第 32 條規定：「經理人不得兼任其他營利事業之經理人，並不得自營或為他人經營同類之業務。但經依第二十九條第一項規定之方式同意者，不在此限。」第 33 條規定：「經理人不得變更董事或執行業務股東之決定，或股東會或董事會之決議，或逾越其規定之權限。」

### （五）經理人之責任

公司法第 34 條規定：「經理人因違反法令、章程或前條之規定，致公司受損害時，對於公司負賠償之責。」第 36 條規定：「公司不得以其所加於經理人職權之限制，對抗善意第三人。」

## 五、公司之解散或廢除登記

公司法對於依法成立之公司規定有解散或廢除登記之情形，其規定如下：

### （一）依據命令解散

公司法第 10 條規定：「公司有下列情事之一者，主管機關得依職權或利害關係人之申請，命令解散之：一、公司設立登記後六個月尚未開始營業。但已辦妥延展登記者，不在此限。二、開始營業後自行停止營業六個月以上。但已辦妥停業登記者，不在此限。三、公司名稱經法院判決確定不得使用，公司於判決確定後六個月內尚未辦妥名稱變更登記，並經主管機關令其限期辦理仍未辦妥。四、未於第七條第一項所定期限內，檢送經會計師查核簽證之文件者。但於主管機關命令解散前已檢送者，不在此限。」

### （二）裁定解散

公司法第 11 條規定：「公司之經營，有顯著困難或重大損害時，法院得據股東之聲請，於徵詢主管機關及目的事業中央主管機關意見，並通知公司提出答辯後，裁定解散。前項聲請，在股份有限公司，應有繼續六個月以上持有已發行股份總數百分之十以上股份之股東提出之。」

### （三）廢止公司登記

公司法第 17 條之 1 規定：「公司之經營有違反法令受勒令歇業處分確定者，應由處分機關通知中央主管機關，廢止其公司登記或部分登記事項。」

### （四）公司也可以因為合併、分割或破產而解散

公司法第 24 條規定：「解散之公司除因合併、分割或破產而解散外，應行清算。」第 25 條規定：「解散之公司，於清算範圍內，視為尚未解散。」

### （五）公司法規定不同種類公司解散之事由

公司法第 71 條第 1 項規定無限公司之合併解散與變更組織，其規定：「公司有下列各款情事之一者解散：一、章程所定解散事由。二、公司所營事業已成就或不能成就。三、股東三分之二以上之同意。四、股東經變動而不足本法所定之最低人數。五、與他公司合併。六、破產。七、解散之命令或裁判。」公司法第 113 條規定有限公司之解散，其規定：「公司變更章程、合併及解散，應經股東表決權三分之二以上之同意。除前項規定外，公司變更章程、合併、解散及清算，準用無限公司有關之規定。」

公司法第 315 條規定股份有限公司之解散，其規定：「股份有限公司，有左列情事之一者，應予解散：一、章程所定解散事由。二、公司所營事業已成就或不能成就。三、股東會為解散之決議。四、有記名股票之股東不滿二人。但政府或法人股東一人者，不在此限。五、與他公司合併。六、分割。七、破產。八、解散之命令或裁判。前項第一款得經股東會議變更章程後，繼續經營；第四款本文得增加有記名股東繼續經營。」

公司法在每次的修法時都希望排除某些公司的弊病。近年來因應新科技

的發展，同意在股份有限公司之股東會可以採行電子方式進行。公司法第 177 條之 1 規定：「公司召開股東會時，採行書面或電子方式行使表決權者，其行使方法應載明於股東會召集通知。但公開發行股票之公司，符合證券主管機關依公司規模、股東人數與結構及其他必要情況所定之條件者，應將電子方式列為表決權行使方式之一。前項以書面或電子方式行使表決權之股東，視為親自出席股東會。但就該次股東會之臨時動議及原議案之修正，視為棄權。」

## 六、公司法有關有限公司及股份有限公司之重要規定

公司法針對四種型態公司之成立、公司負責人（股東或董事）、公司內部責任、公司外部責任、退股、解散等事項各有不同的規定。如果想要成立公司，要根據想要成立之公司的種類針對公司法之相關規定有更細緻的瞭解。目前臺灣多數成立之公司，主要為有限公司，其次為股份有限公司。至於無限公司或兩合公司都在 5 家左右。下面簡單說明有限公司及股份有限公司之重要規定。

### （一）有限公司之相關規定

公司法於第 98 條到第 113 條規定有限公司。其主要規定如下：

#### 1. 股東人數

公司法第 98 條規定：「有限公司由一人以上股東所組成。股東應以全體之同意訂立章程，簽名或蓋章，置於本公司，每人各執一份。」

#### 2. 股東對於公司之責任及出資方式

公司法第 99 條規定：「各股東對於公司之責任，除第二項規定外，以其出資額為限。股東濫用公司之法人地位，致公司負擔特定債務且清償顯有困難，其情節重大而有必要者，該股東應負清償之責。」第 99 條之 1 規定：「股東之出資除現金外，得以對公司所有之貨幣債權、公司事業所需之財產或技術抵充之。」第 100 條規定：「公司資本總額，應由各股東全部繳足，不得分期繳款或向外招募。」

### 3.有限公司之章程

公司法第 101 條規定：「公司章程應載明下列事項：一、公司名稱。二、所營事業。三、股東姓名或名稱。四、資本總額及各股東出資額。五、盈餘及虧損分派比例或標準。六、本公司所在地。七、董事人數。八、定有解散事由者，其事由。九、訂立章程之年、月、日。代表公司之董事不備置前項章程於本公司者，處新臺幣一萬元以上五萬元以下罰鍰。再次拒不備置者，並按次處新臺幣二萬元以上十萬元以下罰鍰。」

### 4.股東之表決權

公司法第 102 條第 1 項規定：「每一股東不問出資多寡，均有一表決權。但得以章程訂定按出資多寡比例分配表決權。」

### 5.有限公司業務之執行

公司法第 108 條規定：「公司應至少置董事一人執行業務並代表公司，最多置董事三人，應經股東表決權三分之二以上之同意，就有行為能力之股東中選任之。董事有數人時，得以章程置董事長一人，對外代表公司；董事長應經董事過半數之同意互選之。董事請假或因故不能行使職權時，指定股東一人代理之；未指定代理人者，由股東間互推一人代理之。董事為自己或他人為與公司同類業務之行為，應對全體股東說明其行為之重要內容，並經股東表決權三分之二以上之同意。第三十條、第四十六條、第四十九條至第五十三條、第五十四條第三項、第五十七條至第五十九條、第二百零八條第三項、第二百零八條之一及第二百十一條第一項及第二項之規定，於董事準用之。代表公司之董事違反前項準用第二百十一條第一項或第二項規定者，處新臺幣二萬元以上十萬元以下罰鍰。」

## （二）股份有限公司之重要規定

公司法從第 128 條到第 356 條之 14 規定股份有限公司的各項事務。由於股份有限公司的設計主要針對現代工商企業的經營所需要的龐大資金，利用發行股票的方式向不特定的社會大眾募集基金，因此需要受到政府的監督。

## 1.股份有限公司之發起

公司法第 128 條規定：「股份有限公司應有二人以上為發起人。無行為能力人、限制行為能力人或受輔助宣告尚未撤銷之人，不得為發起人。政府或法人均得為發起人。但法人為發起人者，以下列情形為限：一、公司或有限合夥。二、以其自行研發之專門技術或智慧財產權作價投資之法人。三、經目的事業主管機關認屬與其創設目的相關而予核准之法人。」第 128 條之 1 規定：「政府或法人股東一人所組織之股份有限公司，不受前條第一項之限制。該公司之股東會職權由董事會行使，不適用本法有關股東會之規定。前項公司，得依章程規定不設董事會，置董事一人或二人；置董事一人者，以其為董事長，董事會之職權由該董事行使，不適用本法有關董事會之規定；置董事二人者，準用本法有關董事會之規定。第一項公司，得依章程規定不置監察人；未置監察人者，不適用本法有關監察人之規定。第一項公司之董事、監察人，由政府或法人股東指派。」

## 2.股份有限公司之章程及應載明事項

公司法第 129 條規定：「發起人應以全體之同意訂立章程，載明下列各款事項，並簽名或蓋章：一、公司名稱。二、所營事業。三、採行票面金額股者，股份總數及每股金額；採行無票面金額股者，股份總數。四、本公司所在地。五、董事及監察人之人數及任期。六、訂立章程之年、月、日。」第 130 條規定：「下列各款事項，非經載明於章程者，不生效力：一、分公司之設立。二、解散之事由。三、特別股之種類及其權利義務。四、發起人所得受之特別利益及受益者之姓名。前項第四款發起人所得受之特別利益，股東會得修改或撤銷之。但不得侵及發起人既得之利益。」

## 3.公司對外招募股份時應受之監督

公司法針對股份有限公司對外招募股份有特別規定。除在公司法第 133 條規定發起人公開招募股份時，應先具備一定事項，申請證券管理機關審核。第 135 條規定在某種情況下證券管理機關得不予核准或撤銷核准。

### 4. 公司股東之責任

公司法第 154 條規定：「股東對於公司之責任，除第二項規定外，以繳清其股份之金額為限。股東濫用公司之法人地位，致公司負擔特定債務且清償顯有困難，其情節重大而有必要者，該股東應負清償之責。」

### 5. 公司發起人的加重責任

公司法第 155 條規定：「發起人對於公司設立事項，如有怠忽其任務致公司受損害時，應對公司負連帶賠償責任。發起人對於公司在設立登記前所負債務，在登記後亦負連帶責任。」

### 6. 公司股票之公開發行

公司法第 156 條之 2 規定：「公司得依董事會之決議，向證券主管機關申請辦理公開發行程序；申請停止公開發行者，應有代表已發行股份總數三分之二以上股東出席之股東會，以出席股東表決權過半數之同意行之。出席股東之股份總數不足前項定額者，得以有代表已發行股份總數過半數股東之出席，出席股東表決權三分之二以上之同意行之。前二項出席股東股份總數及表決權數，章程有較高之規定者，從其規定。公開發行股票之公司已解散、他遷不明或因不可歸責於公司之事由，致無法履行證券交易法規定有關公開發行股票公司之義務時，證券主管機關得停止其公開發行。公營事業之申請辦理公開發行及停止公開發行，應先經該公營事業之主管機關專案核定。」

### 7. 股份有限公司之股東會

公司法為了讓股份有限公司認股之股東可以監督公司之經營，特別規定股份有限公司之股東會、董事、董事會及監察人之功能。公司法第 170 條規定，股東會分為兩種，一種為股東常會，每年至少召集一次。另一種為股東臨時會，於必要時召集之。股東常會應於每會計年度終了後六個月內召開。但有正當事由經報請主管機關核准者，不在此限。代表公司之董事違反前項召開期限之規定者，處新臺幣一萬元以上五萬元以下罰鍰。

公司法第 171 條規定：「股東會除本法另有規定外，由董事會召集之。」

第 172 條規定：「股東常會之召集，應於二十日前通知各股東。股東臨時會之召集，應於十日前通知各股東。公開發行股票之公司股東常會之召集，應於三十日前通知各股東；股東臨時會之召集，應於十五日前通知各股東。通知應載明召集事由；其通知經相對人同意者，得以電子方式為之。選任或解任董事、監察人、變更章程、減資、申請停止公開發行、董事競業許可、盈餘轉增資、公積轉增資、公司解散、合併、分割或第一百八十五條第一項各款之事項，應在召集事由中列舉並說明其主要內容，不得以臨時動議提出；其主要內容得置於證券主管機關或公司指定之網站，並應將其網址載明於通知。代表公司之董事，違反第一項至第三項或前項規定者，處新臺幣一萬元以上五萬元以下罰鍰。但公開發行股票之公司，由證券主管機關處代表公司之董事新臺幣二十四萬元以上二百四十萬元以下罰鍰。」為了保護少數股東之權利，第 172 條之 1 規定，持有已發行股份總數百分之一以上股份之股東，得向公司提出股東常會議案。但以一項為限，提案超過一項者，均不列入議案。第 173 條規定，繼續一年以上，持有已發行股份總數百分之三以上股份之股東，得以書面記明提議事項及理由，請求董事會召集股東臨時會。

## 8.股份有限公司之董事及董事會

　　股份有限公司最重要的業務執行者為董事。公司法對於如何選出董事、董事的職權等事項均有詳細規定。公司法第 192 條規定：「公司董事會，設置董事不得少於三人，由股東會就有行為能力之人選任之。公司得依章程規定不設董事會，置董事一人或二人。置董事一人者，以其為董事長，董事會之職權並由該董事行使，不適用本法有關董事會之規定；置董事二人者，準用本法有關董事會之規定。公開發行股票之公司依第一項選任之董事，其全體董事合計持股比例，證券主管機關另有規定者，從其規定。民法第十五條之二及第八十五條之規定，對於第一項行為能力，不適用之。公司與董事間之關係，除本法另有規定外，依民法關於委任之規定。第三十條之規定，對董事準用之。」根據第 192 條之 1 第 1 項規定：「公司董事選舉，採候選人提名

制度者，應載明於章程，股東應就董事候選人名單中選任之。但公開發行股票之公司，符合證券主管機關依公司規模、股東人數與結構及其他必要情況所定之條件者，應於章程載明採董事候選人提名制度。」公司法第 200 條規定：「董事執行業務，有重大損害公司之行為或違反法令或章程之重大事項，股東會未為決議將其解任時，得由持有已發行股份總數百分之三以上股份之股東，於股東會後三十日內，訴請法院裁判之。」

### 9.股份有限公司之監察人

公司法第 218 條規定：「監察人應監督公司業務之執行，並得隨時調查公司業務及財務狀況，查核、抄錄或複製簿冊文件，並得請求董事會或經理人提出報告。監察人辦理前項事務，得代表公司委託律師、會計師審核之。違反第一項規定，規避、妨礙或拒絕監察人檢查行為者，代表公司之董事處新臺幣二萬元以上十萬元以下罰鍰。但公開發行股票之公司，由證券主管機關處代表公司之董事新臺幣二十四萬元以上二百四十萬元以下罰鍰。前項情形，主管機關或證券主管機關並應令其限期改正；屆期未改正者，繼續令其限期改正，並按次處罰至改正為止。」第 218 條之 1 規定：「董事發現公司有受重大損害之虞時，應立即向監察人報告。」

# 肆、消費者保護法

## 一、消費者保護法的訂定背景及結構

臺灣在 1980 年代前後發生多起嚴重的消費者受害事件，例如「假酒事件」及「食用米糠油的多氯聯苯中毒事件」等，由於受害人數眾多，而廠商有無力賠償者也有故意脫產逃避賠償責任者，導致多數受害者沒有得到賠償，為此關心此議題之學者專家及熱心人士乃成立消費者文教基金會，推動消費者保護法的立法[19]。消費者保護法第 1 條規定：「為保護消費者權益，促進國

---

[19] 參考消費者文教基金會，網頁：https://www.consumers.org.tw/about-us-top.html。

民消費生活安全，提昇國民消費生活品質，特制定本法。有關消費者之保護，依本法之規定，本法未規定者，適用其他法律。」所謂其他法律，例如：公平交易法、商品標示法或者食品衛生法等[20]。

　　消費者保護法第 5 條規定：「政府、企業經營者及消費者均應致力充實消費資訊，提供消費者運用，俾能採取正確合理之消費行為，以維護其安全與權益。」臺灣的消費者保護能夠有今日的進步，是由各種推動消費者保護的社團法人如台灣消費者保護協會、桃園市消費者保護協會、臺中市保險契約消費者權益促進會等，以及財團法人如消費者文教基金會、崔媽媽基金會等，另外還有許多對於自己消費權益有所自覺的個人的努力[21]。本書下面將針對消費者保護法第 2 章有關消費者權益（第 7 條到第 26 條規定），第 4 章有關行政監督（第 33 條到第 42 條）及有關消費爭議之處理（第 43 條到第 55 條）等部分加以說明。

## 二、消費者權益

　　消費者保護法在第 2 章從四個方向保護消費者的權益。下面分別說明。

### （一）要求企業經營者保障消費者的健康與安全

#### 1. 商品或服務要有合理期待之安全性

　　消費者保護法第 7 條規定：「從事設計、生產、製造商品或提供服務之企業經營者，於提供商品流通進入市場，或提供服務時，應確保該商品或服務，符合當時科技或專業水準可合理期待之安全性。商品或服務具有危害消費者生命、身體、健康、財產之可能者，應於明顯處為警告標示及緊急處理危險

---

20 商品標示法第 4 條規定：「中央主管機關得衡量消費者權益、交易習慣及商品特性，公告特定商品得免依本法標示。」或第 7 條規定：「商品有下列情形之一者，應標示其用途、使用與保存方法及其他應注意事項：一、有危險性。二、與衛生安全有關。三、具有特殊性質或需特別處理。」第 14 條第 1 項規定：「直轄市或縣（市）主管機關得不定期對流通進入市場之商品進行抽查，販賣業者不得規避、妨礙或拒絕，並應提供相關資料。」等。

21 參考行政院消費者保護會，網頁：https://cpc.ey.gov.tw/Page/56F5DA9334D74BA9。

之方法。企業經營者違反前二項規定，致生損害於消費者或第三人時，應負
連帶賠償責任。但企業經營者能證明其無過失者，法院得減輕其賠償責任。」

### 2.企業經營者就其主張之事實負舉證責任

消費者保護法第 7 條之 1 規定：「企業經營者主張其商品於流通進入市
場，或其服務於提供時，符合當時科技或專業水準可合理期待之安全性者，
就其主張之事實負舉證責任。商品或服務不得僅因其後有較佳之商品或服務，
而被視為不符合前條第一項之安全性。」

### 3.從事經銷之企業者之責任

消費者保護法第 8 條規定：「從事經銷之企業經營者，就商品或服務所生
之損害，與設計、生產、製造商品或提供服務之企業經營者連帶負賠償責任。
但其對於損害之防免已盡相當之注意，或縱加以相當之注意而仍不免發生損
害者，不在此限。前項之企業經營者，改裝、分裝商品或變更服務內容者，
視為第七條之企業經營者。」

### 4.輸入商品或服務之企業經營者之責任

消費者保護法第 9 條規定：「輸入商品或服務之企業經營者，視為該商品
之設計、生產、製造者或服務之提供者，負本法第七條之製造者責任。」

### 5.企業經營者有回收該批商品或停止其服務之責任

消費者保護法第 10 條規定：「企業經營者於有事實足認其提供之商品或
服務有危害消費者安全與健康之虞時，應即回收該批商品或停止其服務。但
企業經營者所為必要之處理，足以除去其危害者，不在此限。商品或服務有
危害消費者生命、身體、健康或財產之虞，而未於明顯處為警告標示，並附
載危險之緊急處理方法者，準用前項規定。」企業經營者對消費者或第三人
之上述損害賠償責任，不得預先約定限制或免除（消費者保護法第 10 條之
1）。

## （二）對於定型化契約進行原則性規範並公告特定行業定型化契約應記載或不得記載事項

### 1.平等互惠之原則

消費者保護法第 11 條第 1 項規定：「企業經營者在定型化契約中所用之條款，應本平等互惠之原則。」

### 2.合理審閱期間

消費者保護法第 11 條之 1 規定：「企業經營者與消費者訂立定型化契約前，應有三十日以內之合理期間，供消費者審閱全部條款內容。企業經營者以定型化契約條款使消費者拋棄前項權利者，無效。違反第一項規定者，其條款不構成契約之內容。但消費者得主張該條款仍構成契約之內容。中央主管機關得選擇特定行業，參酌定型化契約條款之重要性、涉及事項之多寡及複雜程度等事項，公告定型化契約之審閱期間。」

### 3.誠實信用原則

消費者保護法第 12 條規定：「定型化契約中之條款違反誠信原則，對消費者顯失公平者，無效。定型化契約中之條款有下列情形之一者，推定其顯失公平：一、違反平等互惠原則者。二、條款與其所排除不予適用之任意規定之立法意旨顯相矛盾者。三、契約之主要權利或義務，因受條款之限制，致契約之目的難以達成者。」

### 4.個別磋商可能性

消費者保護法第 15 條規定：「定型化契約中之定型化契約條款牴觸個別磋商條款之約定者，其牴觸部分無效。」

### 5.公告特定行業所擬訂之定型化契約應記載或不得記載事項

消費者保護法第 17 條第 1 項規定：「中央主管機關為預防消費糾紛，保護消費者權益，促進定型化契約之公平化，得選擇特定行業，擬訂其定型化契約應記載或不得記載事項，報請行政院核定後公告之。」行政院消費者保護會目前所公告之特定行業應記載及不得記載事項之定型化契約種類繁多。

近期公告有網路連線遊戲服務、海外旅遊學習、有線廣播電視服務、簡易型一日遊國內旅遊、托嬰中心、電子支付機構業務、機車租賃、健身教練服務、健身中心、瘦身美容、汽車維修等行業之定型化契約應記載及不得記載事項[22]。

## （三）保障特種交易之消費者

消費者保護法針對通訊交易、訪問交易及分期付款買賣契約特別有保護消費者之規定。例如第 18 條規定企業經營者以通訊交易或訪問交易方式訂立契約時，應將特定資訊以清楚易懂之文句記載於書面，提供消費者。第 19 條第 1 項規定：「通訊交易或訪問交易之消費者，得於收受商品或接受服務後七日內，以退回商品或書面通知方式解除契約，無須說明理由及負擔任何費用或對價。但通訊交易有合理例外情事者，不在此限。」第 21 條規定企業經營者與消費者分期付款買賣契約應以書面為之，且契約書應載明頭期款、各期價款與其他附加費用合計之總價款與現金交易價格之差額及利率。

## （四）規範企業經營者給予消費者的資訊之真實性

消費者保護法第 22 條規定：「企業經營者應確保廣告內容之真實，其對消費者所負之義務不得低於廣告之內容。企業經營者之商品或服務廣告內容，於契約成立後，應確實履行。」第 23 條規定：「刊登或報導廣告之媒體經營者明知或可得而知廣告內容與事實不符者，就消費者因信賴該廣告所受之損害與企業經營者負連帶責任。前項損害賠償責任，不得預先約定限制或拋棄。」除此之外，還規範企業經營者對消費者保證商品或服務之品質時，應主動出具書面保證書以及包裝的安全性（消費者保護法第 25 條及第 26 條）

---

22　參考行政院全球資訊網，網頁：https://www.ey.gov.tw/Page/2285E9A14973DE75?page=1&PS=15&。

## 三、政府的行政監督

### （一）設置消費者保護官

消費者保護法第 39 條規定：「行政院、直轄市、縣（市）政府應置消費者保護官若干名。消費者保護官任用及職掌之辦法，由行政院定之。」

### （二）設消費者服務中心

消費者保護法第 42 條規定：「直轄市、縣（市）政府應設消費者服務中心，辦理消費者之諮詢服務、教育宣導、申訴等事項。直轄市、縣（市）政府消費者服務中心得於轄區內設分中心。」

### （三）主動調查商品或服務之品質

消費者保護法第 33 條第 1 項規定：「直轄市或縣（市）政府認為企業經營者提供之商品或服務有損害消費者生命、身體、健康或財產之虞者，應即進行調查。於調查完成後，得公開其經過及結果。」

### （四）主動檢驗

消費者保護法第 35 條規定：「直轄市或縣（市）主管機關辦理檢驗，得委託設有與檢驗項目有關之檢驗設備之消費者保護團體、職業團體或其他有關公私機構或團體辦理之。」

### （五）命企業經營者將商品或服務限期改善、回收或銷燬

消費者保護法第 36 條規定：「直轄市或縣（市）政府對於企業經營者提供之商品或服務，經第三十三條之調查，認為確有損害消費者生命、身體、健康或財產，或確有損害之虞者，應命其限期改善、回收或銷燬，必要時並得命企業經營者立即停止該商品之設計、生產、製造、加工、輸入、經銷或服務之提供，或採取其他必要措施。」

### （六）公告企業經營者之名稱、地址、商品、服務等

消費者保護法第 37 條規定：「直轄市或縣（市）政府於企業經營者提供之商品或服務，對消費者已發生重大損害或有發生重大損害之虞，而情況危

急時，除為前條之處置外，應即在大眾傳播媒體公告企業經營者之名稱、地址、商品、服務、或為其他必要之處置。」

## 四、消費爭議之處理

消費者保護法針對消費爭議採取兩項措施：

### （一）申訴與調解

消費者保護法第 43 條規定：「消費者與企業經營者因商品或服務發生消費爭議時，消費者得向企業經營者、消費者保護團體或消費者服務中心或其分中心申訴。企業經營者對於消費者之申訴，應於申訴之日起十五日內妥適處理之。消費者依第一項申訴，未獲妥適處理時，得向直轄市、縣（市）政府消費者保護官申訴。」第 44 條規定：「消費者依前條申訴未能獲得妥適處理時，得向直轄市或縣（市）消費爭議調解委員會申請調解。」

### （二）消費訴訟

1. 設立消費專庭或指定專人審理消費訴訟事件（消費者保護法第 48 條）

2. 集體訴訟的可能

消費者保護法第 50 條規定集體訴訟的可能，在第 1 項規定：「消費者保護團體對於同一之原因事件，致使眾多消費者受害時，得受讓二十人以上消費者損害賠償請求權後，以自己名義，提起訴訟。消費者得於言詞辯論終結前，終止讓與損害賠償請求權，並通知法院。」[23]

3. 科以懲罰性賠償金

消費者保護法第 51 條規定：「依本法所提之訴訟，因企業經營者之故意所致之損害，消費者得請求損害額五倍以下之懲罰性賠償金；但因重大過失所致之損害，得請求三倍以下之懲罰性賠償金，因過失所致之損害，得請求損害額一倍以下之懲罰性賠償金。」

---

[23] 有關集體訴訟之現況，參考台灣消費者保護協會，網頁：http://www.cpat.org.tw/page/news/index.aspx?kind=11 及消費者文教基金會，網頁：https://www.consumers.org.tw/activity03.html。

# 第十三章
# 勞動基準法、勞工保險條例及全民健康保險法

---

📖 **本章重點**

1. 勞動基準法之重要規定。

2. 勞動契約特性、種類及其終止。

3. 勞動基準法關於工作條件的重要規定。

4. 勞動基準法對於童工與女工工作的特別規定（釋字第 807 號解釋）。

5. 勞動契約從屬性。

6. 勞工保險條例之演變及勞工職業災害保險及保護法之重要規定。

7. 全民健康保險法之立法目的及特別規定。

8. 111 年憲判字第 13 號有關健保資料庫案之解釋。

---

# 壹、前　言

　　考選部法學緒論的命題大綱列有「勞動與社會法（勞動基準法、勞工保險條例、全民健康保險法）」，這個科目以勞動法及社會法的重要領域為主。在 2022 年 5 月 1 日生效之勞工職業災害保險及保護法，改變了原來勞工保險條例的效力。勞工職業災害保險及保護法將原來在勞工保險條例規定的各種職業災害保險納入並增加規定勞工職業災害保護法相關規定。而原來勞工保險條例有關勞工的普通事故保險則繼續生效。因此，本章除了分析勞動基準法、勞工保險條例及全民健康保險法外，還增加分析勞工職業災害保險及保

護法。

　　本章所討論的幾個法律都影響臺灣多數人民的生活。根據勞動部的統計，2022 年平均勞動力為 11,853,000 人[1]。勞工保險局的統計也指出，在 2022 年 11 月全臺灣的被保險人（勞工）有 10,494,494 人[2]。而根據衛生福利部中央健康保險署 2021 年年底統計資料，保險對象總計 23,861,265 人，其中被保險人 16,102,302 人，眷屬 7,758,963 人，可以說百分之百全民都有健康保險[3]。

　　臺灣跟勞動有關的法律非常多，有勞動基準法、勞工保險條例、勞工職業災害保險及保護法、就業服務法、勞動檢查法、性別工作平等法、職業災害勞工保護法、工會法、勞資爭議處理法及大量解僱勞工保護法等等，本章僅討論法學緒論考試科目指定之法律。在全球化及資訊化的時代，加上最近三年 (2020～2022) 新冠肺炎疫情影響，當前勞工的工作環境與工作方式有重大變遷，未來勞動相關法規將有如何的變化及其影響都有待進一步的觀察。

# 貳、勞動基準法

## 一、勞動關係法規範的變遷：雇工人法──僱傭契約──勞動契約

　　清朝統治下的臺灣社會並沒有類似今日勞動基準法或其他勞動法規。但大清律例中謀殺祖父母、父母律，規定奴婢及雇工人謀殺家長或家長的親人的事項。其規定：「若奴婢及雇工人謀殺家長，及家長之期親、外祖父母、若緦麻以上親者，罪與子孫同。」由此可以看出在清朝雇工人的地位跟奴婢及子孫一樣，雇工人相對於家長及家長的特定親人地位是低下的。

---

[1]　參考勞動部勞動狀況統計表──人力資源概況，網頁：https://statdb.mol.gov.tw/html/mon/22010.htm。

[2]　參考勞動部勞工保險局，網頁：https://www.bli.gov.tw/。

[3]　參考衛生福利部中央健康保險署 110 年當年承保業務的統計，表 37 保險對象人數──按保險對象類目及縣市別分，網頁：https://www.nhi.gov.tw/Content_List.aspx?n=D54EA9A6F31A9F3D&topn=23C660CAACAA159D。

　　1930 年代訂定的民法第 482 條規定：「稱僱傭者，謂當事人約定，一方於一定或不定之期限內為他方服勞務，他方給付報酬之契約。」根據這個規定，僱傭關係就是一個民法上的契約關係。有鑑於民法僱用人與受僱人間事實上存在一種經濟上權利不平等的關係，因此臺灣在民法第 483 條之 1 規定：「受僱人服勞務，其生命、身體、健康有受危害之虞者，僱用人應按其情形為必要之預防。」民法第 484 條規定：「僱用人非經受僱人同意，不得將其勞務請求權讓與第三人，受僱人非經僱用人同意，不得使第三人代服勞務。當事人之一方違反前項規定時，他方得終止契約。」

　　1984 年立法院並通過勞動基準法，第 1 條明定：「為規定勞動條件最低標準，保障勞工權益，加強勞雇關係，促進社會與經濟發展，特制定本法；本法未規定者，適用其他法律之規定。雇主與勞工所訂勞動條件，不得低於本法所定之最低標準。」自此雇主與受僱人之間的勞動關係不僅僅是發生在私人跟私人間自由訂定的契約關係。牽涉勞動關係的某些契約開始也適用勞動基準法規定。在適用勞動基準法的產業，雇主與勞工所定的勞動條件不可以低於勞動基準法所定的最低標準。

　　勞動基準法訂定至今，已經歷經二十次的修法。最近的修法主要加強保障派遣勞工之工資及安全，並加重要派單位角色與責任。勞動基準法第 17 條之 1 第 1 到第 3 項規定：「要派單位不得於派遣事業單位與派遣勞工簽訂勞動契約前，有面試該派遣勞工或其他指定特定派遣勞工之行為。要派單位違反前項規定，且已受領派遣勞工勞務者，派遣勞工得於要派單位提供勞務之日起九十日內，以書面向要派單位提出訂定勞動契約之意思表示。要派單位應自前項派遣勞工意思表示到達之日起十日內，與其協商訂定勞動契約。逾期未協商或協商不成立者，視為雙方自期滿翌日成立勞動契約，並以派遣勞工於要派單位工作期間之勞動條件為勞動契約內容。」

　　勞動基準法在第 63 條之 1 規定：「要派單位使用派遣勞工發生職業災害時，要派單位應與派遣事業單位連帶負本章所定雇主應負職業災害補償之責

任。前項之職業災害依勞工保險條例或其他法令規定，已由要派單位或派遣事業單位支付費用補償者，得主張抵充。要派單位及派遣事業單位因違反本法或有關安全衛生規定，致派遣勞工發生職業災害時，應連帶負損害賠償之責任。要派單位或派遣事業單位依本法規定給付之補償金額，得抵充就同一事故所生損害之賠償金額。」

　　2019 年臺灣發生兩名外送員嚴重車禍身亡事件，根據新聞報導，該平臺業者表示該公司與死亡外送員之間是「承攬關係」而非「僱傭關係」。勞動部北區職安中心會同臺北市及桃園市勞動檢查處進行勞動檢查後，認定 foodpanda 及 Uber Eats 兩家外送平臺業者與外送員間具有僱傭關係並打算根據勞動基準法規定對平臺業者開罰[4]。勞動部為此還公告「勞動契約從屬性判斷檢核表」作為判斷勞動「從屬性」的參考[5]。下面針對勞動基準法的規定加以說明。

## 二、勞動基準法適用的對象

　　勞動基準法適用的對象主要規定在勞動基準法第 3 條。第 3 條第 1 項規定：「本法於左列各業適用之：一、農、林、漁、牧業。二、礦業及土石採取業。三、製造業。四、營造業。五、水電、煤氣業。六、運輸、倉儲及通信業。七、大眾傳播業。八、其他經中央主管機關指定之事業。」在第 3 項又規定：「本法適用於一切勞雇關係。但因經營型態、管理制度及工作特性等因素適用本法確有窒礙難行者，並經中央主管機關指定公告之行業或工作者，不適用之。」

　　從勞動部公布的網頁說明指出：「自民國 73 年起，中央主管機關分階段指定適用勞動基準法之行業。目前除下列各業及工作者不適用勞動基準法外，

---

4　參考新聞報導，網頁：https://finance.ettoday.net/news/1556841。
5　參考勞動部如何區分承攬、派遣與僱傭關係，網頁：https://www.mol.gov.tw/1607/28162/28652/28922/28925/28928/lpsimplelist。

其餘一切勞雇關係，均適用勞動基準法。」

　　有些事業單位雖然適用勞動基準法，但在工作時間跟休假上可能根據第84條之1規定不受到保護。勞動基準法第84條之1規定：「經中央主管機關核定公告之下列工作者，得由勞雇雙方另行約定，工作時間、例假、休假、女性夜間工作，並報請當地主管機關核備，不受第三十條、第三十二條、第三十六條、第三十七條、第四十九條規定之限制。一、監督、管理人員或責任制專業人員。二、監視性或間歇性之工作。三、其他性質特殊之工作。前項約定應以書面為之，並應參考本法所定之基準且不得損及勞工之健康及福祉。」目前這類工作者例如保全工作人員[6]。

## 三、勞動契約特性、種類及其終止

　　勞動基準法第2條第6款規定：「勞動契約：指約定勞雇關係而具有從屬性之契約。」另外勞動基準法第9條第1項規定：「勞動契約，分為定期契約及不定期契約。臨時性、短期性、季節性及特定性工作得為定期契約；有繼續性工作應為不定期契約。派遣事業單位與派遣勞工訂定之勞動契約，應為不定期契約。」第9條第2項規定：「定期契約屆滿後，有下列情形之一，視為不定期契約：一、勞工繼續工作而雇主不即表示反對意思者。二、雖經另訂新約，惟其前後勞動契約之工作期間超過九十日，前後契約間斷期間未超過三十日者。」

　　勞動契約除了經過雇主與勞工合意終止外，勞動基準法對於雇主與勞工的預告終止勞動契約也有明確規定。例如第11條規定：「非有左列情事之一者，雇主不得預告勞工終止勞動契約：一、歇業或轉讓時。二、虧損或業務緊縮時。三、不可抗力暫停工作在一個月以上時。四、業務性質變更，有減

---

6 適用勞動基準法第84條之1工作者（如保全業之保全人員）之工資相關規定請參考，網頁：https://www.mol.gov.tw/1607/28690/2282/2284/2290/7160。

少勞工之必要，又無適當工作可供安置時。五、勞工對於所擔任之工作確不能勝任時。」第 12 條規定：「勞工有左列情形之一者，雇主得不經預告終止契約：一、於訂立勞動契約時為虛偽意思表示，使雇主誤信而有受損害之虞者。二、對於雇主、雇主家屬、雇主代理人或其他共同工作之勞工，實施暴行或有重大侮辱之行為者。三、受有期徒刑以上刑之宣告確定，而未諭知緩刑或未准易科罰金者。四、違反勞動契約或工作規則，情節重大者。五、故意損耗機器、工具、原料、產品，或其他雇主所有物品，或故意洩漏雇主技術上、營業上之秘密，致雇主受有損害者。六、無正當理由繼續曠工三日，或一個月內曠工達六日者。雇主依前項第一款、第二款及第四款至第六款規定終止契約者，應自知悉其情形之日起，三十日內為之。」第 14 條第 1 項規定勞工可以不經預告終止契約之情形：「有下列情形之一者，勞工得不經預告終止契約：一、雇主於訂立勞動契約時為虛偽之意思表示，使勞工誤信而有受損害之虞者。二、雇主、雇主家屬、雇主代理人對於勞工，實施暴行或有重大侮辱之行為者。三、契約所訂之工作，對於勞工健康有危害之虞，經通知雇主改善而無效果者。四、雇主、雇主代理人或其他勞工患有法定傳染病，對共同工作之勞工有傳染之虞，且重大危害其健康者。五、雇主不依勞動契約給付工作報酬，或對於按件計酬之勞工不供給充分之工作者。六、雇主違反勞動契約或勞工法令，致有損害勞工權益之虞者。」

　　勞動基準法在第 10 條、第 10 條之 1、第 13 條、第 15 條之 1 等訂定各種保護勞工權益的規定，例如第 10 條之 1 規定：「雇主調動勞工工作，不得違反勞動契約之約定，並應符合下列原則：一、基於企業經營上所必須，且不得有不當動機及目的。但法律另有規定者，從其規定。二、對勞工之工資及其他勞動條件，未作不利之變更。三、調動後工作為勞工體能及技術可勝任。四、調動工作地點過遠，雇主應予以必要之協助。五、考量勞工及其家庭之生活利益。」

## 四、勞動基準法有關工作條件的重要規定

勞動基準法從第 21 條以下針對勞工之工資、工作時間、休息、休假、童工、女工以及退休、職業災害補償、技術生、工作規則、監督與檢查及罰則加以規定。下面僅針對工資、工作時間、休假等重要規定加以分析。

### （一）工資

勞動基準法第 21 條規定：「工資由勞雇雙方議定之。但不得低於基本工資。前項基本工資，由中央主管機關設基本工資審議委員會擬訂後，報請行政院核定之。前項基本工資審議委員會之組織及其審議程序等事項，由中央主管機關另以辦法定之。」

行政院核定自 2023 年 1 月 1 日起，基本工資月薪調升至 26,400 元，時薪調升至 176 元。勞動基準法第 23 條規定：「工資之給付，除當事人有特別約定或按月預付者外，每月至少定期發給二次，並應提供工資各項目計算方式明細；按件計酬者亦同。雇主應置備勞工工資清冊，將發放工資、工資各項目計算方式明細、工資總額等事項記入。工資清冊應保存五年。」

勞動基準法第 25 條規定：「雇主對勞工不得因性別而有差別之待遇。工作相同、效率相同者，給付同等之工資。」第 26 條規定：「雇主不得預扣勞工工資作為違約金或賠償費用。」

### （二）工時

勞動基準法對於工時有明確規定，勞動基準法第 30 條第 1 項、第 2 項規定：「勞工正常工作時間，每日不得超過八小時，每週不得超過四十小時。前項正常工作時間，雇主經工會同意，如事業單位無工會者，經勞資會議同意後，得將其二週內二日之正常工作時數，分配於其他工作日。其分配於其他工作日之時數，每日不得超過二小時。但每週工作總時數不得超過四十八小時。」過去臺灣勞工往往超時工作，為此勞動基準法第 24 條規定：「雇主延長勞工工作時間者，其延長工作時間之工資，依下列標準加給：一、延長工

作時間在二小時以內者，按平日每小時工資額加給三分之一以上。二、再延長工作時間在二小時以內者，按平日每小時工資額加給三分之二以上。三、依第三十二條第四項規定，延長工作時間者，按平日每小時工資額加倍發給。雇主使勞工於第三十六條所定休息日工作，工作時間在二小時以內者，其工資按平日每小時工資額另再加給一又三分之一以上；工作二小時後再繼續工作者，按平日每小時工資額另再加給一又三分之二以上。」

勞動基準法第 30 條第 3 項規定：「第一項正常工作時間，雇主經工會同意，如事業單位無工會者，經勞資會議同意後，得將八週內之正常工作時數加以分配。但每日正常工作時間不得超過八小時，每週工作總時數不得超過四十八小時。」考量到勞工有時必須照顧家庭成員，因此第 30 條第 8 項規定：「第一項至第三項及第三十條之一之正常工作時間，雇主得視勞工照顧家庭成員需要，允許勞工於不變更每日正常工作時數下，在一小時範圍內，彈性調整工作開始及終止之時間。」

勞動基準法第 32 條及第 32 條之 1 規定若雇主延長勞工之工作時間或使勞工於第 36 條所定休息日工作後，依勞工意願選擇補休並經雇主同意者，應依勞工工作之時數計算補休時數。

勞動基準法第 34 條針對輪班工作者的工作特別規定，例如第 1 項規定：「勞工工作採輪班制者，其工作班次，每週更換一次。但經勞工同意者不在此限。」

## （三）例假及休息日

勞動基準法第 36 條規定勞工之休息日，第 1 項規定：「勞工每七日中應有二日之休息，其中一日為例假，一日為休息日。」第 36 條第 2 項規定勞工休假的變形，例如當勞工依第 30 條第 2 項規定變更正常工作時間時，勞工每七日中至少應有一日之例假，每二週內之例假及休息日至少應有四日。總之，勞雇雙方雖然可以約定週間更動工作時間，但不得讓勞工「連續工作超過六日」。

## （四）休假及特別休假

　　勞動基準法中也規定勞工之休假與特休。第 37 條第 1 項規定：「內政部所定應放假之紀念日、節日、勞動節及其他中央主管機關指定應放假日，均應休假。」根據第 38 條規定，勞工在同一雇主或事業單位，繼續工作滿一定期間者，可以有特別休假，例如六個月以上一年未滿者，三日；一年以上二年未滿者，七日等等。第 39 條規定：「第三十六條所定之例假、休息日、第三十七條所定之休假及第三十八條所定之特別休假，工資應由雇主照給。雇主經徵得勞工同意於休假日工作者，工資應加倍發給。因季節性關係有趕工必要，經勞工或工會同意照常工作者，亦同。」

## （五）請假

　　勞工如因有婚、喪、事、疾病等因素可依勞工請假規則請假，惟勞工請假規則係最低標準，事業單位如有較優之規定，自可從其規定。天然災害發生時（後）勞工之出勤管理及工資給付原則為：因颱風來襲而停止上班之日，非勞動基準法所定之「休假日」，但勞工如確因災害而未出勤，雇主不得視為曠工，或強迫以事假（或特別休假）處理。

## （六）勞動基準法對於童工與女工工作的特別規定

　　勞動基準法從第 44 條到第 52 條，就童工與女工的工作有特別規定。例如第 44 條規定：「十五歲以上未滿十六歲之受僱從事工作者，為童工。童工及十六歲以上未滿十八歲之人，不得從事危險性或有害性之工作。」第 45 條第 1 項規定：「雇主不得僱用未滿十五歲之人從事工作。但國民中學畢業或經主管機關認定其工作性質及環境無礙其身心健康而許可者，不在此限。」第 48 條規定：「童工不得於午後八時至翌晨六時之時間內工作。」針對女工的工作時間、產假、妊娠期間申請改調工作及產後的哺乳時間，則在第 49 條到第 52 條有特別規定。

　　大法官在 2021 年 8 月 20 日釋字第 807 號解釋說明：「勞動基準法第 49 條第 1 項規定：『雇主不得使女工於午後 10 時至翌晨 6 時之時間內工作。但

雇主經工會同意，如事業單位無工會者，經勞資會議同意後，且符合下列各款規定者，不在此限：一、提供必要之安全衛生設施。二、無大眾運輸工具可資運用時，提供交通工具或安排女工宿舍。』違反憲法第 7 條保障性別平等之意旨，應自本解釋公布之日起失其效力。」但目前（2023 年 4 月 24 日）立法院並未針對釋字第 807 號做出修法的回應。勞動部在其網頁上說明：「勞動基準法第 49 條第 1 項規定，係對女性夜間工作之特別保護，所定內容與立法目的，有其歷史脈絡。勞動部為行政機關，當然受到司法院解釋之拘束；後續將依解釋文意旨，持續檢視所主管之法令及政策，關注及促進勞動領域之性別平權。」

## 五、再談勞動契約的從屬性：大法官釋字第 704 號解釋及最高法院的裁判意見

　　大法官在 2016 年 10 月 21 日以釋字第 740 號解釋針對「保險業務員招攬保險勞務契約是否為勞動契約案」在解釋理由中說明：「惟民法上以有償方式提供勞務之契約，未必皆屬勞動契約。是應就勞務給付之性質，按個案事實客觀探求各該勞務契約之類型特徵，諸如與人的從屬性（或稱人格從屬性）有關勞務給付時間、地點或專業之指揮監督關係，及是否負擔業務風險，以判斷是否為系爭規定一所稱勞動契約。」[7]「關於保險業務員為其所屬保險公司從事保險招攬業務而訂立之勞務契約，基於私法自治原則，有契約形式及內容之選擇自由，其類型可能為僱傭、委任、承攬或居間，其選擇之契約類型是否為系爭規定一所稱勞動契約，仍應就個案事實及整體契約內容，按勞務契約之類型特徵，依勞務債務人與勞務債權人間之從屬性程度之高低判斷之，即應視保險業務員得否自由決定勞務給付之方式（包含工作時間），並

---

[7]　參考司法院有關釋字第 740 號解釋理由書網頁，網址：https://cons.judicial.gov.tw/docdata.aspx?fid=100&id=310921&rn=-13866。

自行負擔業務風險（例如按所招攬之保險收受之保險費為基礎計算其報酬）以為斷。保險業務員與其所屬保險公司所簽訂之保險招攬勞務契約，雖僅能販售該保險公司之保險契約，惟如保險業務員就其實質上從事招攬保險之勞務活動及工作時間得以自由決定，其報酬給付方式並無底薪及一定業績之要求，係自行負擔業務之風險，則其與所屬保險公司間之從屬性程度不高，尚難認屬系爭規定一所稱勞動契約。」[8]

在此號解釋做出之後，立法院即修改勞動基準法第 2 條第 6 款規定：「勞動契約：指約定勞雇關係而具有從屬性之契約。」究竟何謂勞動契約的從屬性，最高法院在幾個判決書中均有所說明。最高法院在 101 年度台簡上字第 1 號有關「請求確認僱傭關係存在」等民事判決中支持高等法院的法律意見，駁回上訴人的上訴，並在判決書中特別說明如下：

「員工與公司間係究為勞動關係或委任關係，應視其是否基於人格上、經濟上及組織上從屬性而提供勞務等情加以判斷，不以提供勞務者所任職稱、職位高低、職務內容、報酬多寡為區別之標準。凡在人格上、經濟上及組織上完全從屬於雇主，對雇主之指示具有規範性質之服從，為勞動契約。反之，如受託處理一定之事務，得在委任人所授權限範圍內，自行裁量決定處理一定事務之方法，以完成委任之目的，則屬於委任契約。又基於保護勞工之立場，一般就勞動契約關係之成立，均從寬認定，只要有部分從屬性，即足成立。」

同樣的，在最高法院 103 年度台上字第 1569 號民事裁定也提到勞動契約與委任關係之差別，其說明如下：「公司與員工間之關係究為勞動關係或委任關係，應依契約之實質內容，視其提供勞務之人格上、經濟上及組織上從屬性強弱而為判斷；公司經理人縱或受董事會之指示，但仍可運用指揮性、計

---

8　參考司法院有關釋字第 740 號解釋理由書網頁，網址：https://cons.judicial.gov.tw/docdata.aspx?fid=100&id=310921&rn=-13866。

劃性或創造性以影響公司業務，仍屬委任關係。」[9]

## 六、勞動基準法其他規定

　　勞動基準法除了上述的規定外，還有有關退休、職業災害補償、技術生、工作規則、監督與檢查及罰則之規定。這些事項有些已經另有法律更細緻的規定，例如：勞工退休金條例、勞工職業災害保險及保護法、職業安全衛生法等[10]。

# 參、勞工保險條例

## 一、勞工保險條例之演變及勞工職業災害保險及保護法之訂定

　　勞工保險條例訂定於 1958 年，根據當時勞工保險條例第 2 條規定：「本條例所稱勞工保險，分生育、傷害、疾病、殘廢、老年及死亡六種。」1979年勞工保險條例經過大修改，第 2 條修正為：「勞工保險分左列二類：一、普通事故保險：分生育、傷病、醫療、殘廢、失業、老年及死亡七種給付。二、職業災害保險：分傷病、醫療、殘廢及死亡四種給付。」2008 年第 2 條再修改為：「勞工保險之分類及其給付種類如下：一、普通事故保險：分生育、傷病、失能、老年及死亡五種給付。二、職業災害保險：分傷病、醫療、失能及死亡四種給付。」[11]2022 年 5 月 1 日施行之勞工職業災害保險及保護法第

---

9　最高法院 98 年度台上字第 1834 號民事判決也提到：「公司經理人與公司間之關係究為勞動關係或委任關係，應視其是否基於人格上、經濟上及組織上從屬性而提供勞務等情加以判斷。凡在人格上、經濟上及組織上完全從屬於雇主，對雇主之指示具有規範性質之服從，為勞動契約。反之，如受託處理一定之事務，得在委任人所授權限範圍內，自行裁量決定處理一定事務之方法，以完成委任之目的，則屬於委任契約。」最高法院 89 年度台上字第 1301 號及 104 年度台上字第 1294 號民事判決都有相同的見解。

10　參考臺北大學法律學院勞動法研究中心主編，勞動法文獻研究——理解、分析與重構，元照，2018年，初版三刷。本書針對勞動法相關領域例如勞動契約、工作規則、勞基法工資定義、工作時間、調職等等議題之相關文獻加以分析。

11　這次修改主要將條文中的殘廢與失業等字眼改為失能。

107 條廢止勞工保險條例有關勞工職業災害保險的規定：「勞工保險條例第二條第二款、第十三條第三項至第六項、第十五條第一款至第四款、第十九條第五項、第六項、第二十條第一項、第二十條之一、第三十四條、第三十六條、第三十九條至第五十二條、第五十四條及第六十四條有關職業災害保險規定，除本法另有規定外，自本法施行之日起，不再適用。」

　　為此，本章除了討論勞工保險條例有關勞工普通事故保險之規定外，也將分析勞工職業災害保險及保護法之規定。勞工保險條例有關保險費及保險給付之通則之規定太過瑣碎與專業，故本章不加以討論[12]。

## 二、勞工保險是勞工在公法上的權利

　　大法官在釋字第 568 號解釋理由書中針對勞工保險有下面的論述：「勞工保險係國家為實現憲法第一百五十三條保護勞工生活及憲法第一百五十五條、憲法增修條文第十條第八項實施社會保險制度之基本國策而建立之社會安全措施，為社會保險之一種。勞工保險條例即係依上開憲法意旨而制定之法律。勞工依該條例參加勞工保險及因此所生之公法上權利，應受憲法保障。關於保險效力之開始、停止、終止及保險給付之履行等事由，係屬勞工因保險關係所生之權利義務事項，攸關勞工權益至鉅，其權利之限制，應以法律定之，且其立法目的與手段，亦須符合憲法第二十三條之規定。」[13]

## 三、勞工保險之保險人、投保單位與被保險人

　　勞工保險條例第 5 條第 1 項規定：「中央主管機關統籌全國勞工保險業

---

[12] 參考臺北大學法律學院勞動法研究中心主編，勞工保險條例精選判決評釋，元照，2016 年，初版。

[13] 大法官釋字第 568 號解釋文內容提到：「勞工依法參加勞工保險及因此所生之公法上權利，應受憲法保障。關於保險效力之開始、停止、終止及保險給付之履行等事由，係屬勞工因保險關係所生之權利義務事項，攸關勞工權益至鉅，其權利之限制，應以法律定之，且其立法目的與手段，亦須符合憲法第二十三條之規定。若法律授權行政機關發布命令為補充規定者，該命令須符合立法意旨且未逾越母法授權之範圍，始為憲法所許。」

務，設勞工保險局為保險人，辦理勞工保險業務。為監督勞工保險業務及審議保險爭議事項，由有關政府代表、勞工代表、資方代表及專家各佔四分之一為原則，組織勞工保險監理委員會行之。」至於投保單位主要是被保險勞工的雇主或勞工所屬之團體或所屬之機構（第 6 條第 1 項）。而被保險人可以分為強制投保之人與自願投保之人。

## （一）強制投保之規定

勞工保險條例第 6 條第 1 項規定：「年滿十五歲以上，六十五歲以下之左列勞工，應以其雇主或所屬團體或所屬機構為投保單位，全部參加勞工保險為被保險人：一、受僱於僱用勞工五人以上之公、民營工廠、礦場、鹽場、農場、牧場、林場、茶場之產業勞工及交通、公用事業之員工。二、受僱於僱用五人以上公司、行號之員工。三、受僱於僱用五人以上之新聞、文化、公益及合作事業之員工。四、依法不得參加公務人員保險或私立學校教職員保險之政府機關及公、私立學校之員工。五、受僱從事漁業生產之勞動者。六、在政府登記有案之職業訓練機構接受訓練者。七、無一定雇主或自營作業而參加職業工會者。八、無一定雇主或自營作業而參加漁會之甲類會員。」除此之外，經主管機關認定，工作性質及環境無礙身心健康之未滿十五歲勞工及在職外國籍員工亦屬於強制加保對象。

## （二）自願投保規定

勞工保險條例第 8 條規定：「左列人員得準用本條例之規定，參加勞工保險：一、受僱於第六條第一項各款規定各業以外之員工。二、受僱於僱用未滿五人之第六條第一項第一款至第三款規定各業之員工。三、實際從事勞動之雇主。四、參加海員總工會或船長公會為會員之外僱船員。前項人員參加保險後，非依本條例規定，不得中途退保。第一項第三款規定之雇主，應與其受僱員工，以同一投保單位參加勞工保險。」另外，第 9 條規定：「被保險人有左列情形之一者，得繼續參加勞工保險：一、應徵召服兵役者。二、派遣出國考察、研習或提供服務者。三、因傷病請假致留職停薪，普通傷病未

超過一年，職業災害未超過二年者。四、在職勞工，年逾六十五歲繼續工作者。五、因案停職或被羈押，未經法院判決確定者。」

## 四、普通事故保險給付之種類及內容

### （一）普通事故保險之種類

　　勞工保險條例第 2 條第 2 項在勞工職業災害保險及保護法施行後已經不再適用，目前勞工保險條例所規範的主要是勞工之普通事故保險，其種類包括生育、傷病、失能、老年及死亡五種給付。勞工職業災害保險及保護法第 26 條規定：「本保險之給付種類如下：一、醫療給付。二、傷病給付。三、失能給付。四、死亡給付。五、失蹤給付。」另外，根據第 54 條、58 條及第 63 條之規定，失能給付、老年給付及死亡給付可以是以每個月領年金的方式給付[14]。

### （二）勞工保險給付

#### 1.生育給付

　　勞工保險條例第 31 條規定：「被保險人合於左列情形之一者，得請領生育給付：一、參加保險滿二百八十日後分娩者。二、參加保險滿一百八十一日後早產者。三、參加保險滿八十四日後流產者。被保險人之配偶分娩、早產或流產者，比照前項規定辦理。」第 32 條則規定不同情況之生育給付標準。

#### 2.傷病給付

　　勞工保險條例第 33 條規定：「被保險人遭遇普通傷害或普通疾病住院診療，不能工作，以致未能取得原有薪資，正在治療中者，自不能工作之第四日起，發給普通傷害補助費或普通疾病補助費。」關於補助費的給付方式，主要規定在第 34 條到第 37 條。

---

14　參考勞動部勞工保險局有關勞保簡介說明，網頁：https://www.bli.gov.tw/0000105.html。

### 3. 醫療給付

勞工保險條例第 41 條規定：「門診給付範圍如左：一、診察（包括檢驗及會診）。二、藥劑或治療材料。三、處置、手術或治療。前項費用，由被保險人自行負擔百分之十。但以不超過中央主管機關規定之最高負擔金額為限。」第 49 條規定：「被保險人診療所需之費用，由保險人逕付其自設或特約醫療院、所，被保險人不得請領現金。」

### 4. 失能給付

勞工保險條例第 53 條第 1 項規定失能補助費，其規定：「被保險人遭遇普通傷害或罹患普通疾病，經治療後，症狀固定，再行治療仍不能期待其治療效果，經保險人自設或特約醫院診斷為永久失能，並符合失能給付標準規定者，得按其平均月投保薪資，依規定之給付標準，請領失能補助費。」第 2 項規定失能年金，其規定：「前項被保險人或被保險人為身心障礙者權益保障法所定之身心障礙者，經評估為終身無工作能力者，得請領失能年金給付。其給付標準，依被保險人之保險年資計算，每滿一年，發給其平均月投保薪資之百分之一點五五；金額不足新臺幣四千元者，按新臺幣四千元發給。」第 57 條規定：「被保險人經評估為終身無工作能力，領取失能給付者，應由保險人逕予退保。」

### 5. 老年給付

勞工保險條例第 58 條第 1 項規定：「年滿六十歲有保險年資者，得依下列規定請領老年給付：一、保險年資合計滿十五年者，請領老年年金給付。二、保險年資合計未滿十五年者，請領老年一次金給付。」第 3 項規定：「依前二項規定請領老年給付者，應辦理離職退保。」

### 6. 死亡給付

勞工保險條例第 62 條規定：「被保險人之父母、配偶或子女死亡時，依左列規定，請領喪葬津貼：一、被保險人之父母、配偶死亡時，按其平均月投保薪資，發給三個月。二、被保險人之子女年滿十二歲死亡時，按其平均

月投保薪資，發給二個半月。三、被保險人之子女未滿十二歲死亡時，按其平均月投保薪資，發給一個半月。」第 63 條第 1 項規定：「被保險人在保險有效期間死亡時，除由支出殯葬費之人請領喪葬津貼外，遺有配偶、子女、父母、祖父母、受其扶養之孫子女或受其扶養之兄弟、姊妹者，得請領遺屬年金給付。」第 63 條之 2 規定喪葬津貼、遺屬年金及遺屬津貼之給付標準。

# 肆、勞工職業災害保險及保護法

## 一、勞工職業災害保險及保護法之立法目的與範圍

勞工職業災害保險及保護法第 1 條規定：「為保障遭遇職業災害勞工及其家屬之生活，加強職業災害預防及職業災害勞工重建，以促進社會安全，特制定本法。」

## 二、勞工職業災害保險之保險人、保險基金、投保單位與被保險人

勞工職業災害保險及保護法第 3 條規定：「勞工職業災害保險（以下簡稱本保險）以勞動部勞工保險局為保險人，辦理保險業務。勞工職業災害保險基金（以下簡稱本保險基金）之投資運用管理業務，由勞動部勞動基金運用局辦理。」勞工職業災害保險之投保單位主要是被保險勞工的雇主或勞工所屬之團體或所屬之機構。同樣的被保險人可以分為強制投保之人與自願投保之人。

### （一）強制投保之規定

勞工職業災害保險及保護法第 6 條規定：「年滿十五歲以上之下列勞工，應以其雇主為投保單位，參加本保險為被保險人：一、受僱於領有執業證照、依法已辦理登記、設有稅籍或經中央主管機關依法核發聘僱許可之雇主。二、依法不得參加公教人員保險之政府機關（構）、行政法人及公、私立學校之受僱員工。前項規定，於依勞動基準法規定未滿十五歲之受僱從事工作者，亦

適用之。下列人員準用第一項規定參加本保險：一、勞動基準法規定之技術生、事業單位之養成工、見習生及其他與技術生性質相類之人。二、高級中等學校建教合作實施及建教生權益保障法規定之建教生。三、其他有提供勞務事實並受有報酬，經中央主管機關公告者。」除此之外，經主管機關認定工作性質及環境無礙身心健康之未滿十五歲勞工及在職外國籍員工亦屬於強制加保對象。

　　勞工職業災害保險及保護法第 7 條規定：「年滿十五歲以上之下列勞工，應以其所屬團體為投保單位，參加本保險為被保險人：一、無一定雇主或自營作業而參加職業工會之會員。二、無一定雇主或自營作業而參加漁會之甲類會員。」同法第 8 條規定：「年滿十五歲以上，於政府登記有案之職業訓練機構或受政府委託辦理職業訓練之單位接受訓練者，應以其所屬機構或單位為投保單位，參加本保險為被保險人。」

## （二）自願投保規定

　　勞工職業災害保險及保護法第 9 條第 1 項規定：「下列人員得準用本法規定參加本保險：一、受僱於經中央主管機關公告之第六條第一項規定以外雇主之員工。二、實際從事勞動之雇主。三、參加海員總工會或船長公會為會員之外僱船員。」第 10 條第 1 項及第 2 項規定：「第六條至第九條規定以外之受僱員工或實際從事勞動之人員，得由雇主或本人辦理參加本保險。勞動基準法第四十五條第四項所定之人，得由受領勞務者辦理參加本保險。」

# 三、保險給付之種類及內容

## （一）保險之種類及何種情況下給付

　　勞工職業災害保險及保護法第 26 條規定：「本保險之給付種類如下：一、醫療給付。二、傷病給付。三、失能給付。四、死亡給付。五、失蹤給付。」同法第 27 條特別規定：「被保險人於保險效力開始後停止前，遭遇職業傷害或罹患職業病（以下簡稱職業傷病），而發生醫療、傷病、失能、死亡或失蹤

保險事故者，被保險人、受益人或支出殯葬費之人得依本法規定，請領保險給付。被保險人在保險有效期間遭遇職業傷病，於保險效力停止之翌日起算一年內，得請領同一傷病及其引起疾病之醫療給付、傷病給付、失能給付或死亡給付。第一項職業傷病之職業傷害類型、職業病種類、審查認定基準、類型化調查審查程序及其他相關事項之準則，由中央主管機關定之。」

## （二）給付之內容

關於勞工職業災害保險之醫療補助、傷病給付與勞工保險條例之給付大致相類似，因此下面僅說明失能給付、死亡給付及失蹤給付：

### 1. 失能給付

勞工職業災害保險及保護法第 43 條第 1 項規定失能一次金給付，其規定：「被保險人遭遇職業傷病，經治療後，症狀固定，再行治療仍不能改善其治療效果，經全民健康保險特約醫院或診所診斷為永久失能，符合本保險失能給付標準規定者，得按其平均月投保薪資，依規定之給付基準，請領失能一次金給付。」第 2 項規定失能年金給付，其規定：「前項被保險人之失能程度，經評估符合下列情形之一者，得請領失能年金：一、完全失能：按平均月投保薪資百分之七十發給。二、嚴重失能：按平均月投保薪資百分之五十發給。三、部分失能：按平均月投保薪資百分之二十發給。」被保險人領取失能年金後，保險人應至少每五年審核其失能程度。但經保險人認為無須審核者，不在此限（勞工職業災害保險及保護法第 45 條第 1 項）。

### 2. 死亡給付

勞工職業災害保險及保護法第 49 條第 1 項及第 2 項規定：「被保險人於保險有效期間，遭遇職業傷病致死亡時，支出殯葬費之人，得請領喪葬津貼。前項被保險人，遺有配偶、子女、父母、祖父母、受其扶養之孫子女或受其扶養之兄弟姊妹者，得依第五十二條所定順序，請領遺屬年金，其條件如下：一、配偶符合第四十四條第一項第一款或第二款規定者。二、子女符合第四十四條第一項第三款規定者。三、父母、祖父母年滿五十五歲，且每月工作

收入未超過投保薪資分級表第一級者。四、孫子女符合第四十四條第一項第三款第一目至第三目規定情形之一者。五、兄弟姊妹符合下列條件之一：㈠有第四十四條第一項第三款第一目或第二目規定情形。㈡年滿五十五歲，且每月工作收入未超過投保薪資分級表第一級。」

同法第 50 條第 1 項規定：「依第四十三條第二項第一款或第二款規定請領失能年金者，於領取期間死亡時，其遺屬符合前條第二項規定者，得請領遺屬年金。」

3. 失蹤給付

勞工職業災害保險及保護法第 55 條規定：「被保險人於作業中遭遇意外事故致失蹤時，自失蹤之日起，發給失蹤給付。前項失蹤給付，按被保險人平均月投保薪資百分之七十，於每滿三個月之期末給付一次，至生還之前一日、失蹤滿一年之前一日或受死亡宣告裁判確定死亡時之前一日止。第一項被保險人失蹤滿一年或受死亡宣告裁判確定死亡時，其遺屬得依第四十九條規定，請領死亡給付。」

## 四、保險基金及經費

勞工職業災害保險及保護法第 59 條規定：「本保險基金之來源如下：一、設立時由勞工保險職業災害保險基金一次撥入之款項。二、設立時由職業災害勞工保護專款一次撥入之款項。三、保險費與其孳息之收入及保險給付支出之結餘。四、保險費滯納金、依第三十六條第一項規定繳納之金額。五、基金運用之收益。六、第一百零一條之罰鍰收入。」

## 五、職業災害預防及重建

勞工職業災害保險及保護法第 62 條第 1 項規定：「中央主管機關得於職業災害保險年度應收保險費百分之二十及歷年經費執行賸餘額度之範圍內編列經費，辦理下列事項：一、職業災害預防。二、預防職業病健康檢查。三、

職業傷病通報、職業災害勞工轉介及個案服務。四、職業災害勞工重建。五、捐（補）助依第七十條規定成立之財團法人。六、其他有關職業災害預防、職業病防治、職業災害勞工重建與協助職業災害勞工及其家屬之相關事項。」

勞工職業災害保險及保護法第 64 條規定：「主管機關應規劃整合相關資源，並得運用保險人核定本保險相關資料，依職業災害勞工之需求，提供下列適切之重建服務事項：一、醫療復健：協助職業災害勞工恢復其生理心理功能所提供之診治及療養，回復正常生活。二、社會復健：促進職業災害勞工與其家屬心理支持、社會適應、福利諮詢、權益維護及保障。三、職能復健：透過職能評估、強化訓練及復工協助等，協助職業災害勞工提升工作能力恢復原工作。四、職業重建：提供職業輔導評量、職業訓練、就業服務、職務再設計、創業輔導、促進就業措施及其他職業重建服務，協助職業災害勞工重返職場。職業災害勞工之重建涉及社會福利或醫療保健者，主管機關應協調衛生福利主管機關，以提供整體性及持續性服務。」

# 伍、全民健康保險法

## 一、全民健康保險法之立法目的及範圍

全民健康保險法第 1 條規定：「為增進全體國民健康，辦理全民健康保險（以下稱本保險），以提供醫療服務，特制定本法。本保險為強制性之社會保險，於保險對象在保險有效期間，發生疾病、傷害、生育事故時，依本法規定給與保險給付。」目前全臺灣參加全民健康保險的比例幾乎高達百分之百，可以說全民都有健康保險。下面主要針對全民健康保險法幾個重要規定加以分析。不討論第 3 章關於保險財務及第 4 章有關保險費之收繳及計算等規定。

## 二、保險人、保險對象、投保單位及保險醫事服務機構

### （一）保險人

全民健康保險法第 7 條規定：「本保險以衛生福利部中央健康保險署為保險人，辦理保險業務。」

### （二）被保險人

全民健康保險法第 8 條及第 9 條規定誰為被保險人。第 8 條：「具有中華民國國籍，符合下列各款資格之一者，應參加本保險為保險對象：一、最近二年內曾有參加本保險紀錄且在臺灣地區設有戶籍，或參加本保險前六個月繼續在臺灣地區設有戶籍。二、參加本保險時已在臺灣地區設有戶籍之下列人員：㈠政府機關、公私立學校專任有給人員或公職人員。㈡公民營事業、機構之受僱者。㈢前二目被保險人以外有一定雇主之受僱者。㈣在臺灣地區出生之新生嬰兒。㈤因公派駐國外之政府機關人員與其配偶及子女。曾有參加本保險紀錄而於本法中華民國一百年一月四日修正之條文施行前已出國者，於施行後一年內首次返國時，得於設籍後即參加本保險，不受前項第一款六個月之限制。」第 9 條規定：「除前條規定者外，在臺灣地區領有居留證明文件，並符合下列各款資格之一者，亦應參加本保險為保險對象：一、在臺居留滿六個月。二、有一定雇主之受僱者。三、在臺灣地區出生之新生嬰兒。」同法第 10 條則將上述兩個條文規定的被保險人區分為六類。同法第 13 條規定：「有下列情形之一者，非屬本保險保險對象；已參加者，應予退保：一、失蹤滿六個月者。二、不具第八條或第九條所定資格者。」

### （三）投保單位

被保險人分為六類主要是為了確定投保單位。全民健康保險法第 15 條第 1 項規定：「各類被保險人之投保單位如下：一、第一類及第二類被保險人，以其服務機關、學校、事業、機構、雇主或所屬團體為投保單位。但國防部所屬被保險人之投保單位，由國防部指定。二、第三類被保險人，以其所屬

或戶籍所在地之基層農會、水利會或漁會為投保單位。三、第四類被保險人：㈠第十條第一項第四款第一目被保險人，以國防部指定之單位為投保單位。㈡第十條第一項第四款第二目被保險人，以內政部指定之單位為投保單位。㈢第十條第一項第四款第三目被保險人，以法務部及國防部指定之單位為投保單位。四、第五類及第六類被保險人，以其戶籍所在地之鄉（鎮、市、區）公所為投保單位。但安置於公私立社會福利服務機構之被保險人，得以該機構為投保單位。」

### （四）保險醫事服務機構

全民健康保險法第 66 條規定：「醫事服務機構得申請保險人同意特約為保險醫事服務機構，得申請特約為保險醫事服務機構之醫事服務機構種類與申請特約之資格、程序、審查基準、不予特約之條件、違約之處理及其他有關事項之辦法，由主管機關定之。前項醫事服務機構，限位於臺灣、澎湖、金門、馬祖。」一般人去看醫生時往往都要找跟保險人有特約的醫院或診所，就是基於這樣的規定，衛生福利部因此訂有全民健康保險醫事服務機構特約及管理辦法[15]。

全民健康保險法第 68 條規定：「保險醫事服務機構對本保險所提供之醫療給付，除本法另有規定外，不得自立名目向保險對象收取費用。」同法第 69 條規定：「保險醫事服務機構應於保險對象就醫時，查核其健保卡；未經查核者，保險人得不予支付醫療費用；已領取醫療費用者，保險人應予追還。但不可歸責於保險醫事服務機構者，不在此限。」同法第 70 條規定：「保險醫事服務機構於保險對象發生保險事故時，應依專長及設備提供適當醫療服務或協助其轉診，不得無故拒絕其以保險對象身分就醫。」第 71 條規定：「保險醫事服務機構於診療保險對象後，應交付處方予保險對象，於符合規

---

[15] 要瞭解衛生福利部健保特約醫事機構請參考，網頁：https://www.nhi.gov.tw/Content_List.aspx?n=1E7E51442140327A。

定之保險醫事服務機構調劑、檢驗、檢查或處置。保險對象門診診療之藥品處方及重大檢驗項目，應存放於健保卡內。」

## 三、保險給付及自行負擔費用

一般民眾依據全民健康保險法每月固定繳交一定的保險費之後，在發生保險事故前往醫療機構接受醫療服務時，還要自行負擔部分費用。這樣的機制設計主要是為了避免有人因為有醫療保險，就在沒有需求時也要逛醫院、看醫生，因而產生醫療資源浪費之情形。

### （一）以法令規定醫療服務給付項目與支付標準

全民健康保險法第 40 條規定：「保險對象發生疾病、傷害事故或生育時，保險醫事服務機構提供保險醫療服務，應依第二項訂定之醫療辦法、第四十一條第一項、第二項訂定之醫療服務給付項目及支付標準、藥物給付項目及支付標準之規定辦理。前項保險對象就醫程序、就醫輔導、保險醫療服務提供方式及其他醫療服務必要事項之醫療辦法，由主管機關定之。保險對象收容於矯正機關者，其就醫時間與處所之限制，及戒護、轉診、保險醫療提供方式等相關事項之管理辦法，由主管機關會同法務部定之。」

### （二）保險對象自行負擔費用

全民健康保險法第 43 條規定：「保險對象應自行負擔門診或急診費用之百分之二十，居家照護醫療費用之百分之五。但不經轉診，於地區醫院、區域醫院、醫學中心門診就醫者，應分別負擔其百分之三十、百分之四十及百分之五十。前項應自行負擔之費用，於醫療資源缺乏地區，得予減免。第一項應自行負擔之費用，主管機關於必要時，得依診所及各級醫院前一年平均門診費用及第一項所定比率，以定額方式收取，並每年公告其金額。第一項之轉診實施辦法及第二項醫療資源缺乏地區之條件，由主管機關定之。」另外，同法第 47 條規定保險對象應該自行負擔之住院費用為：「急性病房：三十日以內，百分之十；逾三十日至第六十日，百分之二十；逾六十日起，百

分之三十。慢性病房：三十日以內，百分之五；逾三十日至第九十日，百分之十；逾九十日至第一百八十日，百分之二十；逾一百八十日起，百分之三十。」

### （三）有關自付差額之規定

全民健康保險法第 45 條規定：「本保險給付之特殊材料，保險人得訂定給付上限及保險醫事服務機構得收取差額之上限；屬於同功能類別之特殊材料，保險人得支付同一價格。保險對象得於經保險醫事服務機構之醫師認定有醫療上需要時，選用保險人定有給付上限之特殊材料，並自付其差額。前項自付差額之特殊材料品項，應由其許可證持有者向保險人申請，經保險人同意後，併同其實施日期，提健保會討論，報主管機關核定公告。」被保險人如果對於自付差額之特殊材料品項之決定有意見，可以考慮向主管機關反映。

## 四、全民健保的重要組織與政策

### （一）全民健康保險會

全民健康保險法第 5 條第 1 項規定：「本保險下列事項由全民健康保險會（以下稱健保會）辦理：一、保險費率之審議。二、保險給付範圍之審議。三、保險醫療給付費用總額之對等協議訂定及分配。四、保險政策、法規之研究及諮詢。五、其他有關保險業務之監理事項。」

### （二）全民健康保險爭議審議會

全民健康保險法第 6 條規定：「本保險保險對象、投保單位、扣費義務人及保險醫事服務機構對保險人核定案件有爭議時，應先申請審議，對於爭議審議結果不服時，得依法提起訴願或行政訴訟。前項爭議之審議，由全民健康保險爭議審議會辦理。前項爭議事項審議之範圍、申請審議或補正之期限、程序及審議作業之辦法，由主管機關定之。全民健康保險爭議審議會應定期以出版公報、網際網路或其他適當方式，公開爭議審議結果。前項公開，應

將個人、法人或團體資料以代碼、匿名、隱藏部分資料或其他方式，達無從辨識後，始得為之。」

## （三）全民健康保險資料之收集儲存

全民健康保險法第 16 條規定：「保險人得製發具電子資料處理功能之全民健康保險憑證（以下稱健保卡），以存取及傳送保險對象資料。但不得存放非供醫療使用目的及與保險對象接受本保險醫療服務無關之內容。前項健保卡之換發及補發，保險人得酌收工本費；其製發、換發、補發、得存取及傳送之資料內容與其運用、使用管理及其他有關事項之辦法，由保險人擬訂，報主管機關核定發布。」同法第 79 條規定：「保險人為辦理本保險業務所需之必要資料，得請求相關機關提供之；各該機關不得拒絕。保險人依前項規定所取得之資料，應盡善良管理人之注意義務；相關資料之保存、利用等事項，應依個人資料保護法之規定為之。」

全民健康保險法第 80 條規定：「主管機關為審議保險爭議事項或保險人為辦理各項保險業務，得請保險對象、投保單位、扣費義務人及保險醫事服務機構提供所需之帳冊、簿據、病歷、診療紀錄、醫療費用成本等文件或有關資料，或對其訪查、查詢。保險對象、投保單位、扣費義務人及保險醫事服務機構不得規避、拒絕、妨礙或作虛偽之證明、報告或陳述。前項相關資料之範圍、調閱程序與訪查、查詢等相關事項之辦法，由主管機關定之。」

司法院大法官在 2022 年 8 月 111 年憲判字第 13 號「健保資料庫案」判決中說明：「三、就個人健康保險資料得由衛生福利部中央健康保險署以資料庫儲存、處理、對外傳輸及對外提供利用之主體、目的、要件、範圍及方式暨相關組織上及程序上之監督防護機制等重要事項，於全民健康保險法第 79 條、第 80 條及其他相關法律中，均欠缺明確規定，於此範圍內，不符憲法第 23 條法律保留原則之要求，違反憲法第 22 條保障人民資訊隱私權之意旨。相關機關應自本判決宣示之日起 3 年內，修正全民健康保險法或其他相關法律，或制定專法明定之。」「四、衛生福利部中央健康保險署就個人健康保險

資料之提供公務機關或學術研究機構於原始蒐集目的外利用，由相關法制整體觀察，欠缺當事人得請求停止利用之相關規定；於此範圍內，違反憲法第22 條保障人民資訊隱私權之意旨。相關機關應自本判決宣示之日起 3 年內制定或修正相關法律，明定請求停止及例外不許停止之主體、事由、程序、效果等事項。逾期未制定或修正相關法律者，當事人得請求停止上開目的外利用。」

## （四）家庭責任醫師制度的建立

全民健康保險法第 44 條規定：「保險人為促進預防醫學、落實轉診制度，並提升醫療品質與醫病關係，應訂定家庭責任醫師制度。前項家庭責任醫師制度之給付，應採論人計酬為實施原則，並依照顧對象之年齡、性別、疾病等校正後之人頭費，計算當年度之給付總額。第一項家庭責任醫師制度之實施辦法及時程，由主管機關定之。」上述條文規定到目前為止似乎還沒有落實。

# 第十四章
# 性別相關法律（性別工作平等法及家庭暴力防治法）

## 📖 本章重點

1. 性別工作平等法訂定的背景與發展：從兩性到性別。

2. 性別工作平等法重要的規範設計。

3. 性別工作平等法適用對象：調整與修改。

4. 性別工作平等法之推動者：性別工作平等會。

5. 性別工作平等法如何規定性別歧視禁止事項。

6. 性別工作平等法有關性騷擾防治之規定。

7. 性別工作平等法有關促進工作平等措施之規定。

8. 性別工作平等法有關處罰之規定。

9. 家庭暴力防治法訂定的背景及其實踐。

10. 家庭暴力防治法有關「家庭暴力」的定義。

11. 家庭暴力防治法規定之家庭成員範圍。

12. 負責家庭暴力防治的主管機關及權責。

13. 有關民事保護令的規定。

14. 有關家庭暴力罪的刑事程序規定。

15. 有關加害人處預計畫的規定。

16. 有關家庭暴力被害人的支持系統規定。

# 壹、前　言

在考選部法學緒論命題大綱列有「性別相關法律（性別工作平等法、家庭暴力防治法）」。這兩個法是臺灣近三十年來各種跟性別有關多數法律中具有代表性的法律。性別工作平等法主要保障婦女進入職場工作時，可以受到公平與合理的對待與支持。家庭暴力防治法則希望將傳統社會中允許夫對妻或者父母對子女施以暴力的不合理狀況加以改正並同時保護社會中逐漸發生的子女對於年老父母施暴的情形。臺灣跟性別有關的法律還有性別平等教育法、性侵害犯罪防治法、性騷擾防治法、跟蹤騷擾防制法及兒童及少年性剝削防制條例等等[1]。在社會對於性別議題敏感度增加後，這些法律修改頻繁。

# 貳、性別工作平等法

## 一、性別工作平等法訂定的背景：從兩性到性別

1987 年前後，臺灣新聞媒體報導國父紀念館及高雄市立文化中心共約有五十多名的女性員工被館方以其已經年滿三十歲、已婚或懷孕為由，要求離職，因此群起抗議。當時的臺灣，類似的「單身條款」約定在合作社與銀行業非常普遍。由於這群女性員工的抗爭，引發婦女團體，尤其是婦女新知基金會的注意，於是長達十多年推動「兩性工作平等法」立法運動[2]。2001 年立法院通過「兩性工作平等法」並在 2002 年 3 月 8 日開始施行。2008 年改名為「性別工作平等法」。最近一次修法在 2022 年 1 月 12 日，主要修改第 15 條、19 條，將懷孕勞工的產檢假從五日增加到七日，並規定受僱於僱用三十人以上雇主之受僱者，為撫育未滿三歲子女得請求每天減少工時一小時（不

---

[1] 這些性別有關法律的執行參考衛生福利部之保護服務司、教育部及勞動部，網頁：https://dep.mohw.gov.tw/DOPS/mp-105.html。

[2] 相關報導請見「臺灣女人」，網頁：https://women.nmth.gov.tw/?p=20093。

請求報酬）或調整工作時間。

## 二、性別工作平等法的規範內容

性別工作平等法共有七章，共四十多條條文。本書主要說明此一法律適用的對象及第 2 章有關性別歧視之禁止規定，第 3 章性騷擾之防治，第 4 章有關促進工作平等措施及第 5 章救濟及申訴程序部分。

### （一）性別工作平等法適用對象：調整與修改

性別工作平等法第 2 條說明這個法律的適用對象，其規定：「雇主與受僱者之約定優於本法者，從其約定。本法於公務人員、教育人員及軍職人員，亦適用之。但第三十三條、第三十四條、第三十八條及第三十八條之一之規定，不在此限。公務人員、教育人員及軍職人員之申訴、救濟及處理程序，依各該人事法令之規定。本法於雇主依勞動基準法規定招收之技術生及準用技術生規定者，除適用高級中等學校建教合作實施及建教生權益保障法規定之建教生外，亦適用之。但第十六條及第十七條之規定，不在此限。實習生於實習期間遭受性騷擾時，適用本法之規定。」從第 3 條定義說明，可以確定派遣勞工也適用本法。第 3 條第 5 款到第 7 款規定：「……五、要派單位：指依據要派契約，實際指揮監督管理派遣勞工從事工作者。六、派遣勞工：指受派遣事業單位僱用，並向要派單位提供勞務者。七、派遣事業單位：指從事勞動派遣業務之事業單位。」[3]

### （二）性別工作平等會作為本法推動單位

性別工作平等法第 5 條規定：「為審議、諮詢及促進性別工作平等事項，各級主管機關應設性別工作平等會。前項性別工作平等會應置委員五人至十一人，任期兩年，由具備勞工事務、性別問題之相關學識經驗或法律專業人士擔任之，其中經勞工團體、女性團體推薦之委員各二人，女性委員人數應

---

[3] 從立法院法律系統可知上述規定是在 2014 年修法時經過協商增定的內容。

占全體委員人數二分之一以上。前項性別工作平等會組織、會議及其他相關事項，由各級主管機關另定之。地方主管機關如設有就業歧視評議委員會，亦得由該委員會處理相關事宜。該會之組成應符合第二項之規定。」

### （三）性別歧視之禁止

性別工作平等法第 7 條到第 11 條規定有關性別歧視禁止事項。第 7 條規定：「雇主對求職者或受僱者之招募、甄試、進用、分發、配置、考績或陞遷等，不得因性別或性傾向而有差別待遇。但工作性質僅適合特定性別者，不在此限。」歧視禁止的事項還包括教育訓練（第 8 條）、福利措施（第 9 條）、薪資給付（第 10 條）及退休、資遣、離職及解僱等（第 11 條）。第 11 條規定：「雇主對受僱者之退休、資遣、離職及解僱，不得因性別或性傾向而有差別待遇。工作規則、勞動契約或團體協約，不得規定或事先約定受僱者有結婚、懷孕、分娩或育兒之情事時，應行離職或留職停薪；亦不得以其為解僱之理由。違反前二項規定者，其規定或約定無效；勞動契約之終止不生效力。」

### （四）性騷擾之防治

性別工作平等法第 3 章規範性騷擾之防治，共兩個條文。第 12 條規定：「本法所稱性騷擾，謂下列二款情形之一：一、受僱者於執行職務時，任何人以性要求、具有性意味或性別歧視之言詞或行為，對其造成敵意性、脅迫性或冒犯性之工作環境，致侵犯或干擾其人格尊嚴、人身自由或影響其工作表現。二、雇主對受僱者或求職者為明示或暗示之性要求、具有性意味或性別歧視之言詞或行為，作為勞務契約成立、存續、變更或分發、配置、報酬、考績、陞遷、降調、獎懲等之交換條件。前項性騷擾之認定，應就個案審酌事件發生之背景、工作環境、當事人之關係、行為人之言詞、行為及相對人之認知等具體事實為之。」第 13 條規定：「雇主應防治性騷擾行為之發生。其僱用受僱者三十人以上者，應訂定性騷擾防治措施、申訴及懲戒辦法，並在工作場所公開揭示。雇主於知悉前條性騷擾之情形時，應採取立即有效之

糾正及補救措施。第一項性騷擾防治措施、申訴及懲戒辦法之相關準則，由中央主管機關定之。」

　　根據勞動部的調查，2021 年員工規模達 30 人以上且有訂定「性騷擾防治措施、申訴及懲戒辦法」的事業單位占 88.5%（85.8% 有在工作場所公開揭示，2.7% 沒有在工作場所公開揭示），沒有訂定的占 11.5%。調查中還說明：「自性別工作平等法實施以來，事業單位已訂定『性騷擾防治措施、申訴及懲戒辦法』之比率由 2002 年的 35.5% 增至 2021 年的 88.5%，提高 53 個百分點。按員工規模觀察，員工規模愈大訂定比率愈高，250 人以上之事業單位已訂定達 100%，100～249 人之事業單位已訂定為 98.4%，30～99 人之事業單位已訂定為 85.2%。」[4]

### （五）促進工作平等措施

　　性別工作平等法第 14 條到第 25 條規定促進工作平等措施。包括生理假、產假、產檢假、陪產假、育嬰留職停薪、育嬰留職停薪期滿之申請復職、哺乳時間、工作時間之減少及調整、家庭照顧假，及哺（集）乳室、托兒設施或措施之提供等。第 14 條規定：「女性受僱者因生理日致工作有困難者，每月得請生理假一日，全年請假日數未逾三日，不併入病假計算，其餘日數併入病假計算。前項併入及不併入病假之生理假薪資，減半發給。」第 16 條規定：「受僱者任職滿六個月後，於每一子女滿三歲前，得申請育嬰留職停薪，期間至該子女滿三歲止，但不得逾二年。同時撫育子女二人以上者，其育嬰留職停薪期間應合併計算，最長以最幼子女受撫育二年為限。受僱者於育嬰留職停薪期間，得繼續參加原有之社會保險，原由雇主負擔之保險費，免予繳納；原由受僱者負擔之保險費，得遞延三年繳納。依家事事件法、兒童及少年福利與權益保障法相關規定與收養兒童先行共同生活之受僱者，其共同

---

[4] 參考勞動部 2021 年僱用管理就業平等概況調查提要分析，網頁：https://statdb.mol.gov.tw/html/svy10/1024analyze.pdf。

生活期間得依第一項規定申請育嬰留職停薪。育嬰留職停薪津貼之發放，另以法律定之。育嬰留職停薪實施辦法，由中央主管機關定之。」

性別工作平等法第 19 條及第 20 條規定家庭照顧事項。性別工作平等法第 19 條規定：「受僱於僱用三十人以上雇主之受僱者，為撫育未滿三歲子女，得向雇主請求為下列二款事項之一：一、每天減少工作時間一小時；減少之工作時間，不得請求報酬。二、調整工作時間。受僱於僱用未滿三十人雇主之受僱者，經與雇主協商，雙方合意後，得依前項規定辦理。」同法第 20 條規定：「受僱者於其家庭成員預防接種、發生嚴重之疾病或其他重大事故須親自照顧時，得請家庭照顧假；其請假日數併入事假計算，全年以七日為限。家庭照顧假薪資之計算，依各該事假規定辦理。」

### （六）法律扶助

為了保障女性勞動者的權益，性別工作平等法第 37 條規定：「受僱者或求職者因雇主違反本法之規定，而向法院提出訴訟時，主管機關應提供必要之法律扶助。前項法律扶助辦法，由中央主管機關定之。受僱者或求職者為第一項訴訟而聲請保全處分時，法院得減少或免除供擔保之金額。」第 36 條強調：「雇主不得因受僱者提出本法之申訴或協助他人申訴，而予以解僱、調職或其他不利之處分。」

### （七）處罰規定

性別工作平等法第 38 條規定：「雇主違反第二十一條、第二十七條第四項或第三十六條規定者，處新臺幣二萬元以上三十萬元以下罰鍰。有前項規定行為之一者，應公布其姓名或名稱、負責人姓名，並限期令其改善；屆期未改善者，應按次處罰。」第 38 條之 1 規定：「雇主違反第七條至第十條、第十一條第一項、第二項者，處新臺幣三十萬元以上一百五十萬元以下罰鍰。雇主違反第十三條第一項後段、第二項規定者，處新臺幣十萬元以上五十萬元以下罰鍰。有前二項規定行為之一者，應公布其姓名或名稱、負責人姓名，並限期令其改善；屆期未改善者，應按次處罰。」

## （八）性別工作平等法的實施成果

　　根據勞動部統計，臺灣 2021 年男性勞動力為 659.5 萬人，女性為 532.4 萬人。女性勞動力參與率有所提高，達到 51.5%[5]。另外，根據勞動部統計處同年有關兩性薪資差距分析中說明工業及服務業男性受僱員工平均每人每月總薪資為 61,150 元，總工時 169.3 小時，平均時薪 361 元；女性受僱員工平均每人每月總薪資為 49,809 元，總工時 163.8 小時，平均時薪 304 元。女性平均時薪為男性之 84.2%，兩性薪資差距為 15.8%，這個差距低於日本的 30.6%、南韓的 30.4%（2020 年）及美國的 16.9%[6]。

# 參、家庭暴力防治法

## 一、家庭暴力防治法訂定的背景及其實踐

　　臺灣長久以來，存在家庭暴力事件。傳統中國法律（《唐律》或《大清律例》規定）給予父母或夫在特定情況下毆打子女或妻子之權力。在家庭暴力防治法之前，臺灣社會很少針對家庭暴力的行為採取積極防止的措施。1998 年立法院通過家庭暴力防治法。這個法律公布至今已經超過二十年，歷經六次修法。2015 年立法院在家庭暴力防治法的第 2 條規定中於加害人的處遇計畫增加親職教育輔導，該條第 6 款規定：「加害人處遇計畫：指對於加害人實施之認知教育輔導、親職教育輔導、心理輔導、精神治療、戒癮治療或其他輔導、治療。」目前家庭暴力防治法考量到家庭暴力的防治牽涉各種不同機關的權責，因此，在第 4 條參考兒童及少年福利與權益保障法及身心障礙者權益保障法的立法例，將各個機關之權責明文列出。由於第 4 條條文內容甚多，因此不一一列出。目前家庭暴力防治之主管機關，除了衛生與福利部為

---

5　參考勞動部，網頁：https://statdb.mol.gov.tw/html/woman/110/110woanalyze01.pdf。

6　參考勞動部，網頁：https://www.mol.gov.tw/1607/2458/2480/2492/48851/post。

中央主管機關，負責家庭暴力防治政策之規劃、推動、監督、訂定跨機關（構）合作規範及定期公布家庭暴力相關統計等事宜外，還規定衛生主管機關要負責有關家庭暴力被害人驗傷、採證、身心治療、諮商及加害人處遇等相關事宜。教育主管機關要負責各級學校家庭暴力防治教育、目睹家庭暴力兒童及少年之輔導措施、家庭暴力被害人及其子女就學權益之維護等相關事宜。其他要負責的機關包括勞工主管機關、警政主管機關、法務主管機關、移民主管機關、文化主管機關、通訊傳播主管機關及戶政主管機關等等。

　　衛生福利部的統計資料顯示，2021 年家庭暴力通報事件的被害人中，屬於婚姻或離婚或同居的親密關係的暴力案件共有 53,408 個被害人，其中男性被害人 11,592 人，女性被害人 41,809 人。男性被害人的比例已經從 2014 年約 12% 增加到 21.7%。在牽涉兒少保護的暴力案件中共有 20,872 個被害人，其中男性被害人 11,294 人，女性被害人 9,522 人，男性被害人占 54%。在直系血（姻）親卑親屬虐待尊親屬的案件類型中（被害人年齡六十五歲以上）共 7,667 個被害人。其中男性被害人 2,942 人，女性被害人 4,725 人，女性被害人高於男性，占 61.6%。而在直系血（姻）親卑親屬虐待尊親屬但被害人年齡未滿六十五歲的案件類型中則共有 8,621 個被害人，其中男性被害人 3,228 人，女性被害人 5,392 人。女性被害人也高於男性，占 62.5%。除此之外，此一統計資料還呈現在其他關係人中被害人共有 27,964 人，其中男性被害人 13,218 人，女性被害人 14,741 人，也是女性被害人比較高，占 52.7%[7]。

---

7　參考衛生福利部家庭暴力通報事件被害人案件類型及性別統計說明，網頁：https://dep.mohw.gov.tw/DOPS/cp-1303-59327-105.html。

## 二、家庭暴力防治法規範內容

### （一）家庭暴力的定義

1998 年訂定家庭暴力防治法時，在第 2 條規定所定義的家庭暴力為：「家庭成員間實施身體或精神上不法侵害之行為」。2015 年此一條文經過修改，第 2 條第 1 款規定：「家庭暴力：指家庭成員間實施身體、精神或經濟上之騷擾、控制、脅迫或其他不法侵害之行為。」

在衛生福利部保護服務司網頁針對精神上不法侵害之行為說明如下：(1)言詞虐待：用言詞、語調之方式對被害人進行脅迫和／或恐嚇，以企圖控制被害人。如謾罵、吼叫、侮辱、諷刺、恫嚇、威脅傷害被害人或其親人、揚言使用暴力等。(2)心理虐待：如竊聽、跟蹤、監視、冷漠、鄙視、羞辱、不實指控、試圖操縱被害人等足以引起被害人精神痛苦的不當行為。(3)性虐待：強迫性幻想或特別的性活動、逼迫觀看性活動、色情影片或圖片等。對於經濟層面的家庭暴力類型則舉例說明，包括不給生活費、過度控制家庭財務、強迫擔任保證人、強迫借貸等惡性傷害自尊的行為[8]。

衛生福利部保護服務司網頁並列有「30 秒精神暴力自我檢測量表」，由於有些人對於自己是否受到精神暴力或對自己對於他人實施的精神暴力並不清楚，此一自我檢測量表可以幫助人們釐清何謂精神暴力[9]。

### （二）家庭成員定義

家庭暴力防治法第 3 條規定：「本法所定家庭成員，包括下列各員及其未成年子女：一、配偶或前配偶。二、現有或曾有同居關係、家長家屬或家屬間關係者。三、現為或曾為直系血親或直系姻親。四、現為或曾為四親等以內之旁系血親或旁系姻親。」配偶包括異性配偶與同性配偶。家庭暴力防治

---

8　衛生福利部保護服務司，網頁：https://dep.mohw.gov.tw/DOPS/cp-1160-7999-105.html。

9　參考網頁：https://dep.mohw.gov.tw/DOPS/cp-1158-64153-105.html。

法之所以在定義上擴大「家庭成員」的範圍，主要考量臺灣實際發生家庭暴力事件的經驗而來。在實際生活中，經常發生已經解除婚姻關係、同居關係或男女朋友關係間的暴力事件。家庭暴力防治法在第63條之1第1項及第2項規定：「被害人年滿十六歲，遭受現有或曾有親密關係之未同居伴侶施以身體或精神上不法侵害之情事者，準用第九條至第十三條、第十四條第一項第一款、第二款、第四款、第九款至第十三款、第三項、第四項、第十五條至第二十條、第二十一條第一項第一款、第三款至第五款、第二項、第二十七條、第二十八條、第四十八條、第五十條之一、第五十二條、第五十四條、第五十五條及第六十一條之規定。前項所稱親密關係伴侶，指雙方以情感或性行為為基礎，發展親密之社會互動關係。」

### （三）家庭暴力防治委員會及地方政府的職責

家庭暴力防治法第7條規定：「直轄市、縣（市）主管機關為協調、研究、審議、諮詢、督導、考核及推動家庭暴力防治工作，應設家庭暴力防治委員會；其組織及會議事項，由直轄市、縣（市）主管機關定之。」第8條規定：「直轄市、縣（市）主管機關應整合所屬警政、教育、衛生、社政、民政、戶政、勞工、新聞等機關、單位業務及人力，設立家庭暴力防治中心，並協調司法、移民相關機關，辦理下列事項：一、提供二十四小時電話專線服務。二、提供被害人二十四小時緊急救援、協助診療、驗傷、採證及緊急安置。三、提供或轉介被害人經濟扶助、法律服務、就學服務、住宅輔導，並以階段性、支持性及多元性提供職業訓練與就業服務。四、提供被害人及其未成年子女短、中、長期庇護安置。五、提供或轉介被害人、經評估有需要之目睹家庭暴力兒童及少年或家庭成員身心治療、諮商、社會與心理評估及處置。六、轉介加害人處遇及追蹤輔導。七、追蹤及管理轉介服務案件。八、推廣家庭暴力防治教育、訓練及宣導。九、辦理危險評估，並召開跨機構網絡會議。十、其他家庭暴力防治有關之事項。前項中心得與性侵害防治中心合併設立，並應配置社會工作、警察、衛生及其他相關專業人員；其組

織，由直轄市、縣（市）主管機關定之。」

## （四）民事保護令設計

　　家庭暴力防治法透過制度的設計，讓國家司法機關與行政機關可以介入防治家庭暴力事件的發生。這些制度分別是發給民事保護令、透過刑事程序逮捕加害人並在加害人違反保護令時，予以定罪，以及介入調解家庭暴力事件當事人與他們未成年子女間關係的處理。司法機關最常介入的方法主要是發給被害人民事保護令。家庭暴力防治法第 9 條規定：「民事保護令（以下簡稱保護令）分為通常保護令、暫時保護令及緊急保護令。」第 10 條規定：「被害人得向法院聲請通常保護令、暫時保護令；被害人為未成年人、身心障礙者或因故難以委任代理人者，其法定代理人、三親等以內之血親或姻親，得為其向法院聲請之。檢察官、警察機關或直轄市、縣（市）主管機關得向法院聲請保護令。保護令之聲請、撤銷、變更、延長及抗告，均免徵裁判費，並準用民事訴訟法第七十七條之二十三第四項規定。」第 16 條規定：「法院核發暫時保護令或緊急保護令，得不經審理程序。法院為保護被害人，得於通常保護令審理終結前，依聲請或依職權核發暫時保護令。法院核發暫時保護令或緊急保護令時，得依聲請或依職權核發第十四條第一項第一款至第六款、第十二款及第十三款之命令。法院於受理緊急保護令之聲請後，依聲請人到庭或電話陳述家庭暴力之事實，足認被害人有受家庭暴力之急迫危險者，應於四小時內以書面核發緊急保護令，並得以電信傳真或其他科技設備傳送緊急保護令予警察機關。聲請人於聲請通常保護令前聲請暫時保護令或緊急保護令，其經法院准許核發者，視為已有通常保護令之聲請。暫時保護令、緊急保護令自核發時起生效，於聲請人撤回通常保護令之聲請、法院審理終結核發通常保護令或駁回聲請時失其效力。暫時保護令、緊急保護令失效前，法院得依當事人或被害人之聲請或依職權撤銷或變更之。」

　　家庭暴力防治法並在第 14 條規定民事保護令可以核發的內容，其規定：「法院於審理終結後，認有家庭暴力之事實且有必要者，應依聲請或依職權

核發包括下列一款或數款之通常保護令：一、禁止相對人對於被害人、目睹
家庭暴力兒童及少年或其特定家庭成員實施家庭暴力。二、禁止相對人對於
被害人、目睹家庭暴力兒童及少年或其特定家庭成員為騷擾、接觸、跟蹤、
通話、通信或其他非必要之聯絡行為。三、命相對人遷出被害人、目睹家庭
暴力兒童及少年或其特定家庭成員之住居所；必要時，並得禁止相對人就該
不動產為使用、收益或處分行為。四、命相對人遠離下列場所特定距離：被
害人、目睹家庭暴力兒童及少年或其特定家庭成員之住居所、學校、工作場
所或其他經常出入之特定場所。五、定汽車、機車及其他個人生活上、職業
上或教育上必需品之使用權；必要時，並得命交付之。六、定暫時對未成年
子女權利義務之行使或負擔，由當事人之一方或雙方共同任之、行使或負擔
之內容及方法；必要時，並得命交付子女。七、定相對人對未成年子女會面
交往之時間、地點及方式；必要時，並得禁止會面交往。八、命相對人給付
被害人住居所之租金或被害人及其未成年子女之扶養費。九、命相對人交付
被害人或特定家庭成員之醫療、輔導、庇護所或財物損害等費用。十、命相
對人完成加害人處遇計畫。十一、命相對人負擔相當之律師費用。十二、禁
止相對人查閱被害人及受其暫時監護之未成年子女戶籍、學籍、所得來源相
關資訊。十三、命其他保護被害人、目睹家庭暴力兒童及少年或其特定家庭
成員之必要命令。法院為前項第六款、第七款裁定前，應考量未成年子女之
最佳利益，必要時並得徵詢未成年子女或社會工作人員之意見。第一項第十
款之加害人處遇計畫，法院得逕命相對人接受認知教育輔導、親職教育輔導
及其他輔導，並得命相對人接受有無必要施以其他處遇計畫之鑑定；直轄市、
縣（市）主管機關得於法院裁定前，對處遇計畫之實施方式提出建議。第一
項第十款之裁定應載明處遇計畫完成期限。」

　　家庭暴力防治法第 18 條規定：「保護令除緊急保護令外，應於核發後二
十四小時內發送當事人、被害人、警察機關及直轄市、縣（市）主管機關。
直轄市、縣（市）主管機關應登錄法院所核發之保護令，並供司法及其他執

行保護令之機關查閱。」第 19 條規定：「法院應提供被害人或證人安全出庭之環境與措施。直轄市、縣（市）主管機關應於所在地地方法院自行或委託民間團體設置家庭暴力事件服務處所，法院應提供場所、必要之軟硬體設備及其他相關協助。但離島法院有礙難情形者，不在此限。前項地方法院，於設有少年及家事法院地區，指少年及家事法院。」在實際運作上，由檢察官、警察機關或直轄市、縣（市）主管機關向法院聲請保護令的案件不多，主要多由被害人或其親屬聲請。

## （五）家庭暴力防治法之刑事程序

家庭暴力防治法第 29 條規定：「警察人員發現家庭暴力罪之現行犯時，應逕行逮捕之，並依刑事訴訟法第九十二條規定處理。檢察官、司法警察官或司法警察偵查犯罪認被告或犯罪嫌疑人犯家庭暴力罪或違反保護令罪嫌疑重大，且有繼續侵害家庭成員生命、身體或自由之危險，而情況急迫者，得逕行拘提之。前項拘提，由檢察官親自執行時，得不用拘票；由司法警察官或司法警察執行時，以其急迫情形不及報請檢察官者為限，於執行後，應即報請檢察官簽發拘票。如檢察官不簽發拘票時，應即將被拘提人釋放。」

最近幾年發生多起對於未成年人的家庭暴力事件。家庭暴力防治法第 30 條規定：「檢察官、司法警察官或司法警察依前條第二項、第三項規定逕行拘提或簽發拘票時，應審酌一切情狀，尤應注意下列事項：一、被告或犯罪嫌疑人之暴力行為已造成被害人身體或精神上傷害或騷擾，不立即隔離者，被害人或其家庭成員生命、身體或自由有遭受侵害之危險。二、被告或犯罪嫌疑人有長期連續實施家庭暴力或有違反保護令之行為、酗酒、施用毒品或濫用藥物之習慣。三、被告或犯罪嫌疑人有利用凶器或其他危險物品恐嚇或施暴行於被害人之紀錄，被害人有再度遭受侵害之虞者。四、被害人為兒童、少年、老人、身心障礙或具有其他無法保護自身安全之情形。」

家庭暴力防治法第 30 條之 1 規定：「被告經法官訊問後，認為犯違反保護令者、家庭成員間故意實施家庭暴力行為而成立之罪，其嫌疑重大，有事

實足認為有反覆實行前開犯罪之虞，而有羈押之必要者，得羈押之。」第31
條規定：「家庭暴力罪或違反保護令罪之被告經檢察官或法院訊問後，認無羈
押之必要，而命具保、責付、限制住居或釋放者，對被害人、目睹家庭暴力
兒童及少年或其特定家庭成員得附下列一款或數款條件命被告遵守：一、禁
止實施家庭暴力。二、禁止為騷擾、接觸、跟蹤、通話、通信或其他非必要
之聯絡行為。三、遷出住居所。四、命相對人遠離其住居所、學校、工作場
所或其他經常出入之特定場所特定距離。五、其他保護安全之事項。前項所
附條件有效期間自具保、責付、限制住居或釋放時起生效，至刑事訴訟終結
時為止，最長不得逾一年。檢察官或法院得依當事人之聲請或依職權撤銷或
變更依第一項規定所附之條件。」

### （六）加害人處遇計畫

有鑑於加害人的家庭暴力行為往往來自於不自覺的在親密關係糾紛中學
習到的處理慣習，因此，家庭暴力防治法在第54條到第55條規定加害人處
遇計畫，希望改變加害人的行為習慣。例如第54條規定：「中央衛生主管機
關應訂定家庭暴力加害人處遇計畫規範；其內容包括下列各款：一、處遇計
畫之評估標準。二、司法機關、家庭暴力被害人保護計畫之執行機關（構）、
加害人處遇計畫之執行機關（構）間之連繫及評估制度。三、執行機關（構）
之資格。中央衛生主管機關應會同相關機關負責家庭暴力加害人處遇計畫之
推動、發展、協調、督導及其他相關事宜。」

### （七）對於被害人的支持系統

家庭暴力防治法第58條給予被害人各種補助，協助其脫離家暴現場。其
規定：「直轄市、縣（市）主管機關得核發家庭暴力被害人下列補助：一、緊
急生活扶助費用。二、非屬全民健康保險給付範圍之醫療費用及身心治療、
諮商與輔導費用。三、訴訟費用及律師費用。四、安置費用、房屋租金費用。
五、子女教育、生活費用及兒童托育費用。六、其他必要費用。第一項第一
款、第二款規定，於目睹家庭暴力兒童及少年，準用之。第一項補助對象、

條件及金額等事項規定，由直轄市、縣（市）主管機關定之。家庭暴力被害人為成年人者，得申請創業貸款；其申請資格、程序、利息補助金額、名額、期限及其他相關事項之辦法，由中央目的事業主管機關定之。為辦理第一項及第四項補助業務所需之必要資料，主管機關得洽請相關機關（構）、團體、法人或個人提供之，受請求者不得拒絕。主管機關依前項規定所取得之資料，應盡善良管理人之注意義務，確實辦理資訊安全稽核作業；其保有、處理及利用，並應遵循個人資料保護法之規定。」

　　透過家庭暴力防治法的訂定與施行，臺灣社會對於家庭暴力事件逐漸重視。由於民眾對於家庭暴力事件的敏感度增加，每年通報家庭暴力之案件數也逐年增加。從統計資料說明目前臺灣男性的家庭暴力被害人開始願意通報自己被家庭暴力，也因此在統計數字中可以看到男性受害人的比例有所增加。本章基於篇幅，並未分析臺灣各級法院有關家庭暴力事件的裁判。讀者可以自行到司法院裁判書查詢系統以關鍵字找到相關判決，瞭解家庭暴力防治法在法院實務的運作情形。

國家圖書館出版品預行編目資料

法學緒論／陳惠馨著.－－初版一刷.－－臺北市：三
民，2023
面；　公分

ISBN 978-957-14-7641-4　（平裝）
1. 法學

580　　　　　　　　　　　　　　　　112006900

# 法學緒論

作　　　者｜陳惠馨
責任編輯｜陳瑋崝
美術編輯｜古嘉琳

發 行 人｜劉振強
出 版 者｜三民書局股份有限公司
地　　　址｜臺北市復興北路 386 號 ( 復北門市 )
　　　　　　臺北市重慶南路一段 61 號 ( 重南門市 )
電　　　話｜(02)25006600
網　　　址｜三民網路書店 https://www.sanmin.com.tw

出版日期｜初版一刷 2023 年 6 月
書籍編號｜S580030
I S B N｜978-957-14-7641-4

三民書局